JUNIOR GREAT BOOKS

Conversaciones

2

PROGRAMA DE ESTUDIOS INTERPRETATIVOS

DE DISCUSIÓN, ESCRITURA, Y LECTURA

JUNIOR GREAT BOOKS

Conversaciones
2

GUÍA DEL DIRECTOR

◆

LEADER'S EDITION

THE GREAT BOOKS FOUNDATION
A nonprofit educational organization

First Printing

9   8   7   6   5   4   3   2   1   0

Printed in the United States of America

Published and distributed by

THE GREAT BOOKS FOUNDATION

A nonprofit educational organization

35 East Wacker Drive, Suite 2300

Chicago, IL 60601-2298

www.greatbooks.org

Dear *Conversaciones* User:

After you have had the opportunity to lead Shared Inquiry Discussion and activities for two or three stories, please take a few minutes to complete this short questionnaire and return it to us. We value your feedback and will use it to create the best classroom materials possible.

As a token of our appreciation, we will send you a FREE Great Books Foundation tote bag if your reply is postmarked by January 31, 2003.

NAME

TITLE

SCHOOL/DISTRICT

CITY/STATE/ZIP

Which series of *Conversaciones* are you using?   2   3

Please rate the stories in *Conversaciones* based on the following qualities, with 1 being the lowest rating, and 5 being the highest:

Literary merit	1	2	3	4	5
Appropriateness of length	1	2	3	4	5
Age appropriateness	1	2	3	4	5

Please rate the following items, with 1 being the least useful and 5 being the most useful:

	LEAST USEFUL				MOST USEFUL
The Leader's Edition in general.	1	2	3	4	5
The instructions provided in each unit.	1	2	3	4	5
The Leader's Toolbox.	1	2	3	4	5
The appendixes.	1	2	3	4	5

Would you recommend Junior Great Books *Conversaciones* to other educators? Why or why not?

_____

_____

_____

Please share any other comments you have about *Conversaciones*:

_____

_____

_____

CONTENIDO

CONTENTS

SOBRE *CONVERSACIONES*

Después de 40 años como editorial del ampliamente aclamado programa Junior Great Books, la Great Books Foundation tiene el orgullo de presentar *Conversaciones,* nuestro primer programa en lengua española. Los cuentos de esta serie tienen la finalidad de iniciar a los estudiantes en el placer de leer literatura de alta calidad y discutirla. Las selecciones que publicamos se eligen por su calidad literaria, por su estudio esmerado de temas universales y su capacidad de estimular preguntas significativas para la discusión.

La mitad de los cuentos de *Conversaciones 2* ha sido traducida al español de la Serie 2 de Junior Great Books. Los otros cuentos fueron escogidos porque expresan conjuntamente la calidad que buscamos en nuestras selecciones y exploran con esmero la cultura hispanohablante. *Conversaciones 2* les da a los estudiantes una experiencia de lectura multicultural que afirma la importancia de su acervo cultural a la vez que les presenta otras tradiciones. Las antologías en español e inglés tienen las mismas actividades interpretativas y conllevan la esperanza de que los estudiantes respondan lo mejor posible a un tipo de literatura que los haga pensar.

El objetivo de los programas de lectura y discusión de Great Books es inculcar a los estudiantes la costumbre del raciocinio característico de pensadores, lectores, y estudiantes independientes. El centro de todos los programas de Great Books es la Discusión colectiva, en la que el grupo trabaja en equipo para investigar las posibles interpretaciones de una selección.

ACTIVIDADES DE LA UNIDAD

A medida que los estudiantes leen y reflexionan sobre las selecciones de *Conversaciones,* aprenden a

- Leer los textos detalladamente
- Pensar analíticamente en las palabras e ideas de una selección
- Hacer preguntas para evaluar su propio nivel de comprensión
- Expresar ideas y respaldarlas con evidencia
- Sintetizar interpretaciones de sus ideas o de las ideas de los demás

Cada una de las unidades comprende varias actividades de lectura y escritura creadas para preparar a los estudiantes tanto para la discusión como para ampliar sus ideas sobre ésta.

ACTIVIDADES INTERPRETATIVAS BÁSICAS

Las Actividades interpretativas básicas proporcionan una estructura fundamental para leer un texto y pensar en él analíticamente. Esta secuencia, que no cambia, comprende dos lecturas, oportunidades de hacer preguntas y tomar apuntes, y la Discusión colectiva. Al practicar estas actividades, los estudiantes empiezan a desarrollar la costumbre del raciocinio necesario para convertirse en lectores competentes y analíticos.

Primera lectura seguida de Preguntas para compartir

Recomendamos que la primera lectura de un cuento sea en voz alta para que los estudiantes puedan disfrutar la obra juntos. Las Preguntas para compartir van después de la primera lectura con el fin de animar a los estudiantes a que observen y valoren la forma en que reaccionan ante un cuento. Las Preguntas para compartir les ofrecen una oportunidad de aclarar malentendidos, obtener ayuda con el vocabulario, y empezar a identificar aspectos del cuento que despierten su curiosidad. Como director, puede utilizar este tiempo para darse cuenta de lo que sus estudiantes ya entienden y quieren saber del cuento. Usted puede valerse de la curiosidad de los estudiantes para decidir cuáles son las preguntas que se prestan para guiar la discusión y cuáles Actividades adicionales debe usar.

Segunda lectura con Preguntas de pausa y reflexión

La segunda lectura se puede hacer en voz alta en clase, en casa con un adulto, o independientemente. Durante esta lectura, los estudiantes desarrollan ideas sobre el cuento al detenerse para considerar las preguntas que aparecen en los márgenes en puntos diferentes del texto. Si usted lee el cuento en voz alta en clase, haga una pausa para formular estas preguntas y dirigir una discusión breve basada en las respuestas de los niños. Si los estudiantes leen el cuento por sí mismos, pueden escribir sus respuestas a una o más de las preguntas o compartir sus ideas entre sí en la siguiente sesión completa del grupo. Las preguntas de pausa y reflexión ayudan a que los estudiantes sean más conscientes de sus propias reacciones al cuento y constituyen un aspecto previo a la toma de apuntes que se recomienda en *Conversaciones 3*.

Discusión colectiva

Después de dos lecturas cuidadosas del cuento, los estudiantes quedan listos para pensar profundamente en un problema interpretativo. Puesto que usted, como director, inicia la discusión con una pregunta que realmente despierta su curiosidad, los estudiantes aprenden el valor de la participación en un foro intelectual abierto a ideas divergentes. Recomendamos que se arregle el salón de clase para la discusión de forma que todos puedan oírse y verse fácilmente, y que el director se siente en el círculo con el grupo. Esta disposición refuerza las premisas centrales de la Indagación colectiva: que las ideas de todos son valiosas, que todos están presentes para aprender y que la directora es también una estudiante quien espera que el grupo produzca ideas propias.

ACTIVIDADES ADICIONALES

Las Actividades adicionales de cada unidad le permiten adecuar el trabajo de un cuento a los intereses y a las necesidades de sus estudiantes. Usted siempre tendrá la libertad de seleccionar las actividades y la cantidad de ellas que considere más apropiadas para sus estudiantes:

- **Preparación del contexto.** Las actividades previas a la lectura se basan en las experiencias y el conocimiento de los estudiantes para prepararlos a entender mejor el cuento.

- **Vocabulario.** Diversas actividades estimulan a los estudiantes a pensar en nuevas palabras en el contexto y a trabajar creativamente con ellas.

- **Observación literaria.** Arraigadas en las cualidades literarias específicas de una selección, estas actividades ayudan a los estudiantes a pensar en las técnicas y géneros de escritura.

- **Actividades creativas.** Arte, drama, y otras actividades creativas animan a los estudiantes a interpretar el cuento y expresar sus reacciones personales.

- **Escritura.** Las sugerencias para escribir les indican a los estudiantes que creen poemas y cuentos originales, y que expresen sus experiencias y opiniones.

- **Para explorar más.** Las listas de temas y preguntas para explorar más sugieren proyectos que pueden integrar el cuento y sus temas a otras áreas del currículo, entre ellas ciencias, estudios sociales, y arte.

SATISFACCIÓN DE LAS NECESIDADES DEL ESTUDIANTE DE INGLÉS

Los estudiantes aprenden idiomas con más rapidez y facilidad en un contexto significativo. La literatura de *Conversaciones 2* fue seleccionada para estimular el interés del estudiante y el intercambio de ideas, dándole un verdadero motivo para comunicarse.

Los elementos de la adquisición del lenguaje—pensamiento, escucha, habla, lectura, y escritura—son interdependientes y se desarrollan simultáneamente. Al trabajar con *Conversaciones,* los estudiantes leen, desarrollan sus propias ideas, escuchan las ideas de los demás, y discuten y exploran temas juntos. Así, aprenden unos de otros y desarrollan habilidades criticoanalíticas y de comunicaciones.

Puesto que la mitad de los cuentos de *Conversaciones 2* ha sido traducida de la Serie 2 de Junior Great Books, usted puede facilitárselos a los estudiantes en español o inglés, o en ambas lenguas. Si sus estudiantes se encuentran en distintos niveles de inglés, tiene la opción de trabajar con ellos en uno u otro idioma o en ambas lenguas. Se recomienda usar la Serie 2 de Junior Great Books y *Conversaciones 2* con estudiantes de segundo grado o de cursos más altos.

RECURSOS DE APOYO PARA USAR *CONVERSACIONES*

Los Elementos del director contienen recursos que le ayudarán a usar *Conversaciones* eficazmente en su salón de clase; a menudo, ofrecen respuestas a las preguntas sobre la dirección de las Actividades interpretativas básicas y las Actividades adicionales, y las ofrecen sugerencias para adaptarlas a las necesidades de los estudiantes. El apéndice A trata de la evaluación, la integración de Great Books en el currículo, y la participación en el programa de los padres. El apéndice B contiene prototipos reproducibles con formularios útiles y páginas de actividades a los que se hace referencia en todos los Elementos del director y en las descripciones de las actividades que aparecen en cada unidad.

La Great Books Foundation ofrece talleres de Indagación colectiva para ayudar a profesores y voluntarios a usar lo más eficazmente posible nuestro material con los estudiantes. En estos talleres, los participantes aprenden a hacer preguntas provechosas, a seguir con eficacia los comentarios de los estudiantes, y a prepararlos para la discusión. Los participantes también practican cómo dirigir una discusión y reflexionan sobre el procedimiento con los demás. Recomendamos encarecidamente que todos los directores asistan a un taller de Indagación colectiva antes de empezar a usar *Conversaciones*. Para obtener más información, sírvase llamar a la Great Books Foundation al 1-800-222-5870 o, por favor, visite nuestro sitio de web en www.greatbooks.org.

Esta Guía del director debe utilizarse con *An Introduction to Shared Inquiry,* el manual para nuestro taller preliminar, Taller para directores de Indagación colectiva—Primer nivel. Si tiene comentarios o preguntas acerca de alguno de los aspectos de los programas de Great Books, sírvase llamarnos por teléfono al 1-800-222-5870 o, por favor, escríbanos por correo electrónico en jgb@greatbooks.org.

Sobre Indagación colectiva

Los programas de Great Books se valen de un método de aprendizaje que llamamos Indagación colectiva, en el que los participantes buscan respuestas a las preguntas que surgen del texto y que tienen más de una respuesta razonable. Esta búsqueda requiere que los participantes interactúen cuidadosamente con una selección para contestar las preguntas sobre su significado. Se anima a todos los participantes a leer la selección (o a hacer que alguien se las lea) dos veces antes de la discusión, observar las reacciones que el texto les provoque, y hacer preguntas acerca de su significado. La Indagación colectiva comprende muchos tipos de preguntas a los que se alude en esta Guía del director.

PREGUNTAS INTERPRETATIVAS

Una pregunta interpretativa demanda información sobre lo que un cuento significa y tiene más de una respuesta que puede respaldarse con evidencia tomada del texto. Puesto que tal tipo de pregunta pide que los lectores indiquen cómo entienden la motivación de un personaje, un hecho de una trama, u otros aspectos de un cuento, hace que los lectores vuelvan al relato para examinar cuidadosamente el texto. Si bien las experiencias y los valores personales afectan la interpretación de los lectores, no son la base de las respuestas a las preguntas interpretativas: las palabras del cuento lo son. En la Indagación colectiva se usan las preguntas interpretativas para iniciar y mantener la discusión; también pueden servir como sugerencias para el trabajo por escrito. En *Conversaciones,* hacemos referencia a los siguientes tipos de preguntas interpretativas:

Preguntas de enfoque

La pregunta de enfoque trata de un problema de significado fundamental en un cuento y puede mantener una discusión que valga la pena. Recomendamos empezar la discusión con una pregunta de enfoque que el grupo analizará en detalle. Nuestros ejemplos de preguntas de enfoque están impresos en negrillas en la sección Preguntas sugeridas para discusión de cada una de las unidades.

Preguntas relacionadas

Una pregunta relacionada es la que se conecta con el problema fundamental que surge como consecuencia de la pregunta de enfoque. Las preguntas relacionadas pueden ser acerca de personajes determinados o partes del cuento; en la discusión, ayudan a los participantes a ampliar ideas sobre el tema expresado en la pregunta de enfoque. Los ejemplos de preguntas relacionadas que damos aparecen impresos debajo de las preguntas de enfoque en negrillas, en la sección Preguntas sugeridas para discusión de cada una de las unidades.

Preguntas de pausa y reflexión

Las preguntas de pausa y reflexión tienen como finalidad ayudar a los estudiantes a detenerse y pensar en las reacciones que un cuento motive en ellos durante la segunda lectura; están impresas en los márgenes del cuento.

PREGUNTAS EVALUATIVAS

La pregunta evaluativa pide que el lector salga del texto y decida qué piensa de algo leído en el cuento, basándose en su conocimiento, valores, o experiencia. Por ejemplo, una pregunta evaluativa puede pedirle al lector que indique si está de acuerdo con lo que un personaje elige o con las ideas de un autor. A menudo, las preguntas evaluativas son acerca de principios generales: *¿Es correcto hacer esto? ¿Qué debería hacer la gente al encarar este tipo de situaciones?* En la Indagación colectiva se usan las preguntas evaluativas *después de* la discusión interpretativa: leer el texto y considerarlo detenidamente ayuda a los estudiantes a responder con esmero a los temas más amplios relacionados con el asunto. En *Conversaciones,* usamos estas preguntas como base para asignar tareas de escritura evaluativa que piden que, después de la discusión, los estudiantes expresen juicios sobre un personaje o una idea del cuento. Las preguntas evaluativas también pueden discutirse una vez que el grupo haya completado una discusión interpretativa.

PREGUNTAS OBJETIVAS

Una pregunta objetiva tiene sólo una respuesta correcta que admite evidencia del cuento; este tipo de pregunta les pide a los participantes que recuerden algo del texto, y se la puede contestar generalmente al señalar un pasaje. Aun cuando una pregunta exija que el lector deduzca algo, la consideramos objetiva si solamente hay una respuesta que se pueda deducir razonablemente de los otros hechos de la selección. Puesto que las preguntas objetivas no se prestan a discusiones o análisis, no tienen un papel muy significativo en la Indagación colectiva. No obstante, las preguntas objetivas surgen, en efecto, y deben tratarse informalmente después de la primera lectura; el uso de las preguntas objetivas como preguntas de seguimiento en la Discusión colectiva también puede ayudar a aclarar los aspectos básicos del cuento.

PREGUNTAS DE SEGUIMIENTO

Una pregunta de seguimiento es una pregunta espontánea que un director hace como respuesta a uno de los participantes en la discusión. Las preguntas de seguimiento mantienen la discusión activa al pedirles a los participantes que expliquen sus respuestas en forma más completa y que respondan a las ideas de los demás. Un director puede preguntarle a un participante cuál es la evidencia en el cuento que respalda una respuesta determinada, qué piensa de una idea de otro participante, o qué quiere decir al usar una palabra o una frase en particular. Aunque las preguntas de seguimiento se usan más que todo en la discusión, usted también puede usarlas cada vez que quiera alentar a los estudiantes a que expliquen sus ideas y las amplíen, como cuando analiza los apuntes de los estudiantes o responde a lo que han escrito. Específicamente, las preguntas de seguimiento pueden

- **Aclarar comentarios.** *¿Qué quieres decir con eso? ¿Quieres repetirlo? ¿Quieres decirnos algo más sobre esa idea?*

- **Respaldar ideas.** *¿Cuál parte del cuento te dio esa idea? ¿Qué fue lo que dijo o hizo el personaje para hacerte pensar de tal manera? ¿En qué parte del cuento ves eso?*

- **Solicitar opiniones adicionales.** *¿Estás de acuerdo o no con eso? ¿Tienes alguna idea acerca de esa parte del cuento? ¿Tiene alguien alguna idea que no hayamos oído todavía?*

- **Poner a prueba la evidencia en busca de ideas.** *Según tu respuesta, ¿cómo explicarías esta parte del cuento? ¿Hay algo en el cuento que te dé una idea distinta?*

- **Mantener la discusión encauzada.** *¿Cuál fue la respuesta que escribiste antes de que empezara la discusión? Y eso ¿qué te hace pensar de la pregunta inicial?*

PREGUNTAS DE MUESTRA

Para "El sombrero del tío Nacho"

Interpretativa: *¿Por qué se preocupa tanto el tío Nacho por su sombrero viejo?*

Evaluativa: *¿Por qué la gente necesita a menudo que los demás los alienten a cambiar?*

Objetiva: *¿Por qué le quitan los niños al hombre el sombrero viejo que el tío Nacho le dio?* [Única respuesta posible: Nos han dicho que los niños creen que el hombre se lo robó.]

ABOUT *CONVERSACIONES*

After 40 years as publisher of the widely acclaimed Junior Great Books program, the Great Books Foundation is proud to introduce *Conversaciones,* our first Spanish-language program. The stories in this series are intended to introduce students to the joys of reading and discussing high-quality literature. The selections we publish are chosen for their literary quality, their thoughtful exploration of universal issues, and their capacity to raise meaningful questions for discussion.

Half the stories in *Conversaciones 2* have been translated into Spanish from Junior Great Books Series 2. The others were chosen because they unite the qualities we look for in all our selections with thoughtful explorations of Spanish-speaking cultures. *Conversaciones 2* gives your students a multicultural reading experience, one that affirms the importance of their own heritages while introducing them to other traditions. The interpretive activities and the expectation that students respond best when they are challenged by thought-provoking literature are the same in both our English- and Spanish-language anthologies.

The goal of Great Books reading and discussion programs is to instill the habits of mind that characterize self-reliant thinkers, readers, and learners. The heart of all Great Books programs is Shared Inquiry Discussion, in which the group works together to explore possible interpretations of a selection.

UNIT ACTIVITIES

As students read and reflect on the selections in *Conversaciones,* they learn to

- Read texts closely

- Think critically about the words and ideas in a selection

- Ask questions to gauge their own level of understanding

- Articulate ideas and support them with evidence

- Synthesize interpretations that draw on their own and others' thinking

Each unit includes a spectrum of reading and writing activities designed both to prepare students for discussion and to extend their thinking about it afterward.

CORE INTERPRETIVE ACTIVITIES

The Core Interpretive Activities provide a basic structure for reading and thinking critically about a text. This sequence, which remains consistent, comprises two readings, opportunities to ask questions and take notes, and Shared Inquiry Discussion. By practicing these activities, students begin to develop the habits of mind needed to become proficient and thoughtful readers.

First Reading followed by Sharing Questions

We recommend that the first reading of a story be done aloud, so that students can experience the work together. Sharing Questions takes place after the first reading, to encourage students to notice and value their own reactions to a story. Sharing Questions is an opportunity for students to clear up misunderstandings, get help with vocabulary, and begin to identify aspects of the story they are curious about. As a leader, you can use this time to learn what your students already understand and what they want to know about the story. You can then use students' curiosity to make decisions about which questions to lead in discussion and which Supplemental Activities to use.

Second Reading followed by Pause-and-Reflect Questions

The second reading may be done aloud in class, at home with an adult, or independently. During this reading, students develop their thinking about the story by stopping to consider questions that appear in the margin at several points throughout the text. If you read the story aloud in class, pause to ask these questions and lead a brief discussion of children's responses. If students read the story on their own, they can write their answers to one or more of the questions or share their thoughts with each other during the next whole group session. Pause-and-reflect questions help students become aware of their own reactions to a story and are a precursor to the note taking encouraged in *Conversaciones 3*.

Shared Inquiry Discussion

After two thoughtful readings of the story, students are ready to think about an interpretive problem in depth. Because you as leader begin discussion with a question you are genuinely curious about, students learn what it is like to participate in an intellectual forum open to divergent ideas. We recommend that for discussion the classroom be arranged so that everyone may hear and see one another easily, and that the leader sit in the circle with the group. This arrangement reinforces the main premises of Shared Inquiry: that everyone's ideas are valuable, that everyone is present to learn, and that the leader is also a learner and expects the group to come up with ideas of their own.

SUPPLEMENTAL ACTIVITIES

The Supplemental Activities in each unit enable you to customize work on a story to meet your students' interests and needs. You are always free to select which activities are most appropriate for your students and how many activities you wish to use:

- **Building Context.** Prereading activities draw on students' own experience and prior knowledge to prepare them to better understand the story.

- **Vocabulary.** Various activities encourage students to think about new words in context and to work with them creatively.

- **Looking at Literature.** Rooted in a selection's specific literary qualities, these activities help students think about writing techniques and genres.

- **Creative Endeavors.** Art, drama, and other creative activities encourage students to interpret the story and express their personal reactions.

- **Writing.** Suggestions for writing ask students to create their own poetry and stories and to articulate their experiences and opinions.

- **For Further Exploration.** Lists of topics and questions for further exploration suggest projects that can integrate the story and its themes with other curricular areas, including science, social studies, and art.

MEETING THE NEEDS OF ENGLISH-LANGUAGE LEARNERS

Students learn language more rapidly and with greater facility when they use it in a meaningful context. The literature in *Conversaciones 2* is selected to ignite student interest and the exchange of ideas, giving students a real reason to communicate.

The elements of language acquisition—thinking, listening, speaking, reading, and writing—are interdependent and develop simultaneously. Working with *Conversaciones,* students read, develop their own ideas, listen to the thoughts of others, and discuss and explore issues together. In this way students learn from one another, developing both critical-thinking and communication skills.

Because half the stories in *Conversaciones 2* are translated from Junior Great Books Series 2, you may make those stories available to your students in Spanish, in English, or in both languages. If your students are at different levels of English acquisition, you may choose to work with them in either or both languages. Junior Great Books Series 2 and *Conversaciones 2* are recommended for use with students in second grade or higher.

RESOURCES TO SUPPORT YOUR USE OF *CONVERSACIONES*

The Leader's Toolbox contains resources to help you use *Conversaciones* effectively in your classroom. It answers frequently asked questions about conducting the Core Interpretive Activities and Supplemental Activities and adapting them to meet the needs of your students. Appendix A addresses assessment, integrating Great Books into the curriculum, and involving parents in the program. Appendix B contains reproducible masters of useful forms and activity pages referred to throughout the Leader's Edition.

The Great Books Foundation offers Shared Inquiry workshops to help teachers and volunteers use our materials with students most effectively. In these workshops, participants learn how to pose fruitful questions, follow up on students' comments effectively, and prepare students for discussion. Participants also practice leading a discussion and reflect on the process with others. We strongly recommend that all leaders attend a Shared Inquiry workshop before using *Conversaciones.* For more information, call the Great Books Foundation at 1-800-222-5870 or visit our Web site at www.greatbooks.org.

This Leader's Edition is intended for use with *An Introduction to Shared Inquiry,* the handbook for our introductory workshop, Shared Inquiry Leader Workshop—Level I. If you have comments or questions about any aspect of Great Books programs, please call us at 1-800-222-5870 or e-mail us at jgb@greatbooks.org.

ABOUT SHARED INQUIRY

Great Books programs employ a method of learning we call Shared Inquiry, in which participants search for answers to questions raised by a text—questions that have more than one reasonable answer. This search requires participants to interact thoughtfully with a selection to resolve questions about its meaning. All participants are encouraged to read the selection (or have it read to them) twice before discussion, note their reactions to the text, and ask questions about its meaning. Shared Inquiry involves many types of questions, which are referred to throughout this Leader's Edition.

INTERPRETIVE QUESTIONS

An interpretive question asks what a story means, and it has more than one answer that can be supported with evidence from the text. Because such a question asks readers how they understand a character's motivation, a plot event, or some other aspect of a story, it sends readers back to the story to examine the text carefully. While personal experiences and values affect each reader's interpretation, they are not the basis of answers to interpretive questions—the words of the story are. In Shared Inquiry, interpretive questions are used to begin and sustain discussion; they may also serve as prompts for written work. In *Conversaciones,* we refer to the following types of interpretive questions:

Focus questions

A focus question addresses a central problem of meaning in a story and can sustain a rewarding discussion. We recommend beginning discussion by asking a focus question, which the group will explore in depth. Our examples of focus questions are printed in bold in the Suggested Questions for Discussion section of each unit.

Related questions

A related question is linked to the central problem raised by a focus question. Related questions may be about specific characters or parts of the story; they are used in discussion to help participants think further about the issue expressed in the focus question. Our examples of related questions are printed beneath the bold focus questions in the Suggested Questions for Discussion section of each unit.

Pause-and-reflect questions

Pause-and-reflect questions are intended to help students stop and think about their reactions to a story during the second reading. They are printed in the margins of the story.

EVALUATIVE QUESTIONS

An evaluative question asks readers to go outside the text and decide what they think about something in the story based on their own knowledge, values, or life experience. For example, an evaluative question may ask whether a reader agrees with a character's choices or with an author's ideas. Often, evaluative questions ask about general principles: *Is it right to do this? What should people do when faced with this kind of situation?* In Shared Inquiry, evaluative questions are used *after* interpretive discussion—reading and considering the text thoroughly helps students respond thoughtfully to larger related issues. In *Conversaciones,* we use these questions as the basis for evaluative writing assignments that ask students to express their judgment of a character or idea in the story after discussion. Evaluative questions may also be discussed after a group has completed an interpretive discussion.

FACTUAL QUESTIONS

A factual question has only one correct answer that can be supported with evidence from the story. It asks participants to recall something in the text, and it can usually be answered by pointing to a passage. Even if a question requires the reader to make an inference, we consider it factual if there is only one answer that can be reasonably inferred from the other facts in the selection. Because factual questions do not lend themselves to discussion or exploration, they do not play a large role in Shared Inquiry. However, factual questions do arise and should be addressed informally after the first reading; using factual questions as follow-up questions in Shared Inquiry Discussion can also help to clarify basic aspects of the story.

FOLLOW-UP QUESTIONS

A follow-up question is a spontaneous question that a leader asks in response to a participant during discussion. Follow-up questions keep discussion going by asking participants to explain their answers more fully and to respond to one another's ideas. A leader may ask a participant what evidence in the story supports an answer, what he or she thinks of another's idea, or what he or she means by a particular word or phrase. Although follow-up questions are used most in discussion, you can also use them whenever you want to spur students to explain and elaborate on their thinking, such as when you explore students' notes or respond to their writing. Specifically, follow-up questions can

- **Clarify comments.** *What do you mean by that? Could you say that again? Can you tell us more about that idea?*

- **Get support for ideas.** *What part of the story gave you that idea? What did the character say or do that made you think that? Where in the story do you see that?*

- **Solicit additional opinions.** *Do you agree or disagree with that? Do you have an idea about that part of the story? Does anyone have an idea we haven't heard?*

- **Test the evidence for ideas.** *How would you explain this part of the story, given your answer? Is there anything in the story that gives you a different idea?*

- **Keep discussion focused.** *What answer did you write down before discussion started? What does that make you think about the opening question?*

SAMPLE QUESTIONS

For "Uncle Nacho's Hat"

Interpretive: *Why does Uncle Nacho worry so much about his old hat?*

Evaluative: *Why do people often need encouragement from others to change something about themselves?*

Factual: *Why do the boys take Uncle Nacho's old hat away from the man he has given it to?* [Only possible answer: We are told that the boys believe the man stole it.]

EL SOMBRERO DEL TÍO NACHO

*Cuento folklórico nicaragüense
en versión de Harriet Rohmer*

EL SOMBRERO DEL TÍO NACHO

*Cuento folklórico nicaragüense
en versión de Harriet Rohmer*

Traducción de Rosalma Zubizarreta

Extensión del cuento: 9 páginas

Duración de la lectura en voz alta: Aproximadamente 15 minutos

Cada mañana, el tío Nacho (Ignacio) le da los buenos días a su sombrero viejo aunque está todo agujereado y él sigue diciendo que ya no sirve para nada. Un día, su sobrina Ambrosia le trae un sombrero nuevo, pero el tío Nacho no sabe qué hacer con el viejo. Aunque trata de deshacerse del sombrero una y otra vez, éste siempre vuelve. Finalmente, Ambrosia logra ayudarle al tío Nacho a resolver su problema.

Apuntes del cuento

Harriet Rohmer adaptó esta historia de un cuento folklórico nicaragüense representado por el Taller de títeres de la televisión nacional de Nicaragua. Los actores son jóvenes, algunos de sólo 14 ó 15 años de edad. Dos de los titiriteros, Luís Latino y José David, le narraron la historia a Harriet Rohmer.

Acerca de la autora

Harriet Rohmer nació en Washington, D.C., en 1938. Fundó la casa editora Children's Book Press en 1975 tras descubrir que, en los Estados Unidos, había escasez de libros sobre las minorías y los inmigrantes y las culturas de las que procedían. La mayoría de los cuentos que ella ha escrito son adaptaciones de relatos orales de cuentos folklóricos.

UNCLE NACHO'S HAT

*Nicaraguan folktale
as told by Harriet Rohmer*

Story length: 9 pages

Read-aloud time: About 15 minutes

Every morning Uncle Nacho (Ignacio) greets his old hat with "Good morning," even though it's full of holes and he keeps saying that it's no good anymore. One day his niece Ambrosia brings him a new hat, but Uncle Nacho has a hard time deciding what to do with the old one. The more he tries to get rid of it, the more it comes back. Finally, Ambrosia is able to help Uncle Nacho resolve his dilemma.

Story Notes

Harriet Rohmer adapted this story from a Nicaraguan folktale performed by the Puppet Workshop of Nicaraguan National Television. The performers are young people, some only 14 or 15 years old. Two of the puppeteers, Luís Latino and José David, told this story to Harriet Rohmer.

About the Author

Harriet Rohmer was born in Washington, D.C., in 1938. She founded Children's Book Press in 1975, after she discovered a great need in the United States for books about minority and new immigrant groups and their cultures. Most of the stories she has written are adaptations of oral tellings of folktales.

ACTIVIDADES INTERPRETATIVAS BÁSICAS

Para obtener información más detallada sobre cómo hacer estas actividades y adaptarlas a las necesidades de los estudiantes de diferentes niveles, refiérase a los Elementos del director, a partir de la pág. 319.

Primera lectura (alrededor de 15 minutos) seguida de
Preguntas para compartir (20–30 minutos)

Recuérdeles a los estudiantes que, a medida que escuchen el cuento, deben pensar en las preguntas que les gustaría hacer después de la lectura. Léales el cuento en voz alta y luego, pídales que compartan sus preguntas. Cuando ellos hagan preguntas, escríbalas en el tablero o en papel gráfico, el que puede colgar en clase para que puedan consultarlas mientras trabajan en el cuento. Con la ayuda de los estudiantes, conteste las preguntas urgentes sobre vocabulario o hechos específicos. Si el tiempo lo permite, haga que la clase considere brevemente las respuestas posibles a algunas de las otras preguntas. Explique que guardarán las preguntas sobre el significado del cuento para la Discusión colectiva.

Segunda lectura con
Preguntas de pausa y reflexión (30–45 minutos)

Antes de la segunda lectura, haga que los estudiantes lean las tres preguntas de pausa y reflexión escritas al margen del texto. Mientras lee el cuento en voz alta, haga una pausa al llegar a una de las preguntas y pídales que cada uno de ellos piense en su repuesta. Después de que ellos reflexionen brevemente, pida que den sus opiniones. Use preguntas de amplificación para que aclaren sus ideas, las defiendan, o las amplíen con detalles o ejemplos. Una vez que la clase haya contestado la pregunta desde varios puntos de vista, vuelva al cuento y continúe con la lectura en voz alta hasta llegar a la pregunta de pausa y reflexión siguiente.

Discusión colectiva (30–45 minutos)

Antes de la discusión, decida cuales son las preguntas que quiere tratar con la clase (vea la página siguiente). Siempre que sea posible, siente a los estudiantes en forma tal que todos puedan verse y escucharse con facilidad. Recuérdeles que necesitarán sus libros y útiles de escritura. Distribuya ejemplares de Elaborar tu respuesta (vea el apéndice B, pág. 393) y déles a los estudiantes la oportunidad de meditar sobre la pregunta de enfoque y anotar respuestas antes de empezar la discusión. Durante la discusión, utilice preguntas relacionadas con partes específicas del cuento para ayudarles a los estudiantes a pensar en la evidencia del texto que respalde sus opiniones. En nuestras preguntas sugeridas, las preguntas de enfoque aparecen en negrillas y las preguntas relacionadas están bajo la pregunta de enfoque a que aluden.

CORE INTERPRETIVE ACTIVITIES

For more detailed information about conducting these activities and adapting them to meet the needs of students working at different levels, see the Leader's Toolbox, beginning on p. 345.

First Reading (about 15 minutes) followed by
Sharing Questions (20–30 minutes)

Remind students that as they listen to the story they should think of any questions they would like to ask after the reading. Read the story aloud, and then have them share their questions. As students pose questions, you may want to write them on the board or on chart paper that can be left up during the class's work on the story. With students' help, answer pressing vocabulary or factual questions. If time permits, have the class briefly consider possible answers to a few of the other questions. Explain that you will save questions about the story's meaning for Shared Inquiry Discussion.

Second Reading with
Pause-and-Reflect Questions (30–45 minutes)

Before the second reading, direct students' attention to the three pause-and-reflect questions that appear in the margins of the story. As you read the story aloud, pause when you come to a question and ask students to think about it. After a brief time for reflection, have students share their thoughts. Use follow-up questions to encourage students to clarify, support, and develop their ideas. When the class has explored the question in some depth, return to the story and continue reading until the next pause-and-reflect question.

Shared Inquiry Discussion (30–45 minutes)

Before discussion, decide which questions you want to explore with your class (see the facing page). Whenever possible, seat students so that everyone can see and hear one another easily. Remind students that they will need their books and something to write with. Distribute copies of the Building Your Answer page (see appendix B, p. 393), and give students an opportunity to reflect on the focus question and write down their answers before discussion begins. Throughout discussion, use related questions about specific parts of the story to help students think about evidence in the text that supports their opinions. In our suggested questions, focus questions appear in bold type and related questions appear under the focus question they support.

Le recomendamos que establezca su propia lista de preguntas para la Discusión colectiva (vea el prototipo Red de preguntas en el apéndice B, pág. 389). Necesitará una pregunta de enfoque, que será la pregunta que usted haga al inicio de la discusión, y preguntas relacionadas para ayudar a los estudiantes a reflexionar aún más sobre la pregunta de enfoque. Usted puede derivar la pregunta de enfoque, y las preguntas relacionadas con ésta, de las preguntas de los estudiantes, de sus propios apuntes, o de las preguntas de muestra indicadas a continuación.

¿Por qué le da lástima su sombrero al tío Nacho, aunque dice que no sirve para nada?

- ¿Por qué le da los buenos días a su sombrero el tío Nacho y pelea con él, como si fuera una persona?

- ¿Por qué se preocupa el tío Nacho de que los ratones coman al sombrero viejo o que un carro lo atropelle?

- ¿Por qué piensa el tío Nacho que con tirar el sombrero lejos de su casa no se le partirá el corazón?

- ¿Por qué desea encontrar el tío Nacho a una persona decente que aprecie su sombrero viejo?

Al fin del cuento, ¿porque puede el tío Nacho dejar de preocuparse por su sombrero viejo y usar el nuevo?

- Cuando Ambrosia le da el sombrero nuevo al tío Nacho, ¿por qué pasa él largas horas preocupado por el sombrero viejo?

- Después de que el tío Nacho está de acuerdo con Chabela en que nadie lo reconocerá sin el sombrero viejo, ¿por qué trata de deshacerse de él una vez más?

- ¿Por qué cree el tío Nacho que cuanto más él trata de deshacerse del sombrero viejo, éste más regresa?

- ¿Por qué cree el tío Nacho que Ambrosia es muy inteligente cuando le aconseja que deje de preocuparse por el sombrero viejo y que piense en el nuevo?

- ¿Por qué desea el tío Nacho que el sombrero nuevo conozca a sus amigos?

SUGGESTED QUESTIONS FOR DISCUSSION

We recommend that you create your own set of questions for Shared Inquiry Discussion (see the Question Web master in appendix B, p. 389). You will need a focus question, which will be the question you ask at the beginning of discussion, and related questions that help students think further about the focus question. Your focus question and related questions can be drawn from your students' questions, your own notes, or the sample questions that follow.

Why does Uncle Nacho feel sorry for his hat, even though he says it's no good?

- Why does Uncle Nacho say "Good morning" to his hat and fight with his hat as if it were a person?

- Why does Uncle Nacho worry about the hat being eaten by mice or run over by a car?

- Why does Uncle Nacho think that taking the hat far away will prevent his heart from breaking?

- Why does Uncle Nacho want to find a decent person who will appreciate the old hat?

At the end of the story, why can Uncle Nacho stop worrying about his old hat and wear his new one?

- When Ambrosia gives Uncle Nacho the new hat, why does he spend so much time worrying about the old hat?

- After Uncle Nacho agrees with Chabela that no one will know him without the old hat, why does he try to get rid of it again?

- Why does Uncle Nacho believe that the more he tries to get rid of the old hat, the more it comes back?

- Why does Ambrosia's advice to stop worrying about the old hat and think about the new one make her seem so intelligent to Uncle Nacho?

- Why does Uncle Nacho want to take the new hat out to meet his friends?

ACTIVIDADES ADICIONALES

Estas actividades hacen que los estudiantes comprendan mejor el cuento y lo disfruten más y que desarrollen destrezas del vocabulario, la escritura, y el razonamiento crítico. Las necesidades y los intereses de su grupo le ayudarán a determinar cuáles actividades debe incluir en el programa de actividades básicas.

Preparación del contexto

Oportunidad: Antes de la primera lectura

Presente el cuento diciéndoles a los estudiantes que se trata de un hombre a quien le resulta difícil deshacerse del sombrero que ha conservado por mucho tiempo (vea la página de actividades). Pídales que piensen en algo que han tenido por mucho tiempo y pregúnteles por qué lo conservan. Dirija una discusión breve haciendo estas preguntas: *¿Qué cosa has tenido por mucho tiempo? ¿Por qué podrías deshacerte de ella? ¿Qué te impide tirarla o dársela a alguien?*

Vocabulario

Oportunidad: En cualquier momento después de la primera lectura

Exploración de palabras (vea los Elementos del director, pág. 337). Indíqueles a los estudiantes que piensen en palabras y frases que pueden acompañar a la palabra *reconocer*. Pídales que consideren cuales rasgos y características de una persona nos ayudan a distinguirla de otra. Si los estudiantes sólo mencionan rasgos visibles, pregúnteles cómo reconocen a alguien que no pueden ver (por la voz, la risa, el olor, etc.).

Interpretación de las palabras (vea la página de actividades). Los estudiantes consideran dos definiciones de *útil* y explican si están de acuerdo con el tío Nacho cuando dice que su sombrero "no sirve para nada".

Taller de palabras (vea la página de actividades). Los estudiantes identifican los antónimos de palabras que aparecen en el cuento, y escriben oraciones con ellos.

Actividades creativas

Oportunidad: En cualquier momento después de la primera lectura

- Haga que los estudiantes dibujen su interpretación del momento en que Ambrosia le da el sombrero nuevo al tío Nacho o cuando el tío Nacho cuelga su sombrero en la rama del árbol que está floreciendo (vea el prototipo de arte, pág. 407).

- Haga que los estudiantes construyan un sombrero que revele algo de sí mismos. Los estudiantes pueden construir sombreros sencillos de papel o decorar un sombrero que ya tengan.

- Haga que los estudiantes representen lo que creen que pasa cuando el tío Nacho desea llevar el sombrero nuevo a conocer a sus amigos.

- Haga que los estudiantes creen títeres y el escenario de fondo para que la clase pueda representar "El sombrero del tío Nacho" para las otras clases. Después de que los estudiantes hayan representado el cuento, pídales que discuten por qué se deciden usar títeres en lugar de actores reales para narrar una historia.

SUPPLEMENTAL ACTIVITIES

These activities will deepen students' understanding and enjoyment of the story and develop vocabulary, writing, and critical-thinking skills. The needs and interests of your group will help you determine which activities to add to the schedule of core activities.

Building Context

Timing: Before the first reading

Introduce the story by telling students that it is about a man who finds it hard to get rid of a hat that he's had for a long time (see activity page). Ask students to think about something they've had for a long time and why they keep it. Lead a brief discussion of the following questions: *What is the thing you've had for a long time? What are some reasons you might think about getting rid of it? What stops you from throwing out this possession or giving it to someone else?*

Vocabulary

Timing: Anytime after the first reading

Word Mapping (see the Leader's Toolbox, p. 363). Lead students in generating words and phrases around the word *reconocer*. Ask students to think about the features and characteristics that help them distinguish one person from another. If students mention only visible features, ask how they might recognize someone they couldn't see (by voice, laugh, scent, etc.).

Interpreting Words (see activity page). Students consider two definitions of *útil* and explain whether they agree with Uncle Nacho that his hat is "no good for anything anymore."

Word Workshop (see activity page). Students identify antonyms of words in the story and write sentences using them.

Creative Endeavors

Timing: Anytime after the first reading

- Have students draw their interpretation of Ambrosia giving Uncle Nacho the new hat or Uncle Nacho hanging his hat on the branch of the flowering tree (see the art master, p. 407).

- Have students create a hat that reveals something about themselves. Simple hats can be constructed from paper, or students might decorate hats they already own.

- Have students act out what they think happens when Uncle Nacho takes his new hat out to meet his friends.

- Have students create puppets and background scenery so that the class can perform "Uncle Nacho's Hat" for other classrooms. After students have performed the story, lead a discussion of the reasons why people would use puppets, rather than live actors, to tell a story.

Escritura

Oportunidad: Después de la Discusión colectiva

Escritura creativa (vea la página de actividades). Los estudiantes escriben un diálogo entre el tío Nacho y su sombrero viejo, desde el momento en que él le pregunta al sombrero, "¿Qué voy a hacer contigo?" Antes de que los estudiantes escriban, pídales que preparen una lluvia de ideas de cómo el sombrero se siente con respecto a su dueño y a él mismo después de ser sustituido por un sombrero nuevo, y qué desea el sombrero viejo para sí mismo.

Escritura poética (vea la página de actividades). Los estudiantes escriben un poema, individualmente o en conjunto, sobre algo viejo que tengan, que quizás ya no les sea muy útil.

Para explorar más...

Ciencias
• Haga que los estudiantes investiguen qué les sucede a las cosas que la gente bota a la basura o que recicla. *¿Adónde va la basura? ¿Cómo se convierten en productos nuevos las cosas que se reciclan?*

Estudios sociales
• Con toda la clase, use un mapa y otros recursos para que aprenda sobre Nicaragua. *¿Cuál es la capital? ¿Con qué países limita? ¿Cómo es su bandera? ¿Quién es el presidente de Nicaragua?*

• Haga que los estudiantes traigan algo que no usan, pero que todavía es útil. Haga que averigüen la labor de las instituciones locales de caridad, y que seleccione una para que la clase le envíe su donativo.

Literatura
• Francisco X. Alarcón, "Oda a mis zapatos/Ode to my Shoes", en *From the Bellybutton of the Moon and Other Summer Poems/Del ombligo de la luna y otros poemas de verano* (San Francisco: Children's Book Press, 1998). Poema humorístico que personifica a los zapatos, los que cuentan sus aventuras después de que el narrador se los quita en la noche.

• Gary Soto, "¿Qué hora es?" y "Sarape", en *Canto Familiar* (San Diego: Harcourt Brace, 1995). Dos poemas en inglés, con algunas palabras intercaladas en español, que celebran los objetos personales. "¿Qué hora es?" presenta a un narrador que guarda un reloj que no funciona, mientras que "Sarape" celebra un recuerdo de familia.

Writing

Timing: After Shared Inquiry Discussion

Creative Writing (see activity page). Students write a dialogue between Uncle Nacho and his old hat, starting with Uncle Nacho's question to the hat, "What am I going to do with you?" Before students write, ask them to brainstorm how the hat feels about its longtime owner, how it feels about being replaced with a new hat, and what it wishes for itself.

Poetry Writing (see activity page). Students write an individual or a class poem about something they have that is old and perhaps not so useful anymore.

For Further Exploration

Science
• Have students investigate what happens to things that people put in garbage or recycling containers. *Where does garbage go? How are recyclables converted into new products?*

Social Studies
• As a class, use a map and other resources to learn more about Nicaragua. *What is its capital? Which countries are its neighbors? What does its flag look like? Who is the country's leader?*

• Have students bring in something that they don't use but that is still useful. Have students research the work of local charities and select one to receive their donations.

Literature
• Francisco X. Alarcón, "Oda a mis zapatos/Ode to my Shoes," in *From the Bellybutton of the Moon and Other Summer Poems/Del ombligo de la luna y otros poemas de verano* (San Francisco: Children's Book Press, 1998). Humorous poem that personifies shoes, explaining what they do after the narrator takes them off at night.

• Gary Soto, "¿Qué hora es?" and "Sarape," in *Canto Familiar* (San Diego: Harcourt Brace, 1995). Two poems, in English with some Spanish words, celebrating personal possessions. "¿Qué hora es?" features a narrator who keeps a watch that won't run, while "Sarape" celebrates a family keepsake.

Nombre: _____

A mucha gente le cuesta deshacerse de cosas que han tenido por mucho tiempo, aunque no las usen. Piensa en algo que has tenido por mucho tiempo y escribe por qué crees que lo conservas.

¿Qué objeto has tenido por mucho tiempo?

_____

_____

_____

¿Por qué te podrías deshacer de ese objeto?

_____

_____

_____

¿Por qué razón no tiras ese objeto ni se lo das a alguien?

_____

_____

_____

Nombre: _____

Al comienzo del cuento, el tío Nacho le grita a su sombrero,
"—¡Eres in**útil,** y estás todo agujereado! ¡Ya no sirves para nada!"

> **útil**
>
> - que produce provecho o beneficio
> - que puede usarse para algo

¿Produce provecho o beneficio?

El sombrero viejo

Sí   No

Explica: _____

_____

_____

El sombrero nuevo

Sí   No

Explica: _____

_____

_____

¿Puede usarse para algo?

El sombrero viejo

Sí   No

Explica: _____

_____

_____

El sombrero nuevo

Sí   No

Explica: _____

_____

_____

11

¿Estás de acuerdo con el tío Nacho cuando dice que su sombrero es in**útil** y no sirve para nada? Explica tu opinión.

_____

_____

_____

_____

Nombre:

Lee cada una de las oraciones de más abajo, prestándole atención especial a las palabras que están subrayadas. Hay un *antónimo* para cada palabra subrayada en el banco de palabras que está abajo. (*Antónimo* es una palabra que significa lo contrario.) Para cada oración, busca el antónimo de la palabra subrayada. Luego, úsalo en una oración escrita que sea diferente de la del cuento. Por ejemplo:

Ambrosia le aconseja al tío Nacho que deje de preocuparse por el sombrero <u>viejo</u>.

<u>Ella dice que es mejor pensar en el sombrero nuevo.</u>

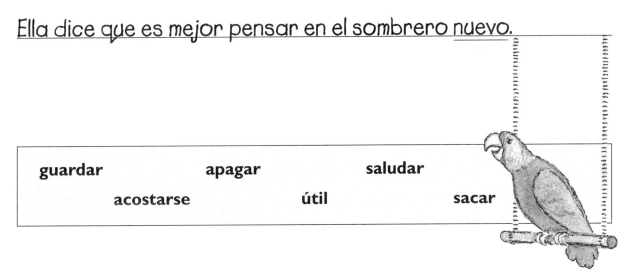

guardar	apagar	saludar
acostarse	útil	sacar

El tío Nacho tiene el costumbre de <u>despertarse</u> con el sol.

_____

El tío Nacho quiere <u>encender</u> el fuego para hacer su café matutino.

_____

El sombrero es <u>inútil</u> porque es todo agujereado.

El tío Nacho piensa <u>meter</u> el sombrero viejo dentro del baúl.

El tío Nacho sigue tratando de <u>deshacerse</u> del sombrero.

El tío Nacho le dice a su sombrero que por fin se pueden <u>despedirse</u> el uno del otro.

Nombre: _____

Una conversación entre el tío Nacho y su sombrero viejo

A lo largo del cuento, el tío Nacho conversa y pelea con su sombrero viejo. Imagina qué pasaría si el sombrero le pudiera contestar al tío Nacho y los dos pudieran tener una conversación. Antes de que empieces a escribir, piensa en estas preguntas:

¿Cómo se siente el sombrero viejo con respecto al tío Nacho?

_____

_____

_____

¿Cómo se siente el sombrero viejo al ser sustituido por un sombrero nuevo?

_____

_____

_____

¿Qué desea el sombrero viejo para sí mismo? ¿Qué desea que pase?

_____

_____

_____

El tío Nacho: "¿Qué voy a hacer contigo?"

El sombrero viejo: _____

El tío Nacho: _____

El sombrero viejo: _____

El tío Nacho: _____

El sombrero viejo: _____

Nombre: _____

Mi _____ viejo/vieja

Tengo un _____ viejo/vieja

Cuando era nuevo/nueva, era _____ ,

_____ y _____ .

Yo acostumbraba a _____ .

Pero entonces, _____ .

Ahora está _____ ,

_____ y _____ .

Cuando yo pienso en él/ella, me siento _____ .

Algún día, quizás yo _____ .

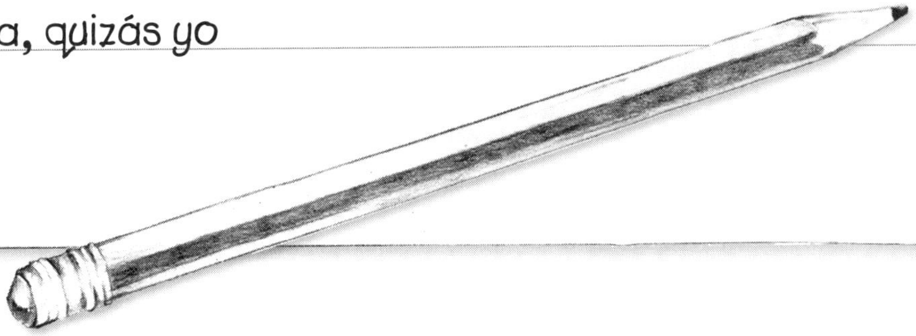

El tío Nacho comenzó a gritarle a su sombrero.

EL SOMBRERO DEL TÍO NACHO

*Cuento folklórico nicaragüense
en versión de Harriet Rohmer*

Traducción de Rosalma Zubizarreta

Cada día, el tío Nacho se despertaba
con el sol. Les daba los buenos días a
su gato y a su perro. Les daba los buenos
días a su loro y a su mono. Y le daba los
buenos días a su sombrero, que estaba
muy viejo y todo agujereado.

El tío Nacho encendió el fuego para
hacer su café matutino. Cuando el
fuego comenzó a apagarse, él lo avivó
echándole aire con el sombrero.

1

UNCLE NACHO'S HAT

*Nicaraguan folktale
as told by Harriet Rohmer*

Every day Uncle Nacho woke
up with the sun. He said "Good
morning" to his cat and his dog.
He said "Good morning" to his
parrot and his monkey. And he
said "Good morning" to his hat,
which was old and full of holes.

Uncle Nacho lit a fire to
make his morning coffee. When
the fire started to go out, he
fanned it with his hat.

But since his hat was old and full of holes, it didn't do any good.

The little house filled with smoke. The cat meowed. The dog barked. The parrot screeched. The monkey screamed. And Uncle Nacho began to yell at his hat: "You're useless and full of holes. You're no good for anything anymore!"

"Uncle Nacho! Uncle Nacho!" came a voice at the door.

It was Ambrosia, Uncle Nacho's niece. She always stopped in for a little visit on her way to school.

"What's the matter, Uncle Nacho? Is the house burning down?"

"No, Ambrosia. I'm just fighting with my hat again. It's no good to me anymore."

"You say that every morning, Uncle Nacho. So today I have a present for you—a new hat!"

Uncle Nacho put on the new hat and looked at himself in the mirror.

*Why does
Uncle Nacho
yell at his hat
even though it
can't hear him?*

🌀

*¿Por qué el
tío Nacho le
grita a su
sombrero,
aunque el
sombrero no
puede oírlo?*

🌀

Pero como su sombrero estaba viejo y todo agujereado, no le dio mucho resultado.

La casita se llenó de humo. El gato maulló. El perro ladró. El loro chilló. El mono gritó. Y el tío Nacho comenzó a gritarle a su sombrero:

—¡Eres inútil, y estás todo agujereado! ¡Ya no sirves para nada!

—¡Tío Nacho! ¡Tío Nacho! —llamó alguien a la puerta.

Era Ambrosia, la sobrina del tío Nacho. Ella siempre pasaba de visita un ratito camino de la escuela.

—¿Qué pasa, Tío Nacho? ¿Se está quemando la casa?

—No, Ambrosia. Sólo estoy peleando otra vez con mi sombrero. Ya no me sirve para nada.

—Dices eso cada mañana, Tío Nacho. Por eso hoy día tengo un regalo para ti: ¡un sombrero nuevo!

El tío Nacho se puso el sombrero nuevo y se miró en el espejo.

2

—Mira qué guapo te ves ahora, Tío Nacho —dijo Ambrosia.

—Es verdad. Todas las muchachas se van a enamorar de mí.

—Pues claro, Tío Nacho. Bueno, tengo que irme a la escuela. Pasaré de vuelta más tarde.

—Cuídate, Ambrosia. Y muchas gracias por el sombrero.

—Así que ahora tengo un sombrero nuevo —se dijo el tío Nacho a sí mismo—.

"See how handsome it makes you look, Uncle Nacho," said Ambrosia.

"It's true. All the girls will fall in love with me."

"That's for sure, Uncle Nacho. Well, I have to go to school now. I'll come by later."

"Take care of yourself, Ambrosia. And thank you for the hat.

"Now I have a new hat," said Uncle Nacho to himself.

"But what am I going to do with this old hat that's not good for anything anymore?

"Hat," he said to his old hat, "what am I going to do with you?

"I know. I'll put you in my trunk.

"Wait a minute. What if the mice get in and start to eat you? No, no, no. I'd better not put you in my trunk.

"But hat, you're really not good for anything anymore," said Uncle Nacho. "You don't keep me dry in the rain. I should throw you away. I'll just take you outside right now and throw you away in the street.

"Wait a minute. I think I see a car coming. You might get run over. No, no, no. I'd better not throw you away in the street.

"But hat, you're really not good for anything anymore," said Uncle Nacho.

Pero, ¿qué voy a hacer con este sombrero viejo que ya no sirve para nada?

—Oye, sombrero —le dijo a su sombrero viejo—. ¿Qué voy a hacer contigo?

—Ya sé. Te meteré dentro de mi baúl.

—Espérate un ratito. ¿Qué si entran los ratones y te empiezan a comer? No, no, no. Mejor no te meto dentro del baúl.

—Pero sombrero, la verdad es que ya no me sirves para nada —dijo el tío Nacho—. No me proteges de la lluvia. Te debería tirar. Saldré afuera en este momento y te tiraré a la calle.

—Espérate un ratito. Creo que veo venir un carro. Te puede atropellar. No, no, no. Mejor no te tiro a la calle.

—Pero sombrero, la verdad es que ya no me sirves para nada —dijo el tío Nacho—.

4

No me proteges del sol. Te debería botar. Saldré afuera en este momento y te botaré a la basura.

—¡Ya está! Espero que algún buen hombre te encuentre. Alguien que te aprecie. Una persona decente. ¡Que Dios los bendiga a los dos!

Unos minutos más tarde, pasó por allí Chabela, la mamá de Ambrosia. Estaba regresando del mercado e iba contando su vuelto. Y entonces vio el sombrero del tío Nacho.

—Yo conozco este sombrero. Es el sombrero del tío Nacho. Alguien debe estarle haciendo un broma al tío Nacho, pobre viejo. Sombrero, ¡vas a venir conmigo ahorita mismo! ¡Te voy a llevar a tu casa, y te devolveré al tío Nacho!

—¡Mira, Tío Nacho! ¡Mira lo que me encontré! ¡Tu sombrero!

—Muchísimas gracias, Chabela. Pero este sombrero viejo lo boté porque tu hija Ambrosia me regaló uno nuevo. ¿Ves qué bien me queda?

5

¿Por qué el tío Nacho decide, finalmente, tirar el sombrero a la basura cuando no pudo ponerlo en el baúl o en la calle?

❧

"You don't keep the sun off my head. I should throw you away. I'll just take you outside right now and throw you in the trash.

"There! May some good man find you. Someone who will appreciate you. A decent person. God bless you both!"

A few moments later, along came Chabela, Ambrosia's mother. She was coming from the market and trying to count her change. Then she saw Uncle Nacho's hat.

"I know this hat. It's Uncle Nacho's hat. Somebody must be playing a trick on poor old Uncle Nacho. Hat, you're coming with me right away! I'm taking you home to Uncle Nacho!"

"Look, Uncle Nacho! Look what I found! Your hat!"

"Thank you very much, Chabela. But I threw this old hat away because your daughter Ambrosia gave me a new one. See, doesn't it look good on me?"

Why can Uncle Nacho finally put his hat in the trash, when he couldn't put it in the trunk or in the street?

❧

"Ambrosia gave you a new hat so you threw away your old one? Ay! How will anyone know you without your hat?"

"You're right, Chabela. Thank you." And Uncle Nacho took back his old hat.

"But in truth, hat, you're not good for anything anymore," said Uncle Nacho. I really should throw you away. This time I'm taking you far away from here. Then my heart won't break when I think about you."

So Uncle Nacho took his old hat to the very edge of the town where the town became the country, and he hung it on the branch of a flowering tree.

"There. At last we can say goodbye."

Under the tree an old gentleman was just waking up from his nap. He saw Uncle Nacho's hat. "Sir! Sir! You've forgotten your hat."

"I'm leaving it here," said Uncle Nacho. "It isn't any use to me anymore."

"Can you give it to me, then?"

"Take it. The hat is yours."

—¿Ambrosia te regaló un sombrero nuevo así que botaste tu sombrero viejo? ¡Ay! ¿Cómo te va a reconocer la gente sin tu sombrero?

—Es cierto, Chabela. Gracias —, y el tío Nacho tomó su sombrero viejo.

—Pero verdaderamente, sombrero, ya no me sirves para nada —dijo el tío Nacho—. De veras que debiera tirarte. Esta vez te voy a llevar lejos de aquí. Así no se me partirá el corazón cuando piense en ti.

Así que el tío Nacho llevó a su sombrero viejo hasta las afueras del pueblo, donde el pueblo se convierte en campo. Lo colgó en la rama de un árbol que estaba floreciendo.

—Ya está. Por fin podemos despedirnos.

Debajo del árbol, un señor anciano estaba despertándose de su siesta. Vio el sombrero del tío Nacho. —¡Señor! ¡Señor! Se ha olvidado su sombrero.

—Lo estoy dejando acá —dijo el tío Nacho—. A mí ya no me sirve.

—¿Me lo podría dar, entonces?

—Tómelo. El sombrero es suyo.

6

"Thank you, sir! Thank you very much!"

Uncle Nacho watched the old gentleman walk away wearing the hat. "At last a deserving person has my hat. May it serve him well."

The old gentleman was so happy with his hat that he didn't see Pedro and Paco following him.

"Hey look!" said Pedro. "That old guy's wearing Uncle Nacho's hat. He must have stolen it!"

"We're taking back the hat you stole!" cried Paco.

—¡Muchas gracias, señor! ¡Muchísimas gracias!

El tío Nacho miró al señor anciano que se marchaba con el sombrero puesto.

—Por fin una persona que se lo merece tiene mi sombrero. Que le sirva bien.

El señor anciano estaba tan contento con su sombrero que no vio a Pedro y a Paco que lo estaban siguiendo.

—¡Mira! —dijo Pedro—. Ese viejo lleva puesto el sombrero del tío Nacho. ¡Debe habérselo robado!

—¡Vamos a quitarle ese sombrero que se ha robado! —gritó Paco.

7

"I did not steal it!" protested the old gentleman.

"That's a lie! You stole it!" The boys and the old gentleman fought over the hat until it was completely torn apart. Finally, the boys grabbed it and ran away.

"We got it! Let's take it to Uncle Nacho! Uncle Nacho will be so happy to have his hat!"

"Uncle Nacho! Uncle Nacho!"

"What's going on, boys?"

"Look what we've got! We got your hat back from that old thief who stole it!"

Uncle Nacho was angry. "I gave that hat to the old gentleman and now you've ruined it. It isn't even a hat anymore!"

Uncle Nacho took back what was left of the old hat and slammed the door.

A little later, Ambrosia arrived for a visit on her way home from school.

Why is Uncle Nacho so angry that the hat is ruined, even though he had given it away?

❧

—¡No me lo robé! —protestó el señor anciano.

—¡Es mentira! ¡Se lo robó! —Los muchachos y el señor anciano se pelearon por el sombrero hasta que el sombrero estaba **despedazado**. Por fin los muchachos lo **arrebataron** y se fueron corriendo.

—¡Ya lo tenemos! ¡Vamos a llevárselo al tío Nacho! ¡El tío Nacho estará tan contento de tener a su sombrero de vuelta!

—¡Tío Nacho! ¡Tío Nacho!

—¿Qué pasa, muchachos?

—¡Mira lo que tenemos, Tío Nacho! ¡Le quitamos tu sombrero a ese viejo ladrón que se lo había robado!

El tío Nacho se enojó. —Yo le di mi sombrero a ese señor anciano, y ahora ustedes lo han **arruinado**. ¡Ya ni siquiera es sombrero!

El tío Nacho tomó lo que quedaba del sombrero viejo y tiró la puerta.

Un poquito más tarde, Ambrosia llegó de visita de regreso de la escuela.

¿Por qué se enoja tanto el tío Nacho cuando ve el sombrero arruinado a pesar de que lo regaló?

❧

8

—¿Qué pasa, Tío Nacho? ¿Por qué no tienes puesto tu sombrero nuevo?

—He estado demasiado preocupado por mi sombrero viejo, Ambrosia. Mientras más trato de deshacerme de él, más regresa. No sé qué hacer.

Ambrosia pensó un ratito. —Deja de preocuparte por tu sombrero viejo, Tío Nacho. En cambio, piensa en tu sombrero nuevo.

—¡Tienes razón! No se me había ocurrido antes. ¡Qué inteligente que eres, Ambrosia!

El tío Nacho se puso su sombrero nuevo. —¡Sombrero, vamos! ¡Te voy a llevar a conocer a mis amigos!

"What's the matter, Uncle Nacho? Why aren't you wearing your new hat?"

"I've been too busy worrying about my old hat, Ambrosia. The more I try to get rid of it, the more it comes back. I don't know what to do."

Ambrosia thought for a few moments. "Stop worrying about the old hat, Uncle Nacho. Think about your new hat instead."

"Ah! I never thought of that before. How intelligent you are, Ambrosia."

Uncle Nacho put on his new hat. "Hat, let's go. I'm taking you to meet my friends!"

Jack y el tallo de frijol

Cuento folklórico inglés
en versión de Joseph Jacobs

JACK Y EL TALLO DE FRIJOL

*Cuento folklórico inglés
en versión de Joseph Jacobs*

Traducción de Osvaldo Blanco

Extensión del cuento: 19 páginas

Duración de lectura en voz alta: Aproximadamente 20 minutos

Jack, el hijo único de una pobre viuda, sube hasta el cielo por un tallo de frijol mágico y llega a la casa de un ogro, donde toma una de sus bolsas de oro y escapa. Jack vuelve a esta casa dos veces más y se lleva una gallina que pone huevos de oro y un arpa que canta, antes de que el ogro lo persiga bajando por el tallo de frijol.

Apuntes del cuento

Como "Jack", un muchacho campesino que enfrenta dificultades, es una figura tradicional de los cuentos folklóricos ingleses, hemos dejado su nombre en inglés. Tal vez quiera explicar a los estudiantes que en el contexto cultural del cuento, el hecho de que la madre de Jack lo llame "idiota" no es tan insultante como lo sería en muchas partes del mundo hispano. También puede decirles que un ogro es un monstruo que come gente. Además, para asegurar que los estudiantes no se confundan, el modismo inglés "before you could say Jack Robinson" fue traducido a un modismo español que mantiene la misma connotacíon de rapidez.

Acerca del autor

Joseph Jacobs nació en Australia in 1854. Inmigró a Inglaterra, donde llegó a ser un historiador y escritor muy conocido. Jacobs investigó, coleccionó, y escribió cuentos de hadas porque quería "hacer que los niños sintieran que la lectura es la diversión más grande del mundo". Después de una visita a los Estados Unidos en 1896, Jacobs decidió trasladarse a Nueva York con su familia y su biblioteca personal de 12.000 libros. Murió en 1916.

JACK AND THE BEANSTALK

*English folktale
as told by Joseph Jacobs*

Story length: 19 pages

Read-aloud time: About 20 minutes

A poor boy named Jack climbs a magical beanstalk to the sky and arrives at the home of an ogre. Jack steals the ogre's bag of gold and escapes, returning two more times to take a golden hen and a singing harp before the ogre chases him down the beanstalk.

Story Notes

Because Jack, a peasant boy who faces challenges, is a traditional figure in English folktales, we have retained the name *Jack* instead of modifying it to its Spanish equivalent. You may wish to explain to students that in the cultural context of the story, Jack's mother calling him "idiota" is not as shocking as it would be in many Hispanic cultures. You may also wish to tell students that an ogre is a monster who eats people. In addition, the English idiom "before you could say Jack Robinson" was translated to a Spanish equivalent to retain the connotation of quickness and to make sure students would not be confused.

About the Author

Joseph Jacobs was born in Australia in 1854. He immigrated to England and became a well-known historian and writer. Jacobs researched, collected, and wrote fairy tales because he wanted "to make children feel that reading is the greatest fun in the world." After a visit to the United States in 1896, Jacobs decided to move his family and his personal library of 12,000 books to New York. He died in 1916.

ACTIVIDADES INTERPRETATIVAS BÁSICAS

Para obtener información más detallada sobre cómo hacer estas actividades y adaptarlas a las necesidades de los estudiantes de diferentes niveles, refiérase a los Elementos del director, a partir de la pág. 319.

Primera lectura (alrededor de 20 minutos) seguida de
Preguntas para compartir (20–30 minutos)

Recuérdeles a los estudiantes que, a medida que escuchen el cuento, deben pensar en las preguntas que les gustaría hacer después de la lectura. Léales el cuento en voz alta y luego, pídales que compartan sus preguntas. Cuando ellos hagan preguntas, escríbalas en el tablero o en papel gráfico, el que puede colgar en clase para que puedan consultarlas mientras trabajan en el cuento. Con la ayuda de los estudiantes, conteste las preguntas urgentes sobre vocabulario o hechos específicos. Si el tiempo lo permite, haga que la clase considere brevemente las respuestas posibles a algunas de las otras preguntas. Explique que guardarán las preguntas sobre el significado del cuento para la Discusión colectiva.

Segunda lectura con
Preguntas de pausa y reflexión (30–45 minutos)

Antes de la segunda lectura, haga que los estudiantes lean las tres preguntas de pausa y reflexión escritas al margen del texto. Mientras lee el cuento en voz alta, haga una pausa al llegar a una de las preguntas y pídales que cada uno de ellos piense en su repuesta. Después de que ellos reflexionen brevemente, pida que den sus opiniones. Use preguntas de amplificación para que aclaren sus ideas, las defiendan, o las amplíen con detalles o ejemplos. Una vez que la clase haya contestado la pregunta desde varios puntos de vista, vuelva al cuento y continúe con la lectura en voz alta hasta llegar a la pregunta de pausa y reflexión siguiente.

Discusión colectiva (30–45 minutos)

Antes de la discusión, decida cuales son las preguntas que quiere tratar con la clase (vea la página siguiente). Siempre que sea posible, siente a los estudiantes en forma tal que todos puedan verse y escucharse con facilidad. Recuérdeles que necesitarán sus libros y útiles de escritura. Distribuya ejemplares de Elaborar tu respuesta (vea el apéndice B, pág. 393) y déles a los estudiantes la oportunidad de meditar sobre la pregunta de enfoque y anotar respuestas antes de empezar la discusión. Durante la discusión, utilice preguntas relacionadas con partes específicas del cuento para ayudarles a los estudiantes a pensar en la evidencia del texto que respalde sus opiniones. En nuestras preguntas sugeridas, las preguntas de enfoque aparecen en negrillas y las preguntas relacionadas están bajo la pregunta de enfoque a que aluden.

CORE INTERPRETIVE ACTIVITIES

For more detailed information about conducting these activities and adapting them to meet the needs of students working at different levels, see the Leader's Toolbox, beginning on p. 345.

First Reading (about 20 minutes) followed by
Sharing Questions (20–30 minutes)

Remind students that as they listen to the story they should think of any questions they would like to ask after the reading. Read the story aloud, and then have them share their questions. As students pose questions, you may want to write them on the board or on chart paper that can be left up during the class's work on the story. With students' help, answer pressing vocabulary or factual questions. If time permits, have the class briefly consider possible answers to a few of the other questions. Explain that you will save questions about the story's meaning for Shared Inquiry Discussion.

Second Reading with
Pause-and-Reflect Questions (30–45 minutes)

Before the second reading, direct students' attention to the three pause-and-reflect questions that appear in the margins of the story. As you read the story aloud, pause when you come to a question and ask students to think about it. After a brief time for reflection, have students share their thoughts. Use follow-up questions to encourage students to clarify, support, and develop their ideas. When the class has explored the question in some depth, return to the story and continue reading until the next pause-and-reflect question.

Shared Inquiry Discussion (30–45 minutes)

Before discussion, decide which questions you want to explore with your class (see the facing page). Whenever possible, seat students so that everyone can see and hear one another easily. Remind students that they will need their books and something to write with. Distribute copies of the Building Your Answer page (see appendix B, p. 393), and give students an opportunity to reflect on the focus question and write down their answers before discussion begins. Throughout discussion, use related questions about specific parts of the story to help students think about evidence in the text that supports their opinions. In our suggested questions, focus questions appear in bold type and related questions appear under the focus question they support.

PREGUNTAS SUGERIDAS PARA LA DISCUSIÓN

Le recomendamos que establezca su propia lista de preguntas para la Discusión colectiva (vea el prototipo Red de preguntas en el apéndice B, pág. 389). Necesitará una pregunta de enfoque, que será la pregunta que usted haga al inicio de la discusión, y preguntas relacionadas para ayudar a los estudiantes a reflexionar aún más sobre la pregunta de enfoque. Usted puede derivar la pregunta de enfoque, y las preguntas relacionadas con ésta, de las preguntas de los estudiantes, de sus propios apuntes, o de las preguntas de muestra indicadas a continuación.

¿Por qué decide Jack treparse por el tallo de frijol por tercera vez?

- Aunque tiene una gallina que pone huevos de oro, ¿por qué no está Jack "satisfecho" todavía?

- ¿Por qué quiere Jack probar suerte por tercera vez?

- ¿Por qué no tiene Jack miedo de que se lo coma el ogro?

- ¿Por qué sigue Jack arriesgando la vida cuando su madre depende de él?

¿Por qué es la esposa del ogro más amable con Jack que la madre de él?

- ¿Por qué la madre de Jack le recuerda que él no pudo conseguir trabajo porque nadie quiso tomarlo?

- ¿Por qué se enoja tanto la madre de Jack cuando él le dice que los frijoles son mágicos?

- En el primer viaje de Jack, ¿por qué le advierte la mujer que el marido de ella es un ogro y esconde a Jack en el horno?

- En la segunda visita de Jack, ¿por qué la esposa del ogro lo alimenta y lo esconde en el horno aun cuando sospecha que él se robó el oro del esposo?

SUGGESTED QUESTIONS FOR DISCUSSION

We recommend that you create your own set of questions for Shared Inquiry Discussion (see the Question Web master in appendix B, p. 389). You will need a focus question, which will be the question you ask at the beginning of discussion, and related questions that help students think further about the focus question. Your focus question and related questions can be drawn from your students' questions, your own notes, or the sample questions that follow.

Why does Jack decide to climb the beanstalk the third time?

- Even though he has a hen that lays golden eggs, why isn't Jack "content"?

- Why does Jack want to try his luck for a third time?

- Why isn't Jack afraid of being eaten by the ogre?

- Why does Jack continue to risk his life, when his mother depends on him?

Why is the ogre's wife kinder to Jack than his own mother is?

- Why does Jack's mother remind him that he couldn't get a job because nobody would take him?

- When Jack tells his mother the beans are magical, why does she get so angry?

- On Jack's first trip, why does the ogre's wife warn him about the ogre and hide him in the oven?

- Why does the ogre's wife feed and hide Jack on his second visit, even though she suspects that he stole her husband's gold?

Estas actividades hacen que los estudiantes comprendan mejor el cuento y lo disfruten más y que desarrollen destrezas del vocabulario, la escritura, y el razonamiento crítico. Las necesidades y los intereses de su grupo le ayudarán a determinar cuáles actividades debe incluir en el programa de actividades básicas.

Preparación del contexto

Oportunidad: Antes de la primera lectura

Presente el cuento diciéndoles a los estudiantes que se trata de un niño que hace cosas riesgosas. Pídales que se imaginen que—una mañana, al despertarse—encuentran fuera del dormitorio y junto a la ventana una escalera misteriosa tan alta que llega al cielo. Pregúnteles, *¿Subirían por la escalera? ¿Por qué? ¿Por qué no?*

Vocabulario

Oportunidad: En cualquier momento después de la primera lectura

Mis tiras cómicas (vea el apéndice B, pág. 399). Haga que los estudiantes seleccionen tres de las palabras siguientes, o derivados de las mismas, para crear una tira cómica: *aspecto, curiosidad, desanimarse, deslizarse, enorme, estremecerse, lamentar, pérdida, pilluelo, satisfecho, sigilosamente,* y *suplicar.* Anímelos para que usen la imaginación.

Taller de palabras (vea la página de actividades). Los estudiantes trabajan con palabras que describen el comportamiento de Jack, del ogro, y del viejo de aspecto extraño. Después de considerar las palabras en el contexto, los estudiantes escriben sus propias definiciones y hacen un dibujo basado en cada una de las palabras.

Observación literaria

Oportunidad: En cualquier momento después de la segunda lectura

Símiles (vea la página de actividades). Los estudiantes crean sus propios símiles para describir a los personajes y los incidentes del cuento.

These activities will deepen students' understanding and enjoyment of the story and develop vocabulary, writing, and critical-thinking skills. The needs and interests of your group will help you determine which activities to add to the schedule of core activities.

Building Context

Timing: Before the first reading

Introduce the story by telling students it is about a child who does some risky things. Ask students to imagine waking up one morning to find a mysterious ladder outside their bedroom window—a ladder so tall its top is lost in the clouds. Ask students, *Would you climb the ladder? Why or why not?*

Vocabulary

Timing: Anytime after the first reading

My Comic Strip (see appendix B, p. 399). Have students use three of the following words, or forms of the words, to create a comic strip: *aspecto, curiosidad, desanimarse, deslizarse, enorme, estremecerse, lamentar, pérdida, pilluelo, satisfecho, sigilosamente,* and *suplicar.* Encourage them to use their imaginations.

Word Workshop (see activity page). Students work with words describing how Jack, the ogre, and the funny-looking old man behave. After considering the words in context, students write their own definitions and draw a picture to illustrate each word.

Looking at Literature

Timing: Anytime after the second reading

Similes (see activity page). Students create their own similes to describe characters and events in the story.

Actividades creativas

Oportunidad: En cualquier momento después de la primera lectura

- Haga que los estudiantes representen la escena en la que Jack cambia la vaca por los frijoles. Varios pares de estudiantes pueden representar la misma escena y, tras cada representación, motive a la clase a discutir si Jack parece ser astuto o tonto y si el viejo es tramposo o servicial.

- Haga que los estudiantes representen la tercera visita de Jack a la casa del ogro. Luego, pídales que comenten lo que piensan de Jack, del ogro, y de la esposa de éste en la escenificación.

- Haga que los estudiantes dibujen cómo interpretan al ogro, a la esposa del ogro, o al viejo de aspecto extraño (vea el prototipo de arte en el apéndice B, pág. 407). Los estudiantes deben poner frases a los dibujos usando una de las siguientes frases tomadas del cuento:

  - "Era uno grande, por cierto"

  - "La mujer del ogro no era del todo mala al fin y al cabo"

  - "Un viejo de aspecto extraño"

- Haga que los estudiantes dibujen lo que Jack ve cuando alcanza por primera vez la cima del tallo de frijol (vea el prototipo de arte en el apéndice B, pág. 407). Antes de que los estudiantes empiecen a dibujar, considere leerles en voz alta la escena.

Escritura

Oportunidad: Después de la Discusión colectiva

Escritura creativa (vea la página de actividades). Los estudiantes escriben un informe policial en el que explican el reclamo que el ogro presenta contra Jack.

Escritura evaluativa (vea la página de actividades). Los estudiantes explican por qué se arriesgarían o no a treparse por el tallo de frijol por segunda vez, después de apenas haber escapado en la primera.

Para explorar más...

Estudios sociales

- Haga que los estudiantes investiguen cómo era la vida en los pueblos ingleses en los siglos XVII o XVIII. *¿Qué clase de actividades aprendían típicamente los niños? ¿Qué clase de actividades aprendían típicamente las niñas?*

Literatura

- Motive a los estudiantes a leer otras versiones del cuento folklórico "Jack y el tallo de frijol" o cuentos folklóricos con el personaje Juan Bobo, una figura similar en la literatura folklórica hispana. Después, haga que comparen dos cuentos y que contesten las preguntas siguientes: *¿En qué se parecen los cuentos? ¿Qué diferencias tienen? ¿Cuál cuento te gustó más y por qué?*

Creative Endeavors

Timing: Anytime after the first reading

- Have students act out the scene in which Jack trades the cow for the beans. Several pairs of students can act out the same scene, then have the class discuss whether Jack seems clever or foolish and the old man tricky or helpful in each pair's performance.

- Have students act out the third time Jack goes to the ogre's house. Afterward, ask students to discuss what they thought of Jack, the ogre, and the ogre's wife in the scene.

- Have students draw their interpretations of the ogre, the ogre's wife, or the funny-looking man (see the art master in appendix B, p. 407). Have students use one of the following phrases from the story as a caption for their drawings:

  - "He was a big one, to be sure."

  - "The ogre's wife was not half so bad after all."

  - "A funny-looking old man."

- Have students draw what Jack sees when he first arrives at the top of the beanstalk (see the art master in appendix B, p. 407). Consider reading the scene aloud to students before they begin drawing.

Writing

Timing: After Shared Inquiry Discussion

Creative Writing (see activity page). Students write a police report to explain the ogre's complaint against Jack.

Evaluative Writing (see activity page) Students explain why they would or would not risk climbing the beanstalk a second time, after narrowly escaping the first time.

For Further Exploration

Social Studies

- Have students research village life in England during the seventeenth or eighteenth century. *What kind of chores would a boy typically learn to do? What kind of chores would a girl typically learn to do?*

Literature

- Have students read other versions of the folktale "Jack and Beanstalk" and/or folktales featuring Juan Bobo, a similar figure in Hispanic folk literature. Afterward, have students choose two stories to compare, answering the following questions: *How are the stories alike? How are they different? Which story did you like best? Why?*

Nombre: _____

¿Cómo actúan los personajes?

Jack

"—Buenos días, señora —saludó Jack, **descaradamente**—. ¿Tendría usted la bondad de darme algo de comer?"

Cuando la maestra le pidió su nombre, José dijo, **descaradamente,** "—¡Me llamo Superhombre!"

Descaradamente significa _____

_____

El ogro

"El ogro se durmío y empezó a roncar **atronadoramente**".

Los músicos tocaban los tambores tan **atronadoramente** que tuvimos que cubrir las orejas.

Atronadoramente significa _____

_____

El viejo de aspecto estraño

"—Como eres tan listo —dijo—, no **tengo inconveniente en** ofrecerte un cambio".

Mis padres **tienen inconveniente en** que mi hermano compre un carro porque él no es muy responsable.

Tener inconveniente en significa _____

_____

Elige una de las palabras o frases que definiste y demuéstrala con un dibujo.

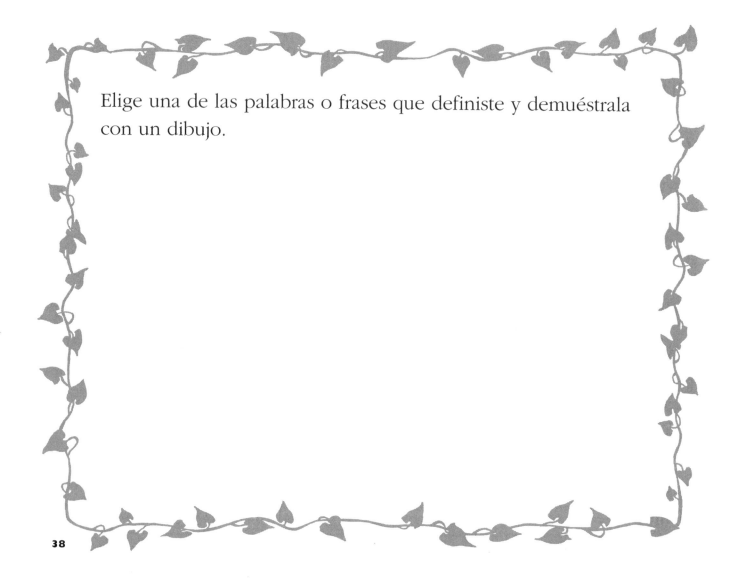

Nombre: _____

En este cuento leíste:

> "Dos en cada mano y uno en la boca —repuso Jack,
>   listo como un lince."

> "Se encontró con un camino ancho y largo que iba
>   derecho como un dardo".

> "Jack estaba hambriento como un cazador".

A menudo, los escritores describen a la gente o
los objetos comparándolos con algo más. Las
palabras subrayadas de las frases que aparecen arriba
se llaman **símiles,** y te ayudan a formar imágenes
mentales y a hacer más divertido el lenguaje del cuento.

Crea tus propios símiles para describir los
personajes del cuento.

- Cuando vio los frijoles, la madre de Jack se puso tan furiosa

    como un/una _____ .

- Por la mañana, el tallo de frijol se había puesto

    tan grueso como un/una _____ .

JACK Y EL TALLO DE FRIJOL

🫘 La mujer del ogro era tan enorme como un/una _____

_____.

🫘 Al echarse un sueño, el ogro roncaba tan atronadoramente

como un/una _____.

🫘 La bolsa de oro estaba tan llena como un/una _____

_____.

🫘 El arpa cantaba tan armoniosamente como un/una _____

_____.

🫘 Al oír los fuertes gritos del arpa, el ogro despertó tan

rápidamente como un/una _____.

🫘 Al ver el ogro, la madre de Jack estaba tan asustada

como un/una _____.

Nombre: _____

Imagínate que el ogro ha ido a la comisaría de policía local tras descubrir que desapareció su gallina. Da la información que consideras que le servirá a la policía para atrapar al ladrón. Tendrás que decidir si la mujer del ogro le dio alguna información o no.

Comisaría de Policía de Pueblo Nubes

Informe Policial

Este reclamo fue presentado por el Sr. _____,

el ogro que reside en _____.

Lugar del crimen: _____

_____

_____

Fecha y hora en que se cometió el crimen: _____

_____

_____

Descripción del crimen: _____

_____

_____

Testigos: _____

_____

_____

Descripción del sospechoso: _____

_____

_____

Información adicional: _____

_____

_____

Recompensa: _____

_____

_____

Nombre: _____

En el cuento, Jack se trepa por el tallo de frijol tres veces. Las preguntas siguientes te ayudarán a considerar los motivos de Jack y cómo él compara con tí mismo.

Después de treparte por el tallo de frijol por primera vez y ver al ogro y escapar, ¿te subirías por el tallo otra vez? ¿Por qué? ¿Por qué no?

_____

_____

_____

¿Por qué crees que Jack sube por el tallo de frijol una segunda y una tercera vez?

_____

_____

_____

¿Crees que eres como Jack o diferente de él? ¿De cuáles maneras?

_____

_____

_____

El tallo subía y subía hasta llegar al cielo.

JACK Y EL TALLO DE FRIJOL

*Cuento folklórico inglés
en versión de Joseph Jacobs*

Traducción de Osvaldo Blanco

Había una vez una pobre viuda que tenía un hijo único llamado Jack y una vaca llamada Blancaleche. Y todo lo que tenían para vivir era la leche que daba la vaca todas las mañanas, la cual llevaban a vender al mercado. Pero una mañana Blancaleche dejó de dar leche y no supieron qué hacer.

—¿Qué vamos a hacer? ¿Qué vamos a hacer? —decía la viuda, retorciéndose las manos.

11

JACK AND THE BEANSTALK

*English folktale
as told by Joseph Jacobs*

There was once upon a time a poor widow who had an only son named Jack and a cow named Milky-white. And all they had to live on was the milk the cow gave every morning, which they carried to the market and sold. But one morning Milky-white gave no milk and they didn't know what to do.

"What shall we do, what shall we do?" said the widow, wringing her hands.

"Cheer up, Mother, I'll go and get work somewhere," said Jack.

"We've tried that before, and nobody would take you," said his mother. "We must sell Milky-white and with the money start a shop or something."

"All right, Mother," says Jack. "It's market day today, and I'll soon sell Milky-white, and then we'll see what we can do."

So he took the cow's halter in his hand, and off he started. He hadn't gone far when he met a funny-looking old man who said to him: "Good morning, Jack."

"Good morning to you," said Jack, and wondered how he knew his name.

"Well, Jack, and where are you off to?" said the man.

•••

—No te desanimes, Madre. Yo conseguiré trabajo en alguna parte —dijo Jack.

—Ya hemos intentado eso antes, y nadie quiso tomarte —dijo su madre—. Tendremos que vender a Blancaleche y con ese dinero abrir una tienda o algo así.

—Está bien, Madre —dijo Jack—. Hoy es día de mercado. No tardaré en vender a Blancaleche y entonces veremos qué podemos hacer.

Y así, tomando la cuerda de la vaca, se puso en camino. No había avanzado mucho cuando se encontró con un viejo de aspecto extraño que le dijo:

—Buenos días, Jack.

—Buenos días tenga usted —respondió Jack, sorprendido de que el hombre supiera su nombre.

—Y bien, Jack, ¿para dónde vas? —preguntó el hombre.

···

—Voy al mercado a vender esta vaca.

—Oh, tú pareces ser el tipo perfecto para vender vacas —dijo el hombre—. Me pregunto si sabrás cuántos frijoles hacen cinco.

—Dos en cada mano y uno en la boca —repuso Jack, listo como un lince.

—Tienes razón —dijo el hombre—. Pues aquí los tienes, los mismísimos frijoles —prosiguió, sacando del bolsillo unas semillas de curioso aspecto—. Como eres tan listo —dijo—, no tengo inconveniente en ofrecerte un cambio: tu vaca por estos frijoles.

—Vamos —dijo Jack—. ¡Bien que le gustaría a usted!

—¡Ah, tú no sabes lo que son estos frijoles! —dijo el hombre—. Si se plantan por la noche, a la mañana siguiente habrán crecido hasta el cielo.

—¿De veras? —dijo Jack—. No me diga.

—Sí, así es, y si no resulta cierto, te devolveré la vaca.

13

"I'm going to market to sell our cow here."

"Oh, you look the proper sort of chap to sell cows," said the man. "I wonder if you know how many beans make five."

"Two in each hand and one in your mouth," says Jack, as sharp as a needle.

"Right you are," says the man. "And here they are, the very beans themselves," he went on, pulling out of his pocket a number of strange-looking beans. "As you are so sharp," says he, "I don't mind doing a swap with you—your cow for these beans."

"Go along," says Jack. "Wouldn't you like it?"

"Ah! You don't know what these beans are," said the man. "If you plant them overnight, by morning they grow right up to the sky."

"Really?" says Jack. "You don't say so."

"Yes, that is so, and if it doesn't turn out to be true you can have your cow back."

"Right," says Jack, and hands him over Milky-white's halter and pockets the beans.

Back goes Jack home, and as he hadn't gone very far it wasn't dusk by the time he got to his door.

"Back already, Jack?" said his mother. "I see you haven't got Milky-white, so you've sold her. How much did you get for her?"

"You'll never guess, Mother," says Jack.

"No, you don't say so. Good boy! Five pounds, ten, fifteen, no, it can't be twenty."

¿Cambiarías a Blancaleche por las semillas de curioso aspecto? ¿Qué crees tú? ¿Por qué lo hace Jack?

❧

Would you trade Milky-white for the strange-looking beans? Why do you think Jack does?

❧

•••

—¡Muy bien! —aceptó Jack, entregándole la cuerda de Blancaleche y metiéndose los frijoles en el bolsillo.

Jack volvió a casa y, como no había ido muy lejos, no estaba anocheciendo aún cuando llegó a su puerta.

—¿Ya de vuelta, Jack? —dijo su madre—. Veo que no has traído a Blancaleche, así que debes haberla vendido. ¿Cuánto te dieron por ella?

—Nunca adivinarías, Madre —respondió Jack.

—No, no me digas. ¡Qué buen hijo! Cinco libras esterlinas, diez, quince... no, no puede ser veinte libras.

—Te dije que nunca adivinarías. ¿Qué dices de estos frijoles? Son mágicos, los plantas por la noche y...

—¡Qué! —exclamó la madre de Jack—. ¿Cómo pudiste ser tan bobo, tan estúpido, tan idiota para regalar mi Blancaleche, la mejor vaca lechera de la parroquia y, además, con una carne de primera, por un puñado de míseros frijoles? ¡Toma ésa! ¡Toma! ¡Toma! ¡En cuanto a tus preciosos frijoles, ahí van por la ventana! Y ahora te vas a la cama esta noche sin comer ni beber.

Jack subió entonces a su pequeño cuarto en el desván, sintiéndose triste y lamentando por cierto lo ocurrido, tanto por su madre como por la pérdida de su cena.

Finalmente se acostó y se quedó dormido.

Cuando despertó, el cuarto parecía muy extraño. En una parte brillaba el sol, pero el resto estaba oscuro y sombrío. Saltó de la cama, se vistió, y fue a la ventana. ¿Y qué vio? ¡Vaya! Los frijoles

15

"I told you you couldn't guess. What do you say to these beans; they're magical, plant them overnight and—"

"What!" says Jack's mother. "Have you been such a fool, such a dolt, such an idiot, as to give away my Milky-white, the best milker in the parish, and prime beef to boot, for a set of paltry beans? Take that! Take that! Take that! And as for your precious beans, here they go out of the window. And now off with you to bed. Not a sip shall you drink, and not a bit shall you swallow this very night."

So Jack went upstairs to his little room in the attic, and sad and sorry he was, to be sure, as much for his mother's sake as for the loss of his supper.

At last he dropped off to sleep.

When he woke up, the room looked so funny. The sun was shining into part of it, and yet all the rest was quite dark and shady. So Jack jumped up and dressed himself and went to the window. And what do you think he saw? Why, the beans his mother had thrown out of the window into the garden had sprung up into a big beanstalk which went up and up and up till it reached the sky. So the man spoke truth after all.

The beanstalk grew up quite close past Jack's window, so all he had to do was to open it and give a jump onto the beanstalk, which ran up just like a big ladder. So Jack climbed, and he climbed and he climbed and he climbed and he climbed and he climbed and he climbed till at last he reached the sky. And when he got there he found a long broad road going as straight as a dart. So he walked along and he walked along and he walked along till he came to a great big tall house, and on the doorstep there was a great big tall woman.

¿Te treparías un tallo de frijol que subía hasta llegar al cielo? ¿Qué crees tú? ¿Por qué lo hace Jack?

❧

Would you climb a beanstalk that reached to the sky? Why do think Jack does?

❧

que su madre arrojó por la ventana a la huerta se habían convertido de la noche a la mañana en un enorme tallo de frijol que subía, subía, y subía hasta llegar al cielo. El hombre había dicho la verdad, después de todo.

El tallo de frijol crecía muy cerca de la ventana, de modo que Jack sólo tuvo que abrirla y saltar al tallo, que se elevaba como una gran escalera. Entonces Jack se trepó, y trepó y trepó, y trepó y trepó, y siguió trepando hasta que finalmente alcanzó el cielo. Y cuando llegó allá arriba se encontró con un camino ancho y largo que iba derecho como un dardo. Así que anduvo por el camino, y anduvo y anduvo hasta que llegó a una casa alta y enorme, y en el umbral estaba una mujer alta y enorme.

—Buenos días, señora —dijo Jack, muy cortésmente—. ¿Tendría usted la bondad de darme algo para desayunar?

Puesto que, como ya sabemos, no había comido nada la noche antes, Jack estaba hambriento como un cazador.

—Desayuno es lo que quieres, ¿eh? —dijo la mujer alta y enorme—. En desayuno te convertirás tú si no te marchas de aquí en seguida. Mi marido es un ogro y nada le gusta más que los niños asados con tostadas. Será mejor que te vayas porque pronto estará aquí.

—¡Oh, por favor, señora, déme algo de comer, señora! No he comido nada desde ayer por la mañana, de veras y de verdad, señora —suplicó Jack—. Tanto me da morir asado como morir de hambre.

Bueno, la mujer del ogro no era del todo mala al fin y al cabo. Condujo a Jack a la cocina y le dio un pedazo de pan con queso y un jarro de leche. Pero Jack no había terminado estos cuando... ¡bum! ¡bum! ¡bum!, la casa entera comenzó a

17

"Good morning, mum," says Jack, quite polite-like. "Could you be so kind as to give me some breakfast?" For he hadn't had anything to eat, you know, the night before and was as hungry as a hunter.

"It's breakfast you want, is it?" says the great big tall woman. "It's breakfast you'll be if you don't move off from here. My man is an ogre and there's nothing he likes better than boys broiled on toast. You'd better be moving on or he'll soon be coming."

"Oh! Please, mum, do give me something to eat, mum. I've had nothing to eat since yesterday morning, really and truly, mum," says Jack. "I may as well be broiled as die of hunger."

Well, the ogre's wife was not half so bad after all. So she took Jack into the kitchen and gave him a chunk of bread and cheese and a jug of milk. But Jack hadn't half finished these when thump! thump! thump! the whole house began to tremble with the noise of someone coming.

"Goodness gracious me! It's my old man," said the ogre's wife. "What on earth shall I do? Come along quick and jump in here." And she bundled Jack into the oven just as the ogre came in.

He was a big one, to be sure. At his belt he had three calves strung up by the heels, and he unhooked them and threw them down on the table and said: "Here, wife, broil me a couple of these for breakfast. Ah! What's this I smell?

Fee-fi-fo-fum,
I smell the blood
of an Englishman,
Be he alive, or be he dead
I'll grind his bones to
make my bread."

"Nonsense, dear," said his wife, "you're dreaming. Or perhaps you smell the scraps

...

estremecerse con el ruido de alguien que se acercaba.

—¡Dios mío! ¡Es mi marido! —dijo la mujer del ogro—. ¿Qué diantre puedo hacer ahora? Ven rápido y métete aquí —. Y empujó a Jack dentro del horno justo cuando entraba el ogro.

Era un ogro grande, por cierto. En el cinturón traía tres becerros colgados por las patas; los descolgó, los tiró sobre la mesa, y dijo:

—Aquí tienes, mujer, ásame un par de éstos para el desayuno. ¡Oh! ¿Qué es eso que estoy oliendo?

Fi-fa-fo-fé,

Huelo la sangre de un inglés.

Ya sea que muerto o vivo esté,

Para hacer mi pan sus huesos moleré.

—Tonterías, querido —dijo su esposa—. Estás soñando. O tal vez huelas las sobras

18

de ese niñito de la cena de ayer que te gustó tanto. Mira, ve a lavarte y arreglarte, y para cuando vuelvas ya tendrás listo el desayuno.

De modo que el ogro salió de la cocina, y Jack estaba ya por saltar fuera del horno y escaparse cuando la mujer le advirtió que no lo hiciera.

—Espera a que esté dormido —le dijo—. Siempre se echa un sueño después de desayunar.

Bueno, el ogro tomó su desayuno y se dirigió luego a un gran cofre de donde sacó un par de bolsas de oro; se sentó y estuvo contando hasta que al fin empezó a cabecear y después a roncar hasta que toda la casa se sacudió otra vez.

Entonces Jack salió del horno sigilosamente de puntillas y, al pasar cerca del ogro, tomó una de las bolsas de oro, se la puso bajo el brazo, y corrió a toda

19

of that little boy you liked so much for yesterday's dinner. Here, you go and have a wash and tidy up, and by the time you come back your breakfast will be ready for you."

So off the ogre went, and Jack was just going to jump out of the oven and run away when the woman told him not. "Wait till he's asleep," says she. "He always has a doze after breakfast."

Well, the ogre had his breakfast, and after that he goes to a big chest and takes out a couple of bags of gold, and down he sits and counts till at last his head began to nod and he began to snore till the whole house shook again.

Then Jack crept out on tiptoe from his oven, and as he was passing the ogre he took one of the bags of gold under his arm, and off he pelters till he came to the beanstalk, and then he threw down the bag of gold, which of course fell into his mother's garden, and then he climbed down and climbed down till at last he got home and told his mother and showed her the gold and said: "Well, Mother, wasn't I right about the beans? They are really magical, you see."

So they lived on the bag of gold for some time, but at last they came to the end of it, and Jack made up his mind to try his luck once more up at the top of the beanstalk.

•••

prisa hasta el tallo de frijol; tiró la bolsa de oro, que por supuesto cayó en el huerto de su madre, y seguidamente bajó y bajó, hasta que por fin llegó a casa y le contó a su madre y le mostró el oro, diciendo:

—Bueno, Madre, ¿no tenía yo razón acerca de los frijoles? Son realmente mágicos, ya ves.

Así que vivieron por un tiempo de la bolsa de oro, pero por último la agotaron y Jack decidió probar su suerte una vez más en lo alto del tallo

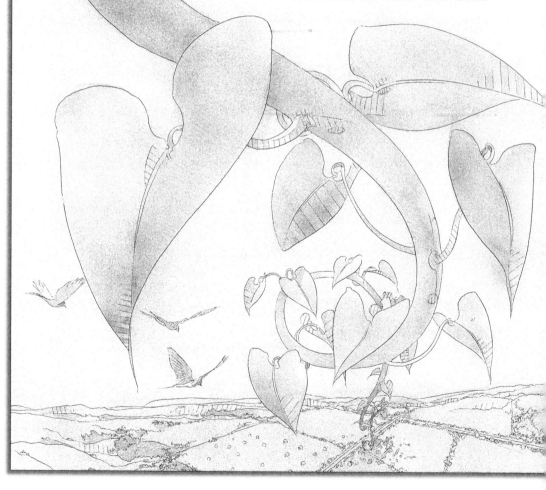

de frijol. Por tanto, una mañana de buen tiempo se levantó temprano, se trepó al tallo y trepó, y trepó y trepó, y siguió trepando hasta que finalmente llegó al mismo camino y a la misma casa alta y enorme en donde había estado antes. Y allí, efectivamente, estaba la mujer alta y enorme de pie en el umbral.

—Buenos días, señora —saludó Jack, descaradamente—. ¿Tendría usted la bondad de darme algo de comer?

—Vete de aquí, muchacho —dijo la mujer alta y enorme—, de lo contrario mi marido te comerá como desayuno. Pero, ¿no eres tú el joven que vino aquí antes una vez? Ese mismo día, ¿sabes?, le faltó a mi marido una de sus bolsas de oro.

—Qué cosa rara, señora —dijo Jack—. Tal vez yo podría decirle algo acerca de eso, pero tengo tanta hambre que no puedo hablar hasta que haya comido algo.

Bueno, la mujer alta y enorme sintió tanta curiosidad que lo hizo pasar y le dio algo para comer. Pero Jack apenas había

21

So one fine morning he rose up early and got onto thebeanstalk, and he climbed and he climbed and he climbed and he climbed and he climbed and he climbed till at last he came out onto the road again and up to the great big tall house he had been to before. There, sure enough, was the great big tall woman standing on the doorstep.

"Good morning, mum," says Jack, as bold as brass. "Could you be so good as to give me something to eat?"

"Go away, my boy," said the big tall woman, "or else my man will eat you up for breakfast. But aren't you the youngster who came here once before? Do you know, that very day, my man missed one of his bags of gold."

"That's strange, mum," says Jack. "I daresay I could tell you something about that, but I'm so hungry I can't speak till I've had something to eat."

Well the big tall woman was so curious that she took him in and gave him something to eat. But he had scarcely begun munching it as slowly as he could when thump! thump! thump! they heard the giant's footstep, and his wife hid Jack away in the oven.

All happened as it did before. In came the ogre as he did before, said "Fee-fi-fo-fum," and had his breakfast of three broiled oxen. Then he said: "Wife, bring me the hen that lays the golden eggs." So she brought it, and the ogre said "Lay," and it laid an egg all of gold. And then the ogre began to nod his head and to snore till the house shook.

Then Jack crept out of the oven on tiptoe and caught hold of the golden hen, and was off before you could say "Jack Robinson." But this time the hen gave a cackle which woke the ogre, and just as Jack got out of the house he heard him calling:

empezado a masticar tan despacio como podía cuando... ¡bum! ¡bum! ¡bum!, oyeron los pasos del gigante y la mujer escondió a Jack en el horno.

Todo ocurrió como la vez anterior. Entró el ogro de la misma manera, dijo "Fi-fa-fo-fé", y se desayunó con tres bueyes asados. Luego dijo:

—Mujer, tráeme la gallina que pone los huevos de oro.

Entonces la mujer trajo la gallina y el ogro dijo:

—Pon.

Y la gallina puso un huevo totalmente de oro. Después el ogro comenzó a cabecear y roncar hasta hacer sacudir la casa.

Entonces Jack se deslizó fuera del horno de puntillas, agarró la gallina de los huevos de oro, y partió como un relámpago. Pero esta vez la gallina soltó un cacareo que despertó al ogro y, justo cuando salía de la casa, Jack oyó que el gigante gritaba:

22

"Wife, wife, what have you done with my golden hen?"

And the wife said: "Why, my dear?"

But that was all Jack heard, for he rushed off to the beanstalk and climbed down like a house on fire. And when he got home he showed his mother the wonderful hen and said "Lay," to it;

—Mujer, mujer,
¿qué has hecho con mi
gallina de los huevos de oro?

Y la mujer respondió:

—¿Por qué, querido?

Pero eso fue todo lo que Jack oyó,
porque salió corriendo a toda velocidad
hacia el tallo de frijol y bajó como
escapando de un lugar en llamas.
Y al llegar a casa mostró a su madre
la maravillosa gallina, a la que dijo:

—Pon.

23

and it laid a golden egg every time he said "Lay."

Well, Jack was not content, and it wasn't very long before he determined to have another try at his luck up there at the top of the beanstalk. So one fine morning he rose up early, and got onto the beanstalk, and he climbed and he climbed and he climbed and he climbed till he got to the top. But this time he knew better than to go straight to the ogre's house. And when he got near it

Y la gallina puso un huevo de oro cada vez que él decía "pon".

Pero Jack no estaba satisfecho todavía, y no pasó mucho tiempo antes de que tomara la decisión de probar suerte otra vez allá arriba, en lo alto del tallo de frijol. Y así, una hermosa mañana se levantó temprano, se trepó al tallo y trepó, y trepó y trepó, y siguió trepando hasta que llegó a la copa. Pero esta vez se guardó bien de ir directamente a la casa del ogro. Cuando llegó cerca

...

de la casa esperó detrás de un arbusto
hasta que vio a la mujer del gigante,
que salía con un cubo en busca de agua;
entonces entró sigilosamente en la casa
y se metió en la caldera. No llevaba
mucho tiempo allí cuando oyó "¡bum!
¡bum! ¡bum!", como antes, y entraron el
ogro y su mujer.

—¡Fi-fa-fo-fé, huelo la sangre de un
inglés! —exclamó el ogro—. Lo huelo,
mujer, lo huelo.

—¿De veras, querido? —dijo la mujer
del ogro—. En tal caso, si es ese pilluelo
que te robó el oro y después la gallina
que ponía los huevos de oro, seguro
que se ha metido en el horno. Y los dos
corrieron a ver el horno. Pero Jack no
estaba allí, por suerte para él, y la mujer
del ogro dijo:

—Ahí tienes otra vez con tu "fi-fa-fo-fé".
Pues claro que se trata del niño que
atrapaste anoche y acabo de asarte para
el desayuno. Qué olvidadiza soy yo y
qué poco sagaz eres tú, después de todos

25

he waited behind a bush till he
saw the ogre's wife come out
with a pail to get some water,
and then he crept into the
house and got into the copper.
He hadn't been there long when
he heard thump! thump! thump!
as before, and in come the ogre
and his wife.

"Fee-fi-fo-fum, I smell the
blood of an Englishman," cried
out the ogre. "I smell him, wife, I
smell him."

"Do you, my dearie?" says
the ogre's wife. "Then if it's that
little rogue that stole your gold
and the hen that laid the golden
eggs, he's sure to have got into
the oven." And they both
rushed to the oven. But Jack
wasn't there, luckily, and the
ogre's wife said: "There you are
again with your fee-fi-fo-fum.
Why of course it's the boy you
caught last night that I've just
broiled for your breakfast. How
forgetful I am, and how careless
you are

not to know the difference between live and dead after all these years."

So the ogre sat down to the breakfast and ate it, but every now and then he would mutter: "Well, I could have sworn—" and he'd get up and search the larder and the cupboards, and everything, only luckily he didn't think of the copper.

After breakfast was over, the ogre called out: "Wife, wife, bring me my golden harp." So she brought it and put it on the table before him. Then he said "Sing!" and the golden harp sang most beautifully. And it went on singing till the ogre fell asleep and commenced to snore like thunder.

Then Jack lifted up the copper lid very quietly and got down like a mouse and crept on hands and knees till he came to the table, when up he crawled, caught hold of the golden harp, and dashed with

estos años, para no notar la diferencia entre alguien vivo y alguien muerto.

De modo que el ogro se sentó para el desayuno y comió, pero sin dejar de murmurar de tanto en tanto:

—Vaya, yo hubiera jurado...

Y seguidamente se levantaba para buscar en la despensa y en las alacenas, en todo; por suerte no pensó en la caldera.

Terminado su desayuno, el ogro llamó:

—Mujer, mujer, tráeme el arpa dorada.

De modo que la mujer trajo el arpa y la puso en la mesa ante él. Entonces el ogro dijo:

—¡Canta!

Y el arpa cantó de la manera más hermosa. Y siguió cantando hasta que el ogro se durmió y empezó a roncar atronadoramente.

Entonces Jack levantó la tapa de la caldera muy silenciosamente, salió de ésta como un ratón, y, avanzando con todo sigilo en cuatro patas, se trepó a la mesa, se apoderó del arpa de oro, y corrió con

26

it towards the door. But the harp called out quite loud "Master! Master!" and the ogre woke up just in time to see Jack running off with his harp.

Jack ran as fast as he could, and the ogre came rushing after, and would soon have caught him only Jack had a start and dodged him a bit and knew where he was going. When he got to the beanstalk the ogre was not more than twenty yards away, when suddenly he saw Jack disappear, and

ella hacia la puerta. Pero el arpa llamó con fuertes gritos:

—¡Mi amo! ¡Mi amo!

Y el ogro despertó justo a tiempo para ver a Jack escapando con su arpa.

Jack corrió lo más rápidamente que pudo, y el ogro corrió tras él y pronto lo habría alcanzado, pero Jack había echado a correr antes y lo esquivó un poco, además de saber adonde iba. Al llegar al tallo de frijol, el ogro lo seguía a menos de veinte metros de distancia, cuando súbitamente lo vio desaparecer y, al final

27

¿Llevarías el arpa después de que despertó al ogro? ¿Qué crees tú? ¿Por qué lo hace Jack?

❧

Would you keep the harp even after it woke up the ogre? Why do you think Jack does?

❧

when he came to the end of the road he saw Jack underneath climbing down for dear life. Well, the ogre didn't like trusting himself to such a ladder, and he stood and waited, so Jack got another start. But just then the harp cried out "Master! Master!"and the ogre swung himself down onto the beanstalk, which shook with his weight.

Down climbs Jack, and after him climbed the ogre. By this time Jack had climbed down and climbed down and climbed down till he was very nearly home. So he called out: "Mother! Mother! Bring me an axe, bring me an axe." And his mother came rushing out with the axe in her hand, but when she came to the beanstalk she stood stock still

...

del camino, vio a Jack debajo de las hojas descendiendo como alma que lleva el diablo. Bueno, al ogro no le tentaba confiarse a una escalera semejante, por lo que se quedó donde estaba y esperó, de modo que Jack logró otra ventaja. Pero justo en ese momento el arpa gritó:

—¡Mi amo! ¡Mi amo!

Y el ogro se colgó de un salto en el tallo de frijol, el cual se sacudió bajo su peso.

Bajando iba Jack y bajando tras él iba el ogro. Para entonces Jack había bajado, y bajado y bajado hasta faltarle muy poco para llegar a casa. Entonces llamó:

—¡Madre! ¡Madre! Tráeme un hacha, tráeme un hacha.

Y su madre salió a toda prisa con un hacha en la mano, pero cuando alcanzó el tallo de frijol se quedó paralizada

⋯

de miedo al ver allí las piernas del ogro que bajaban atravesando las nubes.

Pero Jack se bajó de un salto, agarró el hacha, y dio tal hachazo al tallo de frijol que casi lo partió en dos. El ogro sintió que el tallo se sacudía y temblaba, por lo que se detuvo a mirar qué pasaba. En ese momento Jack dio otro hachazo y el tallo de frijol se cortó en dos y comenzó a venirse abajo. Entonces el ogro se cayó y se rompió la coronilla, y el tallo de frijol lo siguió en la caída.

Después Jack mostró a su madre el arpa de oro, y entre las demostraciones del arpa y la venta de los huevos de oro, él y su madre se hicieron muy ricos; Jack se casó con una princesa muy importante y vivieron felices por siempre jamás.

29

with fright for there she saw the ogre with his legs just through the clouds.

But Jack jumped down and got hold of the axe and gave a chop at the beanstalk which cut it half in two. The ogre felt the beanstalk shake and quiver so he stopped to see what was the matter. Then Jack gave another chop with the axe, and the beanstalk was cut in two and began to topple over. Then the ogre fell down and broke his crown, and the beanstalk came toppling after. Then Jack showed his mother his golden harp, and what with showing that and selling the golden eggs, Jack and his mother became very rich, and he married a great princess, and they lived happy ever after.

LA PAJARITA DE PAPEL

Fernando Alonso

LA PAJARITA DE PAPEL

Fernando Alonso

Extensión del cuento: 5 páginas

Duración de la lectura en voz alta: Aproximadamente 5 minutos

Un niñito le pide a su padre que le haga una pajarita de papel para su cumpleaños. Aunque está muy bien hecha, al niño no le gusta, pues cree que la pajarita está muy triste. El padre del niño les pide a muchos sabios que le inventen algo que haga feliz a la pajarita, pero no logra nada hasta que el más sabio de todos los sabios le dice por qué la pajarita está triste.

Acerca del autor

Fernando Alonso nació en España en 1941. Empezó su carrera escribiendo libros de texto y, después, creó sus propios cuentos infantiles. También ha trabajado como director de programas para niños en la televisión española. En 1977, Alonso obtuvo el Premio Lazarillo, el más prestigioso que se concede en España a la literatura infantil, por los ocho cuentos incluidos en *El hombrecito vestido de gris y otros cuentos*.

THE LITTLE PAPER BIRD

Fernando Alonso

Translation by Elizabeth Uhlig

Story length: 5 pages

Read-aloud time: About 5 minutes

A little boy asks his father to make him a paper bird for his birthday. Although the bird is well made, the boy doesn't like it and believes that the paper bird is sad. The father asks many wise men to invent something to make the bird happy. Nothing seems to work until the wisest of wise men offers a reason for the bird's sadness.

About the Author

Fernando Alonso was born in Spain in 1941. He began his career writing textbooks, and then created his own stories for children. He also has served as director of children's programs for Spanish television. In 1977, Alonso won the Premio Lazarillo, Spain's most prestigious prize for children's literature, for the eight stories included in *El hombrecito vestido de gris y otros cuentos (The Man Dressed in Gray and Other Stories)*.

ACTIVIDADES INTERPRETATIVAS BÁSICAS

Para obtener información más detallada sobre cómo hacer estas actividades y adaptarlas a las necesidades de los estudiantes de diferentes niveles, refiérase a los Elementos del director, a partir de la pág. 319.

Primera lectura (alrededor de 5 minutos) seguida de Preguntas para compartir (15–20 minutos)

Recuérdeles a los estudiantes que, a medida que escuchen el cuento, deben pensar en las preguntas que les gustaría hacer después de la lectura. Léales el cuento en voz alta y luego, pídales que compartan sus preguntas. Cuando ellos hagan preguntas, escríbalas en el tablero o en papel gráfico, el que puede colgar en clase para que puedan consultarlas mientras trabajan en el cuento. Con la ayuda de los estudiantes, conteste las preguntas urgentes sobre vocabulario o hechos específicos. Si el tiempo lo permite, haga que la clase considere brevemente las respuestas posibles a algunas de las otras preguntas. Explique que guardarán las preguntas sobre el significado del cuento para la Discusión colectiva.

Segunda lectura con Preguntas de pausa y reflexión (15–20 minutos)

Antes de la segunda lectura, haga que los estudiantes lean las tres preguntas de pausa y reflexión escritas al margen del texto. Mientras lee el cuento en voz alta, haga una pausa al llegar a una de las preguntas y pídales que cada uno de ellos piense en su repuesta. Después de que ellos reflexionen brevemente, pida que den sus opiniones. Use preguntas de amplificación para que aclaren sus ideas, las defiendan, o las amplíen con detalles o ejemplos. Una vez que la clase haya contestado la pregunta desde varios puntos de vista, vuelva al cuento y continúe con la lectura en voz alta hasta llegar a la pregunta de pausa y reflexión siguiente.

Discusión colectiva (20–30 minutos)

Antes de la discusión, decida cuales son las preguntas que quiere tratar con la clase (vea la página siguiente). Siempre que sea posible, siente a los estudiantes en forma tal que todos puedan verse y escucharse con facilidad. Recuérdeles que necesitarán sus libros y útiles de escritura. Distribuya ejemplares de Elaborar tu respuesta (vea el apéndice B, pág. 393) y déles a los estudiantes la oportunidad de meditar sobre la pregunta de enfoque y anotar respuestas antes de empezar la discusión. Durante la discusión, utilice preguntas relacionadas con partes específicas del cuento para ayudarles a los estudiantes a pensar en la evidencia del texto que respalde sus opiniones. En nuestras preguntas sugeridas, las preguntas de enfoque aparecen en negrillas y las preguntas relacionadas están bajo la pregunta de enfoque a que aluden.

CORE INTERPRETIVE ACTIVITIES

For more detailed information about conducting these activities and adapting them to meet the needs of students working at different levels, see the Leader's Toolbox, beginning on p. 345.

First Reading (about 5 minutes) followed by Sharing Questions (15–20 minutes)

Remind students that as they listen to the story they should think of any questions they would like to ask after the reading. Read the story aloud, and then have them share their questions. As students pose questions, you may want to write them on the board or on chart paper that can be left up during the class's work on the story. With students' help, answer pressing vocabulary or factual questions. If time permits, have the class briefly consider possible answers to a few of the other questions. Explain that you will save questions about the story's meaning for Shared Inquiry Discussion.

Second Reading with Pause-and-Reflect Questions (15–20 minutes)

Before the second reading, direct students' attention to the two pause-and-reflect questions that appear in the margins of the story. As you read the story aloud, pause when you come to a question and ask students to think about it. After a brief time for reflection, have students share their thoughts. Use follow-up questions to encourage students to clarify, support, and develop their ideas. When the class has explored the question in some depth, return to the story and continue reading until the next pause-and-reflect question.

Shared Inquiry Discussion (20–30 minutes)

Before discussion, decide which questions you want to explore with your class (see the facing page). Whenever possible, seat students so that everyone can see and hear one another easily. Remind students that they will need their books and something to write with. Distribute copies of the Building Your Answer page (see appendix B, p. 393), and give students an opportunity to reflect on the focus question and write down their answers before discussion begins. Throughout discussion, use related questions about specific parts of the story to help students think about evidence in the text that supports their opinions. In our suggested questions, focus questions appear in bold type and related questions appear under the focus question they support.

Le recomendamos que establezca su propia lista de preguntas para la Discusión colectiva (vea el prototipo Red de preguntas en el apéndice B, pág. 389). Necesitará una pregunta de enfoque, que será la pregunta que usted haga al inicio de la discusión, y preguntas relacionadas para ayudar a los estudiantes a reflexionar aún más sobre la pregunta de enfoque. Usted puede derivar la pregunta de enfoque, y las preguntas relacionadas con ésta, de las preguntas de los estudiantes, de sus propios apuntes, o de las preguntas de muestra indicadas a continuación.

¿Por qué dice Tato que la pajarita feliz es el mejor regalo que ha recibido de su padre?

- ¿Por qué le pide Tato a su padre que le haga una pajarita de papel para su cumpleaños?

- ¿Qué quiere decir la frase escrita en el pisapapeles?

- ¿Por qué siente Tato pena por su padre al leer la frase del pisapapeles?

- ¿Por qué siente Tato que la pajarita de papel es feliz inmediatamente después de que su padre ha hecho muchas más?

- Al final del cuento, ¿por qué todas las pajaritas de papel pueden volar por toda la habitación sin necesidad de ningún aparato?

¿Por qué el padre de Tato sigue visitando a otras personas en busca de una manera de hacer feliz a la pajarita?

- ¿Por qué sonríe el padre de Tato cuando éste le pide una pajarita de papel?

- ¿Por qué el padre de Tato necesita un libro para poder hacer la pajarita de papel?

- ¿Por qué el padre de Tato le pide al sabio que invente algo para que la pajarita esté alegre?

- ¿Por qué cree el padre de Tato que los hermosos colores harán feliz a la pajarita de papel cuando los aparatos no lo han conseguido?

- Después de visitar al último sabio, ¿por qué refiere el padre a la pajarita como "nuestra pajarita"?

SUGGESTED QUESTIONS FOR DISCUSSION

We recommend that you create your own set of questions for Shared Inquiry Discussion (see the Question Web master in appendix B, p. 389). You will need a focus question, which will be the question you ask at the beginning of discussion, and related questions that help students think further about the focus question. Your focus question and related questions can be drawn from your students' questions, your own notes, or the sample questions that follow.

Why is the happy bird the best present Tato's father has ever given him?

- Why does Tato ask his father to make him a paper bird for his birthday?

- What does the phrase written on the paperweight mean?

- Why does Tato feel sorry for his father when he reads the phrase on the paperweight?

- Why does Tato immediately feel that the paper bird is happy after the father has made many little paper birds?

- Why are all the paper birds able to fly around the house without any gadgets at the end of the story?

Why does the father keep going to other people to find ways to make the paper bird happy?

- Why does the father smile when Tato asks for a paper bird?

- Why does the father need a book to tell him how to make a paper bird?

- Why does the father ask the wise man to invent something to make the bird happy?

- Why does the father think beautiful colors will make the bird happy when the gadgets don't make it happy?

- Why does the father call the paper bird "our" paper bird after he visits the last wise man?

ACTIVIDADES ADICIONALES

Estas actividades hacen que los estudiantes comprendan mejor el cuento y lo disfruten más y que desarrollen destrezas del vocabulario, la escritura, y el razonamiento crítico. Las necesidades y los intereses de su grupo le ayudarán a determinar cuáles actividades debe incluir en el programa de actividades básicas.

Preparación del contexto

Oportunidad: Antes de la primera lectura

Presente el cuento diciéndoles a los estudiantes que se trata de un niño y del mejor regalo que ha recibido de su padre. Pídales que consideren las siguientes preguntas y que hablen de ellas: *¿Cuál es el mejor regalo que han recibido? ¿Por qué es un regalo tan especial?*

Vocabulario

Oportunidad: En cualquier momento después de la primera lectura

Interpretación de las palabras (vea la página de actividades). Los estudiantes consideran el significado de *aparato* tal y como se usa en el cuento. Haga que dibujen sus propios aparatos en el prototipo de arte (vea el apéndice B, pag. 407).

Taller de palabras (vea la página de actividades). Los estudiantes presentan sinónimos de las palabras *triste* y *feliz*.

Actividades creativas

Oportunidad: En cualquier momento después de la primera lectura

- Haga que los estudiantes interpreten por medio de dibujos la última escena del cuento en la que el autor escribe: "Entonces, todas las pajaritas de papel, sin necesidad de ningún aparato, volaron y volaron por toda la habitación." (Vea el prototipo de arte en el apéndice B, pág. 407.)

- Haga que los estudiantes dibujen la pajarita de papel pintada de hermosos colores (vea el prototipo de arte en el apéndice B, pág. 407). Recuérdeles que el cuento dice que "el pintor muy famoso pintó hermosos colores en las alas, en la cola, y en la cabeza de la pajarita de papel."

- Haga que los estudiantes creen un pisapapeles pintando y decorando un objeto pesado, como una piedra, por ejemplo.

- Haga que los estudiantes elaboren móviles de pajaritas de papel.

- Haga que toda la clase crea una pajarita grande de papel maché y la pinta. Tal vez usted desee convertirla en una piñata llena de golosinas.

SUPPLEMENTAL ACTIVITIES

These activities will deepen students' understanding and enjoyment of the story and develop vocabulary, writing, and critical-thinking skills. The needs and interests of your group will help you determine which activities to add to the schedule of core activities.

Building Context

Timing: Before the first reading

Introduce the story by telling students that it is about a boy and the best present his father ever gave him. Ask students to think about and discuss the following questions: *What is the best present someone has ever given you? Why was it so special?*

Vocabulary

Timing: Anytime after the first reading

Interpreting Words (see activity page). Students explore the meaning of *aparato* as it is used in the story. Have students draw their own gadgets, using the art master (see appendix B, p. 407).

Word Workshop (see activity page). Students come up with synonyms for the words *feliz* and *triste*.

Creative Endeavors

Timing: Anytime after the first reading

- Have students draw their interpretation of the last scene of the story, in which the author writes, "Then all the little paper birds, without the help of any gadget, flew and flew all over the room." (See the art master in appendix B, p. 407.)

- Have students draw a picture of the beautifully painted paper bird (see the art master in appendix B, p. 407). Remind students that the story says that the "very famous painter painted beautiful colors on the little bird's wings, on its tail feathers, and on its head."

- Have students make a paperweight by painting and decorating something heavy, such as a stone.

- Have students make mobiles of paper birds.

- As a class, create a large papier-mâché bird and paint it. You may want to make it a piñata and fill the inside with treats.

Escritura

Oportunidad: En cualquier momento después de la Discusión colectiva

Ensayo personal (vea la página de actividades). Los estudiantes escriben un párrafo o dos para describir un regalo que les gustaría dar a quien amen.

Escritura poética (vea la página de actividades). Los estudiantes escriben un poema sobre ellos mismos con superlativos como "el sabio más sabio de todos".

Para explorar más...

Ciencias

* Estimule a los estudiantes para que estudien el vuelo. *¿Cómo afecta al vuelo la forma del ala? ¿Cómo puede volar un avión? ¿Qué hace que un avión de papel vuele?*

Estudios sociales

* Enseñe a los estudiantes la historia del origami y muéstreles este arte japonés de doblar el papel; pídales que hagan pajaritas y otros animales de papel usando la técnica origami. *¿Qué es el origami? ¿Cuáles son algunas de las técnicas que se usan para hacer origami? ¿Cuáles son algunos de los diseños geométricos del origami?*

Literatura

* Hans Christian Andersen, "The Nightingale", en *The Complete Fairy Tales and Stories,* trad. a inglés de Erik Christian Haugaard (Garden City, Nueva York: Doubleday, 1974). Un emperador chino abandona a un ruiseñor y su hermoso canto a cambio de un pájaro mecánico enjoyado; pero, en un momento de necesidad, es el ruiseñor de verdad el que viene a ayudarlo.

Writing

Timing: Anytime after Shared Inquiry Discussion

Personal Essay (see activity page). Students write a paragraph or two describing a gift they would give to someone they love.

Poetry Writing (see activity page). Students write a poem about themselves using superlatives like "the wisest of the wise."

For Further Exploration

Science

* Have students study flight. *How does the shape of a wing affect flight? How can an airplane fly? What makes a paper airplane fly?*

Social Studies

* Teach students about the history and art of origami and have them make origami birds and other animals. *What is origami? What are some techniques used in making origami? What are some of the geometric designs in origami?*

Literature

* Hans Christian Andersen, "The Nightingale," in *The Complete Fairy Tales and Stories,* trans. Erik Christian Haugaard (Garden City, New York: Doubleday, 1974). A Chinese emperor abandons a nightingale and its beautiful song for a jeweled mechanical bird, but it is the real nightingale that helps him in his moment of need.

Interpretación de las palabras

LA PAJARITA DE PAPEL

Nombre: _____

En el cuento, un sabio hace un **aparato** que permite a la pajarita volar y otro sabio hace un aparato que le permite cantar.

aparato

- instrumento o parte de un equipo diseñado para una labor determinada

Piensa en un **instrumento** que podrías utilizar en la escuela para hacer estas labores:

- Sacarle punta a un lápiz quebrado _____

- Juntar un pedazo de papel con otro _____

- Oír música _____

¿Por qué ninguno de los **instrumentos o partes de equipos** que los sabios inventan hace feliz a la pajarita?

_____

_____

_____

_____

© 2002 por The Great Books Foundation.

73

Nombre: _____

¡Sé tú el tesauro!

Un tesauro es un libro de palabras y de sus sinónimos, las palabras que tienen igual o similar significado. En el cuento, Tato usa dos palabras simples para describir cómo se siente la pajarita de papel: primero **triste** y después **feliz.** Tato sólo tiene seis años y tal vez no sepa muchas palabras. ¿Puedes tú, con la ayuda de tus familiares y de tus compañeros de clase, darle otras palabras que signifiquen **triste** y **feliz**? ¿Puedes encontrar más de 10 para cada emoción?

Triste

Feliz

_____   _____

_____   _____

_____   _____

_____   _____

_____   _____

_____   _____

_____   _____

_____   _____

Nombre: _____

El padre de Tato demuestra el amor por su hijo al darle un regalo especial. Describe un regalo que le darías a quien amas. Piensa bien en las preguntas abajo antes de escribir.

¿Para quién es el regalo?

_____

_____

_____

_____

¿Qué tiene de especial el regalo?

_____

_____

_____

_____

_____

¿Por qué quieres darle este regalo a ella o a él?

_____

_____

_____

_____

_____

_____

¿Por qué crees que este regalo la haría o lo haría feliz?

_____

_____

_____

_____

_____

_____

Nombre: _____

El padre de Tato pide la ayuda del "más sabio de todos los sabios". Se puede hacer una palabra, como *valiente,* aún mejor convirtiéndola en *el más valiente*. Piensa en cuatro palabras que te describan y úsalas en frases que demuestran que eres el mejor, como en *el más valiente de los valientes.*

¡Un poema sobre mí!

_____

(Tu nombre)

Soy la/el _____,

_____, _____,

y _____

_____, . . . ¡así soy yo!

(Tu nombre)

—*Quiero que me hagas una pajarita de papel.*

LA PAJARITA DE PAPEL

Fernando Alonso

Tato tenía seis años y un caballo de madera. Un día, su padre le dijo:

—¿Qué regalo quieres? Dentro de poco es tu cumpleaños.

Tato se quedó callado. No sabía qué pedir. Entonces, vio un pisapapeles sobre la mesa de su padre. Era una pajarita de plata sobre un pedazo de madera. Y sobre la madera estaba escrito: Para los que no tienen tiempo de hacer pajaritas de papel.

Al leer aquello, sin saber por qué, el niño sintió pena por su padre y dijo:

31

Fernando Alonso
Translation by Elizabeth Uhlig

Tato was six years old and he had a wooden horse. One day, his father said to him, "What would you like for a present? Soon it will be your birthday."

Tato said nothing. He did not know what to ask for. Then he saw a paperweight on his father's table. It was a little silver bird sitting on a piece of wood. And written on the wooden base was:

For those who don't have time to make little paper birds.

When he read that, without knowing why, the boy felt sorry for his father and said,

"I want you to make me a little bird out of paper."

His father smiled. "Okay, I will make you a paper bird."

Tato's father began to make the little paper bird, but he did not remember how to do it.

He went to a bookstore and bought a book. With that book, he learned how to make little paper birds. At first, they did not come out right, but after a few hours, he made a marvelous little paper bird.

"Here it is. Do you like it?"

The boy looked at the little paper bird and said, "It is very well made, but I don't like it. The little bird is very sad. "

The boy's father went to see a wise man and said to him, "This little paper bird is sad; invent something that will make it happy."

The wise man made a gadget, stuck it under the little bird's wings, and the little bird began to fly.

Why does Tato say the paper bird is sad? How does Tato know the bird is sad?

❦

—Quiero que me hagas una pajarita de papel.

El padre sonrió:

—Bueno, te haré una pajarita de papel.

El padre de Tato empezó a hacer una pajarita de papel; pero ya no se acordaba.

Fue a una librería y compró un libro. Con aquel libro, aprendió a hacer pajaritas de papel. Al principio, le salían mal; pero, después de unas horas, hizo una pajarita de papel maravillosa.

—Ya he terminado, ¿te gusta?

El niño miró la pajarita de papel y dijo:

—Está muy bien hecha; pero no me gusta. La pajarita está muy triste.

El padre fue a casa de un sabio y le dijo:

—Esta pajarita de papel está triste; inventa algo para que esté alegre.

El sabio hizo un aparato, se lo colocó a la pajarita debajo de las alas, y la pajarita comenzó a volar.

¿Por qué dice Tato que la pajarita está triste? ¿Cómo sabe Tato que la pajarita está triste?

❦

32

El padre llevó la pajarita de papel a Tato y la pajarita voló por toda la habitación.

—¿Te gusta ahora? —le preguntó.

Y el niño dijo:

—Vuela muy bien, pero sigue triste. Yo no quiero una pajarita triste.

El padre fue a casa de otro sabio. El otro sabio hizo un aparato. Y, con aquel aparato, la pajarita podía cantar. La pajarita de papel voló por toda la habitación de Tato. Y, mientras volaba, cantaba una hermosa canción.

Tato dijo:

—Papá, la pajarita de papel está triste; por eso, canta una triste canción. ¡Quiero que mi pajarita sea feliz!

El padre fue a casa de un pintor muy famoso. Y el pintor muy famoso pintó hermosos colores

33

Tato's father took the little paper bird to him, and the little bird flew all over the room.

"Do you like it now?" he asked.

And the boy said, "It flies very well, but it is still sad. I don't want a sad paper bird."

The boy's father went to see another wise man. The other wise man made a gadget. And, with that gadget, the little bird could sing. The little paper bird flew all over Tato's room. And as it flew, it sang a beautiful song.

Tato said, "Papa, the little paper bird is sad; that is why it is singing such a sad song. I want my little bird to be happy!"

The boy's father went to see a very famous painter. And the very famous painter painted beautiful colors on the little bird's wings, on its tail, and on its head. The boy looked at the beautifully painted little paper bird.

"Papa, the little paper bird is still sad."

Tato's father made a long journey. He went to see the wisest of all wise men. And after taking a good look at the little bird, the wisest of all wise men said, "This little paper bird does not need to fly, it does not need to sing, and it does not need beautiful colors to be happy."

And Tato's father asked, "Then why is it sad?"

And the wisest of all wise men answered, "When a little paper bird is all alone, it is a sad little paper bird."

Why must Tato's father make a long journey to learn what will make the bird happy?

❧

en las alas, en la cola, y en la cabeza de la pajarita de papel. El niño miró la pajarita de papel pintada de hermosos colores.

—Papá, la pajarita de papel sigue estando triste.

El padre de Tato hizo un largo viaje. Fue a casa del sabio más sabio de todos los sabios. Y el sabio más sabio de todos los sabios, después de examinar a la pajarita, le dijo:

—Esta pajarita de papel no necesita volar, no necesita cantar, no necesita hermosos colores para ser feliz.

Y el padre de Tato le preguntó:

—Entonces ¿por qué está triste?

Y el sabio más sabio de todos los sabios le contestó:

—Cuando una pajarita de papel está sola, es una pajarita de papel triste.

34

¿Por qué tiene que hacer un largo viaje el papá de Tato para saber qué cosa pondrá feliz a la pajarita?

❧

El padre regresó a casa. Fue al cuarto de Tato y le dijo:

—Ya sé lo que necesita nuestra pajarita para ser feliz.

Y se puso a hacer muchas, muchas pajaritas de papel. Y, cuando la habitación estuvo llena de pajaritas, Tato gritó:

—¡Mira, Papá! Nuestra pajarita de papel ya es muy feliz. Es el mejor regalo que me has hecho en toda mi vida.

Entonces, todas las pajaritas de papel, sin necesidad de ningún aparato, volaron y volaron por toda la habitación.

The boy's father returned home. He went to Tato's room and told him, "Now I know what our little paper bird needs to be happy."

And he started making many, many little paper birds. And when the room was full of little birds, Tato shouted, "Look, Papa! Our little paper bird is very happy now. It is the best birthday present you have ever given me."

Then all the little paper birds, without the help of any gadget, flew and flew all over the room.

EL GORRITO MÁGICO

*Cuento folklórico japonés
en versión de Yoshiko Uchida*

EL GORRITO MÁGICO

*Cuento popular japonés
en versión de Yoshiko Uchida*

Traducción de Osvaldo Blanco

Extensión del cuento: 17 pages

Duración de la lectura en voz alta: Aproximadamente 15 minutos

Un anciano pobre recibe un gorrito mágico con el que puede escuchar todos los sonidos de la naturaleza, y escucha a dos cuervos hablando de un hombre y de un árbol que se están muriendo. El árbol, cuyas raíces están vivas todavía, ha conjurado un maleficio contra el hombre que lo cortó para construir una casa de invitados. El anciano se da cuenta de que es el único ser humano que conoce el problema y decide salvar al hombre y al árbol.

Acerca de la autora

Nacida en California en 1921, Yoshiko Uchida empezó a escribir cuentos y a llevar un diario de hechos importantes cuando era una jovencita. Durante la Segunda Guerra Mundial, Uchida fue una de más de 110.000 japoneses-americanos confinados en los "centros de traslado". Uchida publicó relatos cortos, libros para niños, tres colecciones de cuentos populares japoneses, varios libros de no ficción para adultos, y numerosos artículos en revistas. Uchida murió en 1992.

THE MAGIC LISTENING CAP

*Japanese folktale
as told by Yoshiko Uchida*

Story length: 17 pages

Read-aloud time: About 15 minutes

A poor old man receives a magic cap that lets him hear all the sounds of nature, and he hears two crows talking about a man and a tree who are both dying. The tree, whose roots are still alive, has put a curse on the dying man, who cut it down to build a guesthouse. The old man realizes he is the only human who understands the problem and sets out to save both the tree and the dying man.

About the Author

Born in California in 1921, Yoshiko Uchida began writing stories and keeping a journal of important events when she was a young girl. During World War II, Uchida was one of the more than 110,000 Japanese Americans confined to "relocation centers." Uchida published short stories, children's books, three collections of Japanese folktales, several nonfiction books for adults, and numerous magazine articles. Uchida died in 1992.

Para obtener información más detallada sobre cómo hacer estas actividades y adaptarlas a las necesidades de los estudiantes de diferentes niveles, refiérase a los Elementos del director, a partir de la pág. 319.

Primera lectura (alrededor de 15 minutos) seguida de Preguntas para compartir (20–30 minutos)

Recuérdeles a los estudiantes que, a medida que escuchen el cuento, deben pensar en las preguntas que les gustaría hacer después de la lectura. Léales el cuento en voz alta y luego, pídales que compartan sus preguntas. Cuando ellos hagan preguntas, escríbalas en el tablero o en papel gráfico, el que puede colgar en clase para que puedan consultarlas mientras trabajan en el cuento. Con la ayuda de los estudiantes, conteste las preguntas urgentes sobre vocabulario o hechos específicos. Si el tiempo lo permite, haga que la clase considere brevemente las respuestas posibles a algunas de las otras preguntas. Explique que guardarán las preguntas sobre el significado del cuento para la Discusión colectiva.

Segunda lectura con Preguntas de pausa y reflexión (30–45 minutos)

Antes de la segunda lectura, haga que los estudiantes lean las tres preguntas de pausa y reflexión escritas al margen del texto. Mientras lee el cuento en voz alta, haga una pausa al llegar a una de las preguntas y pídales que cada uno de ellos piense en su repuesta. Después de que ellos reflexionen brevemente, pida que den sus opiniones. Use preguntas de amplificación para que aclaren sus ideas, las defiendan, o las amplíen con detalles o ejemplos. Una vez que la clase haya contestado la pregunta desde varios puntos de vista, vuelva al cuento y continúe con la lectura en voz alta hasta llegar a la pregunta de pausa y reflexión siguiente.

Discusión colectiva (30–45 minutos)

Antes de la discusión, decida cuales son las preguntas que quiere tratar con la clase (vea la página siguiente). Siempre que sea posible, siente a los estudiantes en forma tal que todos puedan verse y escucharse con facilidad. Recuérdeles que necesitarán sus libros y útiles de escritura. Distribuya ejemplares de Elaborar tu respuesta (vea el apéndice B, pág. 393) y déles a los estudiantes la oportunidad de meditar sobre la pregunta de enfoque y anotar respuestas antes de empezar la discusión. Durante la discusión, utilice preguntas relacionadas con partes específicas del cuento para ayudarles a los estudiantes a pensar en la evidencia del texto que respalde sus opiniones. En nuestras preguntas sugeridas, las preguntas de enfoque aparecen en negrillas y las preguntas relacionadas están bajo la pregunta de enfoque a que aluden.

CORE INTERPRETIVE ACTIVITIES

For more detailed information about conducting these activities and adapting them to meet the needs of students working at different levels, see the Leader's Toolbox, beginning on p. 345.

First Reading (about 15 minutes) followed by Sharing Questions (20–30 minutes)

Remind students that as they listen to the story they should think of any questions they would like to ask after the reading. Read the story aloud, and then have them share their questions. As students pose questions, you may want to write them on the board or on chart paper that can be left up during the class's work on the story. With students' help, answer pressing vocabulary or factual questions. If time permits, have the class briefly consider possible answers to a few of the other questions. Explain that you will save questions about the story's meaning for Shared Inquiry Discussion.

Second Reading with Pause-and-Reflect Questions (30–45 minutes)

Before the second reading, direct students' attention to the three pause-and-reflect questions that appear in the margins of the story. As you read the story aloud, pause when you come to a question and ask students to think about it. After a brief time for reflection, have students share their thoughts. Use follow-up questions to encourage students to clarify, support, and develop their ideas. When the class has explored the question in some depth, return to the story and continue reading until the next pause-and-reflect question.

Shared Inquiry Discussion (30–45 minutes)

Before discussion, decide which questions you want to explore with your class (see the facing page). Whenever possible, seat students so that everyone can see and hear one another easily. Remind students that they will need their books and something to write with. Distribute copies of the Building Your Answer page (see appendix B, p. 393), and give students an opportunity to reflect on the focus question and write down their answers before discussion begins. Throughout discussion, use related questions about specific parts of the story to help students think about evidence in the text that supports their opinions. In our suggested questions, focus questions appear in bold type and related questions appear under the focus question they support.

Le recomendamos que establezca su propia lista de preguntas para la Discusión colectiva (vea el prototipo Red de preguntas en el apéndice B, pág. 389). Necesitará una pregunta de enfoque, que será la pregunta que usted haga al inicio de la discusión, y preguntas relacionadas para ayudar a los estudiantes a reflexionar aún más sobre la pregunta de enfoque. Usted puede derivar la pregunta de enfoque, y las preguntas relacionadas con ésta, de las preguntas de los estudiantes, de sus propios apuntes, o de las preguntas de muestra indicadas a continuación.

Al final del cuento, ¿por qué decide el anciano no volver a ponerse el gorrito mágico?

- Al comienzo del cuento, ¿por qué está el hombre tan agradecido al recibir un gorrito mágico que le permitirá escuchar nuevos sonidos en vez de comida o dinero?

- ¿Por qué le da el dios guardián al anciano un gorrito mágico que le permite escuchar los sonidos de la naturaleza?

- ¿Qué quiere decir esta frase del cuento: "Y como no era persona codiciosa, guardó su gorrito mágico"?

- ¿Por qué no sigue usando el anciano su gorrito mágico para ayudar a los demás?

¿Por qué está dispuesto el anciano a hacer todo lo posible por salvar al enfermo y al alcanforero?

- ¿Por qué quiere el anciano oír hablar al alcanforero antes de salvar la vida del hombre rico?

- ¿Por qué quiere el anciano dormir en la casa de invitados antes de decidir cómo curar al hombre rico?

- ¿Por qué espera el anciano a quedarse completamente solo para ponerse el gorrito mágico?

- ¿Por qué sigue el anciano con el gorrito mágico puesto cuando los jardineros trasladan al alcanforero?

- ¿Por qué no puede olvidar el anciano la historia del hombre agonizante y el alcanforero?

We recommend that you create your own set of questions for Shared Inquiry Discussion (see the Question Web master in appendix B, p. 389). You will need a focus question, which will be the question you ask at the beginning of discussion, and related questions that help students think further about the focus question. Your focus question and related questions can be drawn from your students' questions, your own notes, or the sample questions that follow.

Why does the old man decide not to wear his magic listening cap anymore at the end of the story?

- At the beginning of the story, why is the man so grateful to receive a cap that will let him hear new sounds instead of receiving food or money?

- Why does the guardian god give the old man a magic cap that allows him to hear nature?

- What does the story mean when it says "because he was not a greedy man, he put away his magic listening cap"?

- Why doesn't the old man continue to use his magic cap to help others?

Why is the old man willing to go to so much trouble to save the sick man and the camphor tree?

- Why does the old man want to hear the camphor tree speak before saving the wealthy man's life?

- Why does the old man want to sleep in the guesthouse before deciding how the wealthy man can be cured?

- Why does the old man wait until he is alone to put on his magic listening cap?

- Why does the old man continue to wear his magic listening cap as the gardeners move the camphor tree?

- Why is the old man unable to forget the story of the dying man and the camphor tree?

ACTIVIDADES ADICIONALES

Estas actividades hacen que los estudiantes comprendan mejor el cuento y lo disfruten más y que desarrollen destrezas del vocabulario, la escritura, y el razonamiento crítico. Las necesidades y los intereses de su grupo le ayudarán a determinar cuáles actividades debe incluir en el programa de actividades básicas.

Preparación del contexto

Oportunidad: Antes de la primera lectura

Presente el cuento diciéndoles a los estudiantes que se trata de un hombre que puede escuchar todos los sonidos de la naturaleza, tales como los de las plantas y de los animales cuando se comunican. Pida a los estudiantes que se imaginen lo que los árboles se dirían o lo que los pájaros se comunicarían. Para motivación adicional, pídales que consideren la diferencia entre la conversación de un pájaro con otro y el intercambio de un árbol con otro, teniendo en cuenta que los pájaros se mueven y los árboles no.

Vocabulario

Oportunidad: En cualquier momento después de la primera lectura

El desafío abecé (vea el apéndice B, pág. 401). El dios guardián le dice al anciano: "Con él en la cabeza, podrás escuchar sonidos que nunca has oído antes." En este cuento, el autor utiliza varias palabras que describen sonidos: *cotorreo, gemir, murmuran, susurran*. Reúna palabras del cuento y del vocabulario personal de los estudiantes que describan sonidos. Estimule a los estudiantes para que piensen en palabras que describen los sonidos de la naturaleza como lluvia, viento, océano, o sonidos de animales. ¡Anímelos a demostrar los sonidos!

Interpretación de las palabras (vea la página de actividades). Los estudiantes consideran algunos de los significados de *fortuna* en el contexto del cuento.

Observación literaria

Oportunidad: En cualquier momento después de la segunda lectura

Análisis del personaje (vea la página de actividades). Haga que los estudiantes anoten sus propios adjetivos que describen al anciano o que tracen un círculo alrededor de los adjetivos con los que están de acuerdo. Luego, los estudiantes seleccionan un adjetivo que consideren que es el más importante y buscan la evidencia que respalde su selección.

SUPPLEMENTAL ACTIVITIES

These activities will deepen students' understanding and enjoyment of the story and develop vocabulary, writing, and critical-thinking skills. The needs and interests of your group will help you determine which activities to add to the schedule of core activities.

Building Context

Timing: Before the first reading

Introduce the story by telling students that it is about a man who can hear all the sounds of nature, such as plants and animals talking to one another. Ask students to imagine what trees would say to one another, or what birds would say to one another. For an extra challenge, ask students to consider how the birds' conversations might be different from the trees' conversations, since birds can move and trees cannot.

Vocabulary

Timing: Anytime after the first reading

ABC Challenge (see appendix B, p. 401). The guardian god tells the old man, "You will be able to hear such sounds as you have never heard before." The author uses a variety of words to describe sounds in this story: *cotorreo, gemir, murmuran, susurran*. Using the master, collect words from the story and from students' personal vocabularies that describe sounds. Encourage students to think of descriptive words for sounds in nature, such as rain, wind, the ocean, or animal voices. Challenge students to demonstrate each sound.

Interpreting Words (see activity page). Students consider various meanings of *fortuna* in the context of the story.

Looking at Literature

Timing: Anytime after the second reading

Analyzing Character (see activity page). Students write down their own adjectives describing the old man and/or circle the adjectives they agree with. Students then choose one adjective they find most important and find evidence in the story to support it.

Actividades creativas

Oportunidad: En cualquier momento después de la primera lectura

- Haga que los estudiantes ilustren pasajes tomados del texto (vea el prototipo de arte en el apéndice B, pág. 407). Seleccione una o más de las frases siguientes como motivación para los dibujos de los estudiantes y pídales que anoten la motivación debajo de los dibujos. Recuérdeles a usar los detalles del texto para ayudarse en los dibujos.

  - "El árbol no está muerto, pero tampoco puede vivir".

  - "Como nadie parece oírlo, conjuró un maleficio contra el hombre rico".

  - "Uno tras otro los árboles del jardín le susurraban suavemente al alcanforero".

  - "El anciano observaba, con su gorrito rojo puesto, mientras el árbol era plantado donde el musgo estaba verde y húmedo."

- Haga que los estudiantes vean imágenes de casas japonesas tradicionales y que luego dibujen o construyan sus propios modelos en miniatura. Usted puede hablar de costumbres como el uso de tapices acolchados, o *tatami*, y de mamparas en los hogares japoneses, y de la costumbre de quitarse los zapatos antes de entrar en casa.

Escritura

Oportunidad: Después de la Discusión colectiva

Ensayo personal (vea la página de actividades). Los estudiantes contestan por escrito esta pregunta: *Si tuvieras el gorrito mágico, ¿qué harías con él?*

Escritura creativa (vea la página de actividades). Los estudiantes se imaginan que tienen un gorrito mágico y que pueden oír una conversación entre uno de los cuervos del cuento y otra criatura de la naturaleza.

Para explorar más...

Ciencias
- Haga que los estudiantes investiguen sobre los alcanforeros. *¿Cómo son? ¿Dónde crecen? ¿Cómo se usan los productos derivados del alcanforero?*

- Haga que los estudiantes investiguen sobre los tipos de árboles que mejor crecen en su área y, luego, plante un árbol con la clase.

Estudios sociales
- Haga que los estudiantes investiguen sobre los santuarios japoneses. *¿Cómo son? ¿Para qué son? ¿Por qué lleva la gente comida a un santuario japonés?*

Creative Endeavors

Timing: Anytime after the first reading

- Have students illustrate passages from the text (see the art master in appendix B, p. 407). Select one or more of the phrases below as prompts for the students' drawings and ask students to write the prompt beneath their drawing. Have students reread the passage they will depict before drawing.

  - "The tree is not dead, but neither can it live."

  - "No one seems to hear it, and it has cast an evil spell on the wealthy man."

  - "One after the other, the trees of the garden whispered gently to the camphor tree."

  - "The old man, wearing his red cap, watched as the tree was planted where the moss was green and moist."

- Have students look at pictures of traditional Japanese homes, then draw or build their own miniature ones. You may want to discuss such customs as the use of tatami mats and folding screens in Japanese homes and the practice of removing shoes before entering.

Writing

Timing: Anytime after Shared Inquiry Discussion

Personal Essay (see activity page). Students write an answer to this question: *If you had the magic listening cap, what would you do with it?*

Creative Writing (see activity page). Students imagine that they have a magic listening cap and can overhear a conversation between one of the crows in the story and another creature or thing in nature.

For Further Exploration

Science
- Have students research camphor trees. *What do they look like? Where do camphor trees grow? How are products from them used?*

- Have students research what types of trees grow best in your area, then plant a tree as a class.

Social Studies
- Have students research Japanese shrines. *What do they look like? What are they used for? Why would people bring food to a shrine?*

Nombre: _____

El dios guardián entrega al anciano el gorrito mágico y le dice: "A partir de hoy cambiaré tu **fortuna** y no volverás a sufrir."

fortuna

- ♠ suerte, favorable o desfavorable
- ♠ riqueza
- ♠ éxito

¿Cómo cambia el gorrito mágico la **suerte** del anciano?

_____

_____

_____

¿En qué forma cambia el gorrito mágico la **riqueza** del anciano?

_____

_____

_____

¿Cómo ayuda el gorrito mágico al anciano a tener **éxito**?

_____

_____

_____

Ahora, piensa en las vidas del alcanforero y del hombre rico. Usa lo que sabes de la palabra **fortuna** para explicar en qué forma cambió en el cuento la **fortuna** del alcanforero o del hombre rico.

_____

_____

_____

_____

_____

_____

Nombre: _____

Las palabras que aparecen abajo podrían describir el carácter del anciano. Escribe tus propias palabras para describirlo en las lineas en blanco.

Ahora, traza un círculo alrededor de tres palabras que, según tu opinión, describen el anciano en la mejor forma posible.

Creo que el anciano es...

honesto   paciente   _____
                            (tu propia palabra)

         dedicado   comprensivo   feliz

_____   astuto   amable
(tu propia palabra)

1. Creo que lo más importante es que el anciano es _____

   _____

2. Según mi opinión, esta palabra significa _____

   _____

   _____

3. El anciano demuestra esta característica en la página _____, cuando él

   _____

   _____

   _____

Nombre: _____

Imagínate que has recibido el gorrito mágico. ¿Qué harías con él?

¿Qué querrías escuchar en la naturaleza?

¿Te pondrías el gorrito mágico a toda hora? ¿Por qué? ¿Por qué no?

¿En qué forma te ayudaría o ayudaría a los demás el tener el gorrito mágico?

¿Qué problemas o peligros podría traerte el gorrito mágico?

Nombre: _____

Imagínate lo que diría un cuervo a uno de sus amigos en la naturaleza. Debes decidir con quién habla el cuervo antes de que empieces a escribir la conversación.

Cuervo: "Me siento más feliz cuando _____

_____

¿Cuándo te sientes más feliz?"

_____ : " _____

                                                                              "

_____

Cuervo: "Me gusta escuchar el sonido de _____

_____

¿Cuáles sonidos te gusta escuchar?"

_____ : " _____

                                                                              "

_____

Cuervo: "Me encanta pasar el tiempo con _____

_____

¿Quién es tu mejor amigo?"

_____ : " _____

                                                                              "

_____

Había una vez un anciano honesto.

EL GORRITO MÁGICO

*Cuento folklórico japonés
en versión de Yoshiko Uchida*

Traducción de Osvaldo Blanco

Había una vez un anciano honesto que era amable y bueno, pero era tan pobre que apenas le alcanzaba para el sustento diario. Sin embargo, más que no tener suficiente para su propio alimento, le entristecía no poder llevar alguna ofrenda a su dios protector en el santuario próximo a su casa.

Si al menos pudiera llevarle una ofrenda de pescado, pensaba con tristeza.

Finalmente, un día, cuando no le quedaba nada de comer en la casa, se dirigió al santuario de su dios. Se puso de rodillas e inclinó la cabeza ante él.

37

THE MAGIC
LISTENING CAP

*Japanese folktale
as told by Yoshiko Uchida*

There once lived an honest old man who was kind and good, but who was so poor, he hardly had enough to eat each day. What made him sadder than not having enough to eat himself was that he could no longer bring an offering to his guardian god at the nearby shrine.

"If only I could bring even an offering of fish," he thought sadly.

Finally, one day, when his house was empty and he had nothing left to eat, he walked to the shrine of his god.

He got on his knees and bowed down before him.

"I've come today to offer the only thing I have left," he said sadly. "I have only myself to offer now. Take my life if you will have it."

The old man knelt silently and waited for the god to speak.

···

—Hoy he venido para ofrecerte lo único que me queda —dijo con pesar—. Sólo tengo mi propia vida para ofrendarte ahora. Tómala, si la deseas.

El anciano permaneció de rodillas silenciosamente, esperando que el dios hablara.

Al poco rato, hubo un leve ruido sordo y el hombre escuchó una voz que parecía venir de muy, muy lejos.

—No te preocupes, anciano —le dijo el dios—. Has sido un hombre honesto y bueno. A partir de hoy cambiaré tu fortuna y no volverás a sufrir.

Entonces el dios protector le entregó al anciano un pequeño gorro rojo.

—Toma este gorrito, anciano —le dijo—. Es un gorrito mágico. Con él en la cabeza, podrás escuchar sonidos que nunca has oído antes.

39

Soon there was a faint rumbling, and the man heard a voice that seemed to come from far, far away.

"Don't worry, old man," the god said to him. "You have been honest and you have been good. From today on I shall change your fortune, and you shall suffer no longer."

Then the guardian god gave the old man a little red cap. "Take this cap, old man," he said. "It is a magic listening cap. With this on your head, you will be able to hear such sounds as you have never heard before."

The old man looked up in surprise. He was old, but he heard quite well, and he had heard many, many sounds during the long years of his life.

"What do you mean?" he asked. "What new sounds are there in this world that I have not yet heard?"

The god smiled. "Have you ever really heard what the nightingale says as it flies to the plum tree in the spring? Have you ever understood what the trees whisper to one another when their leaves rustle in the wind?"

The old man shook his head. He understood.

"Thank you, dear god," he said. "I shall treasure my magic cap forever." And carrying it carefully, he hurried toward his home.

As the old man walked along, the sun grew hot, and he stopped to rest in the shade of a big tree that stood at the

El anciano levantó la vista, sorprendido. A pesar de sus años, oía muy bien y durante su larga vida había oído muchos, muchos sonidos.

—¿Qué quieres decir? —preguntó—. ¿Qué nuevos sonidos hay en este mundo que yo no haya oído todavía?

El dios sonrió.

—¿Has escuchado realmente alguna vez lo que dice el ruiseñor cuando vuela hacia el ciruelo en la primavera? ¿Has llegado a comprender qué murmuran los árboles entre ellos cuando sus hojas susurran en el viento?

El anciano movió la cabeza negativamente. Había comprendido.

—Gracias, bienamado dios —dijo—. Siempre apreciaré como un tesoro mi gorrito mágico.

Y llevándolo cuidadosamente, emprendió de prisa el camino a su casa.

A medida que caminaba, el anciano sentía que el sol calentaba más, de modo que se detuvo a descansar a la sombra de un árbol grande que se alzaba a la vera

40

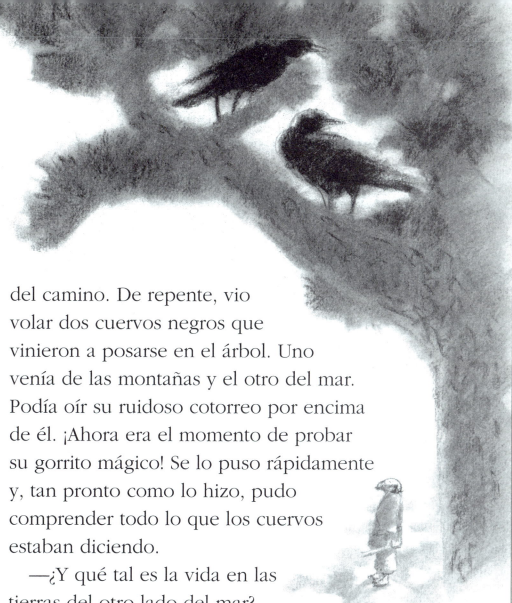

del camino. De repente, vio volar dos cuervos negros que vinieron a posarse en el árbol. Uno venía de las montañas y el otro del mar. Podía oír su ruidoso cotorreo por encima de él. ¡Ahora era el momento de probar su gorrito mágico! Se lo puso rápidamente y, tan pronto como lo hizo, pudo comprender todo lo que los cuervos estaban diciendo.

—¿Y qué tal es la vida en las tierras del otro lado del mar? —preguntó el cuervo de las montañas.

—Ah, la vida no es fácil —respondió el cuervo del mar—. Cada vez es más difícil encontrar alimento para mis crías. Pero, cuéntame, ¿tienes alguna noticia interesante de las montañas?

41

roadside. Suddenly, he saw two black crows fly into the tree. One came from the mountains, and the other from the sea. He could hear their noisy chatter fill the air above him. Now was the time to try his magic cap! Quickly, he put it on, and as soon as he did, he could understand everything the crows were saying.

"And how is life in the land beyond the sea?" asked the mountain crow.

"Ah, life is not easy," answered the crow of the sea. "It grows harder and harder to find food for my young ones. But tell me, do you have any interesting news from the mountains?"

¿Qué cosas nuevas aprende el anciano sobre la naturaleza cuando se pone el gorrito mágico?

❧

What new things does the old man learn about nature when he puts on the magic listening cap?

❧

"All is not well in our land either," answered the crow from the mountains. "We are worried about our friend, the camphor tree, who grows weaker and weaker, but can neither live nor die."

"Why, how can that be?" asked the crow of the sea.

"It is an interesting tale," answered the mountain crow. "About six years ago, a wealthy man in our town built a guesthouse in his garden. He cut down the camphor tree in order to build the house, but the roots were never dug out. The tree is not dead, but neither can it live, for each time it sends new shoots out from beneath the house, they are cut off by the gardener."

"Ah, the poor tree," said the crow of the sea sympathetically. "What will it do?"

"It cries and moans constantly, but alas, human beings are very stupid," said the mountain crow.

—No todo anda bien en nuestras tierras tampoco —repuso el cuervo de las montañas—. Estamos preocupados por nuestro amigo, el alcanforero, que se debilita más cada día. No puede ni vivir ni morir.

—¿Por qué? ¿Cómo puede ser eso? —preguntó el cuervo del mar.

—Es una historia interesante —respondió el cuervo de las montañas—. Hace alrededor de seis años, un hombre rico de nuestro pueblo hizo construir en su jardín una casa adicional de invitados. Mandó cortar el alcanforero para construir la casa, pero las raíces nunca fueron extraídas. El árbol no está muerto, pero tampoco puede vivir, pues cada vez que echa renuevos por debajo de la casa, el jardinero los corta.

—Oh, pobre árbol —dijo el cuervo del mar, compasivamente—. ¿Qué puede hacer él?

—Llora y gime constantemente, pero, ¡ay!, los seres humanos son muy estúpidos —dijo el cuervo de las montañas—. Como

42

nadie parece oírlo, conjuró un maleficio
contra el hombre rico y lo hizo enfermarse
gravemente. Si no excavan el árbol y lo
plantan donde pueda crecer, el hechizo
no se romperá y el hombre morirá pronto.
Ha estado enfermo por mucho tiempo.

Los dos cuervos siguieron hablando de
muchas cosas, posados en el árbol, pero
el anciano que escuchaba abajo no
podía olvidar la historia del hombre
agonizante y el alcanforero.

"No one seems to hear it, and
it has cast an evil spell on the
wealthy man and made him very
ill. If they don't dig up the tree
and plant it where it can grow,
the spell will not be broken and
the man will soon die. He has
been ill a long time."

The two crows sat in the
tree and talked of many things,
but the old man who listened
below could not forget the
story of the dying man and the
camphor tree.

"If only I could save them both," he thought. "I am probably the only human being who knows what is making the man ill."

He got up quickly, and all the way home, he tried to think of some way in which he might save the dying man. "I could go to his home and tell him exactly what I heard," he thought. "But surely no one will believe me if I say I heard two crows talking in a tree. I must think of a clever way to be heard and believed."

As he walked along, a good idea suddenly came to him. "I shall go disguised as a fortuneteller," he thought. "Then surely they will believe me."

The very next day the old man took his little red cap, and set out for the town where the sick man lived. He walked by the front gate of this man's home, calling in a loud voice, "Fortunes! Fortunes! I tell fortunes!"

Si pudiera salvarlos a los dos, pensaba. Probablemente yo sea el único ser humano que conoce la causa por la que el hombre está enfermo.

Se puso rápidamente de pie y, durante todo el camino a casa, trató de pensar en alguna forma de poder salvar al hombre que agonizaba.

Podría ir a su casa y contarle exactamente lo que he oído, pensó. Pero seguramente nadie me creerá si digo que escuché a dos cuervos hablando en un árbol. Tengo que pensar en algo ingenioso para que me escuchen y me crean.

Mientras caminaba, se le ocurrió de pronto una buena idea.

Iré disfrazado de adivino, pensó. Entonces, seguramente me creerán.

Al día siguiente, el anciano tomó su gorrito rojo y partió para el pueblo donde vivía el hombre enfermo. Pasó por la puerta del frente de la casa del hombre, anunciando en voz alta:

—¡Buenaventuras! ¡Buenaventuras! ¡Leo buenaventuras!

44

...

Un momento después la puerta se abrió de golpe y por ella salió presurosamente la esposa del hombre enfermo.

—Entra, anciano. Entra —llamó la mujer—. Dime qué puedo hacer para que mi marido se ponga bien. He hecho venir médicos de todas partes, pero nadie sabe decirme qué debo hacer.

El anciano entró en la casa y escuchó la historia de la mujer.

Soon the gate flew open and the sick man's wife came rushing out.

"Come in, old man. Come in," she called. "Tell me how I can make my husband well. I have had doctors from near and far, but not one can tell me what to do."

The old man went inside and listened to the woman's story.

"We have tried herbs and medicines from many, many lands, but nothing seems to help him," she said sadly.

Then the old man said, "Did you not build a guesthouse in your garden six years ago?" The wife nodded. "And hasn't your husband been ill ever since?"

"Why, yes," answered the wife, nodding. "That's right. How did you know?"

—Hemos tratado con hierbas y medicinas de muchísimas tierras, pero nada parece ayudarle —dijo ella con tristeza.

Entonces el anciano preguntó:

—¿No construyeron ustedes una casa de invitados en su jardín hace seis años?

La mujer asintió con la cabeza.

—¿Y no ha estado su esposo enfermo desde entonces?

—Pues, sí —respondió ella, reafirmando con la cabeza—. Es verdad. ¿Cómo lo sabías?

—Un adivino sabe muchas cosas —repuso el anciano—. Permítame dormir esta noche en su casa de invitados —añadió seguidamente—, y mañana podré decirle cómo será posible curar a su esposo.

—Sí, por supuesto —contestó la mujer—. Haremos cualquier cosa que tú digas.

Y así, esa noche, después de un opíparo festín, el anciano fue conducido a la casa de invitados. Extendieron para él un hermoso edredón nuevo sobre el *tatami*, y trajeron un brasero de carbón para que le diera calor.

Tan pronto como quedó completamente solo, el anciano se puso el gorrito rojo y se sentó sin hacer ruido, esperando oír hablar al alcanforero. Abrió las puertas corredizas de papel y contempló el cielo tachonado de resplandecientes estrellas. Esperó largamente, pero la noche estaba silenciosa y no escuchó ni el más mínimo murmullo.

¿Qué cosas nuevas aprende el anciano sobre la naturaleza cuando se pone el gorrito mágico esta vez?

꩜

47

"A fortuneteller knows many things," the old man answered, and then he said, "Let me sleep in your guesthouse tonight, and by tomorrow I shall be able to tell you how your husband can be cured."

"Yes, of course," the wife answered. "We shall do anything you say."

And so, that night after a sumptuous feast, the old man was taken to the guesthouse. A beautiful new quilt was laid out for him on the tatami, and a charcoal brazier was brought in to keep him warm.

As soon as he was quite alone, the old man put on his little red cap and sat quietly, waiting to hear the camphor tree speak. He slid open the paper doors and looked out at the sky sprinkled with glowing stars. He waited and he waited, but the night was silent and he didn't even hear the whisper of a sound.

What new things does the old man learn about nature when he puts on the magic listening cap this time?

꩜

As he sat in the darkness, the old man began to wonder if the crows had been wrong.

"Perhaps there is no dying camphor tree after all," he thought. And still wearing his red cap, the old man climbed into the quilts and closed his eyes.

Suddenly, he heard a soft rustling sound, like many leaves fluttering in the wind. Then he heard a low gentle voice.

"How do you feel tonight, camphor tree?" the voice called into the silence.

Then the old man heard a hollow sound that seemed to come from beneath the floor.

Mientras estaba sentado en la oscuridad, el anciano comenzó a preguntarse si los cuervos no habrían estado equivocados.

Tal vez no haya ningún alcanforero que se esté muriendo, después de todo, pensó.

Y con el gorrito rojo todavía puesto, el anciano se acostó en el edredón y cerró los ojos.

De pronto, oyó un susurro leve, como de muchas hojas agitadas en el viento. Luego oyó una voz apagada y dulce.

—¿Cómo te sientes esta noche, alcanforero? —dijo la voz en el silencio nocturno.

Entonces el anciano oyó un sonido hueco que parecía venir de debajo del piso.

—Ah, ¿eres tú, pino? —preguntó débilmente aquella voz hueca—. No me siento nada bien. Creo que estoy a punto de morir… de morir… —gimió suavemente.

Un momento después, otra voz susurró:

—Soy yo, el cedro del otro lado de la senda. ¿Te sientes mejor esta noche, alcanforero?

Uno tras otro los árboles del jardín le susurraban suavemente al alcanforero, preguntándole cómo se sentía. Y cada vez, el alcanforero respondía débilmente:

—Me estoy muriendo… Me estoy muriendo…

El anciano sabía que si el árbol se moría, el amo de la casa también iba a morir. En las primeras horas de la mañana siguiente, se dirigió presurosamente a la cabecera del hombre agonizante. Le contó acerca del árbol y del maleficio que éste le había echado.

49

¿Por qué están preocupados por el alcanforero los árboles del jardín?

"Ah, is that you, pine tree?" it asked weakly. "I do not feel well at all. I think I am about to die … about to die …" it wailed softly.

Soon, another voice whispered, "It's I, the cedar from across the path. Do you feel better tonight, camphor tree?"

And one after the other, the trees of the garden whispered gently to the camphor tree, asking how it felt. Each time, the camphor tree answered weakly, "I am dying … I am dying. . . ."

The old man knew that if the tree died, the master of the house would also die. Early the next morning, he hurried to the bedside of the dying man. He told him about the tree and about the evil spell it had cast upon him.

Why are the other trees in the garden concerned about the camphor tree?

"If you want to live," he said, "have the camphor tree dug up quickly, and plant it somewhere in your garden where it can grow."

The sick man nodded weakly. "I will do anything, if only I can become well and strong again."

And so, that very morning, carpenters and gardeners were called to come from the village. The carpenters tore out the floor of the guesthouse and found the stump of the camphor tree. Carefully, carefully, the gardeners lifted it out of the earth and then moved it into the garden where it had room to grow. The old man, wearing his red cap,

—Si desea vivir —le dijo—, haga arrancar y trasplantar el alcanforero a algún lugar del jardín en donde pueda crecer.

El hombre enfermo asintió débilmente con la cabeza.

—Haré cualquier cosa, con tal de curarme y ponerme fuerte otra vez.

Y entonces, esa misma mañana, hicieron venir del pueblo carpinteros y jardineros. Los carpinteros arrancaron el piso de la casa de invitados y hallaron el tocón del alcanforero. Cuidadosamente, muy cuidadosamente, los jardineros lo sacaron de la tierra y luego lo trasladaron al jardín, donde tendría lugar para crecer. El anciano observaba, con su gorrito rojo

50

watched as the tree was planted where the moss was green and moist.

"Ah, at last," he heard the camphor tree sigh. "I can reach up again to the good clean air. I can grow once more!"

As soon as the tree was transplanted, the wealthy man began to grow stronger. Before long, he felt so much better he could get up for a few hours each day. Then he was up all day long, and, finally, he was completely well.

"I must thank the old fortuneteller for saving my life," he said,

puesto, mientras el árbol era plantado donde el musgo estaba verde y húmedo.

—Ah, por fin —oyó que suspiraba el alcanforero—. Puedo llegar de nuevo al aire limpio y puro. ¡Otra vez puedo crecer!

Tan pronto como el árbol fue trasplantado, el hombre rico comenzó a ponerse más fuerte. Poco tiempo después, había mejorado tanto que pudo levantarse por algunas horas cada día. Luego pasó días enteros levantado y, por último, se sintió completamente bien.

—Tengo que agradecerle al viejo adivino por haberme salvado la vida —dijo—,

51

"for if he had not come to tell me about the camphor tree, I would probably not be alive today."

And so he sent for the old man with the little red cap.

"You were far wiser than any of the doctors who came from near and far to see me," he said to the old man. Then, giving him many bags filled with gold, he said, "Take this gift, and with it my lifelong thanks. And when this gold is gone, I shall see that you get more."

"Ah, you are indeed very kind," the old man said happily, and taking his gold, he set off for home.

As soon as he got home, he took some of the gold coins and went to the village market. There he bought rice cakes and sweet tangerines and the very best fish he could find. He hurried

porque si él no hubiera venido a decirme lo del alcanforero, probablemente yo no estaría vivo hoy.

Entonces mandó a buscar al anciano del gorrito rojo.

—Tú has sido mucho más sabio que cualquiera de los médicos que vinieron de todas partes a verme —le dijo al anciano. Luego, entregándole muchas bolsas llenas de oro, agregó:

—Toma este obsequio, y con él mi gratitud durante toda la vida. Y cuando hayas gastado este oro, yo me ocuparé de que recibas más.

—Oh, es usted realmente muy generoso —dijo contento el anciano, y recogiendo el oro, partió para su casa.

No bien llegó, tomó algunas de las monedas de oro y se encaminó al mercado del pueblo. Allí compró tortas de arroz, mandarinas dulces, y el mejor pescado que pudo encontrar. Rápidamente fue entonces

52

...

a ver a su dios protector y colocó ante el
santuario las cosas que había comprado.

—Mi suerte ha cambiado verdaderamente
desde que me diste este maravilloso gorrito
mágico —dijo el anciano—. No tengo
palabras para agradecerte.

Todos los días, desde entonces, el
anciano visitó el santuario, y nunca olvidó
llevar una ofrenda de arroz, vino, o pescado
para su dios. Pudo vivir desahogadamente,
y jamás tuvo que preocuparse otra vez de
no tener suficiente para comer. Y como
no era una persona codiciosa, guardó su
gorrito mágico y no volvió a tratar de leer
las buenaventuras. En lugar de eso, vivió
apaciblemente y feliz por el resto de
sus días.

with them to his guardian god,
and placed them before his
shrine.

"My fortunes have indeed
changed since you gave me this
wonderful magic cap," the old
man said. "I thank you more
than I can say."

Each day after that, the old
man went to the shrine, and
never forgot to bring an offering
of rice or wine or fish to his
god. He was able to live in
comfort, and never had to
worry again about not having
enough to eat. And, because he
was not a greedy man, he put
away his magic listening cap and
didn't try to tell any more
fortunes. Instead, he lived
quietly and happily the rest of
his days.

LA SAPITA SABIA

Rosario Ferré

LA SAPITA SABIA

Rosario Ferré

Extensión del cuento: 7 páginas

Duración de la lectura en voz alta: Aproximadamente 10 minutos

Un pececito se burla de la apariencia, voz, e incapacidad de nadar bajo el agua de una ranita. La ranita frustrada busca el consejo de la Rana Grande, quien le dice que la naturaleza sabe por qué hace a los seres de este mundo tan distintos. Tiempo después, hay una sequía horrible y la ranita vuelve a la poza donde se encuentra con el mismo pececito, quien esta vez la halaga y le pide ayuda.

Acerca de la autora

Rosario Ferré nació en Ponce, Puerto Rico, en 1938. Inició su carrera de escritora en una revista literaria cuando era estudiante en la Universidad de Puerto Rico. Ha escrito cuentos cortos para adultos y para niños, novelas, poesía, y ensayos, y es profesora de literatura latinoamericana. Aunque ha estado en los Estados Unidos, Ferré vive en la actualidad en Puerto Rico, donde es considerada como uno de los principales escritores de la isla.

THE WISE LITTLE TOAD

Rosario Ferré

Translation by Helen Lane

Story length: 7 pages

Read-aloud time: About 10 minutes

A fish makes fun of a little frog's appearance, voice, and inability to swim underwater. The frustrated little frog seeks advice from the Great Frog, who tells her that nature has its reasons for making all creatures different. Later, there is a drought and the little frog revisits the pond, where she encounters the same fish, who now flatters her and asks her for help.

About the Author

Rosario Ferré was born in Ponce, Puerto Rico, in 1938. Her writing career began when she started a literary journal as a college student at the University of Puerto Rico. She has written short stories for adults and children, novels, poetry, and essays, and she is a professor of Latin American literature. Although she has lived in the United States, Ferré now lives in Puerto Rico and is considered one of its leading writers.

Para obtener información más detallada sobre cómo hacer estas actividades y adaptarlas a las necesidades de los estudiantes de diferentes niveles, refiérase a los Elementos del director, a partir de la pág. 319.

Primera lectura (alrededor de 10 minutos) seguida de Preguntas para compartir (20–30 minutos)

Recuérdeles a los estudiantes que, a medida que escuchen el cuento, deben pensar en las preguntas que les gustaría hacer después de la lectura. Léales el cuento en voz alta y luego, pídales que compartan sus preguntas. Cuando ellos hagan preguntas, escríbalas en el tablero o en papel gráfico, el que puede colgar en clase para que puedan consultarlas mientras trabajan en el cuento. Con la ayuda de los estudiantes, conteste las preguntas urgentes sobre vocabulario o hechos específicos. Si el tiempo lo permite, haga que la clase considere brevemente las respuestas posibles a algunas de las otras preguntas. Explique que guardarán las preguntas sobre el significado del cuento para la Discusión colectiva.

Segunda lectura con Preguntas de pausa y reflexión (30–45 minutos)

Antes de la segunda lectura, haga que los estudiantes lean las tres preguntas de pausa y reflexión escritas al margen del texto. Mientras lee el cuento en voz alta, haga una pausa al llegar a una de las preguntas y pídales que cada uno de ellos piense en su repuesta. Después de que ellos reflexionen brevemente, pida que den sus opiniones. Use preguntas de amplificación para que aclaren sus ideas, las defiendan, o las amplíen con detalles o ejemplos. Una vez que la clase haya contestado la pregunta desde varios puntos de vista, vuelva al cuento y continúe con la lectura en voz alta hasta llegar a la pregunta de pausa y reflexión siguiente.

Discusión colectiva (30–45 minutos)

Antes de la discusión, decida cuales son las preguntas que quiere tratar con la clase (vea la página siguiente). Siempre que sea posible, siente a los estudiantes en forma tal que todos puedan verse y escucharse con facilidad. Recuérdeles que necesitarán sus libros y útiles de escritura. Distribuya ejemplares de Elaborar tu respuesta (vea el apéndice B, pág. 393) y déles a los estudiantes la oportunidad de meditar sobre la pregunta de enfoque y anotar respuestas antes de empezar la discusión. Durante la discusión, utilice preguntas relacionadas con partes específicas del cuento para ayudarles a los estudiantes a pensar en la evidencia del texto que respalde sus opiniones. En nuestras preguntas sugeridas, las preguntas de enfoque aparecen en negrillas y las preguntas relacionadas están bajo la pregunta de enfoque a que aluden.

For more detailed information about conducting these activities and adapting them to meet the needs of students working at different levels, see the Leader's Toolbox, beginning on p. 345.

First Reading (about 10 minutes) followed by Sharing Questions (20–30 minutes)

Remind students that as they listen to the story they should think of any questions they would like to ask after the reading. Read the story aloud, and then have them share their questions. As students pose questions, you may want to write them on the board or on chart paper that can be left up during the class's work on the story. With students' help, answer pressing vocabulary or factual questions. If time permits, have the class briefly consider possible answers to a few of the other questions. Explain that you will save questions about the story's meaning for Shared Inquiry Discussion.

Second Reading with Pause-and-Reflect Questions (30–45 minutes)

Before the second reading, direct students' attention to the three pause-and-reflect questions that appear in the margins of the story. As you read the story aloud, pause when you come to a question and ask students to think about it. After a brief time for reflection, have students share their thoughts. Use follow-up questions to encourage students to clarify, support, and develop their ideas. When the class has explored the question in some depth, return to the story and continue reading until the next pause-and-reflect question.

Shared Inquiry Discussion (30–45 minutes)

Before discussion, decide which questions you want to explore with your class (see the facing page). Whenever possible, seat students so that everyone can see and hear one another easily. Remind students that they will need their books and something to write with. Distribute copies of the Building Your Answer page (see appendix B, p. 393), and give students an opportunity to reflect on the focus question and write down their answers before discussion begins. Throughout discussion, use related questions about specific parts of the story to help students think about evidence in the text that supports their opinions. In our suggested questions, focus questions appear in bold type and related questions appear under the focus question they support.

Le recomendamos que establezca su propia lista de preguntas para la Discusión colectiva (vea el prototipo Red de preguntas en el apéndice B, pág. 389). Necesitará una pregunta de enfoque, que será la pregunta que usted haga al inicio de la discusión, y preguntas relacionadas para ayudar a los estudiantes a reflexionar aún más sobre la pregunta de enfoque. Usted puede derivar la pregunta de enfoque, y las preguntas relacionadas con ésta, de las preguntas de los estudiantes, de sus propios apuntes, o de las preguntas de muestra indicadas a continuación.

¿Por qué espera tanto la ranita para dejar que el pececito se trepe a sus espaldas?

- Después del primer elogio del pececito a la ranita, ¿por qué dice la autora que la ranita es ahora sabia?

- ¿Por qué ignora la ranita al pececito la segunda vez que lo ve?

- ¿Por qué la ranita siente compasión por el pececito la tercera vez que lo ve?

- ¿Por qué la ranita le dice al pececito la lección de la naturaleza sólo cuando éste está casi muerto?

¿Por qué espera el pececito que la ranita lo ayude si poco antes él la insultó?

- Al principio del cuento, ¿por qué se burla el pececito de la ranita?

- ¿Por qué las burlas del pececito le molestan tanto a la ranita antes de que ella visite a la Rana Grande?

- ¿Por qué halaga el pececito a la ranita?

- ¿Por qué permanece en silencio el pececito la tercera vez que la ranita aparece?

SUGGESTED QUESTIONS FOR DISCUSSION

We recommend that you create your own set of questions for Shared Inquiry Discussion (see the Question Web master in appendix B, p. 389). You will need a focus question, which will be the question you ask at the beginning of discussion, and related questions that help students think further about the focus question. Your focus question and related questions can be drawn from your students' questions, your own notes, or the sample questions that follow.

Why does the frog wait so long to let the little fish climb onto her back?

- After the first time the fish compliments the frog, why does the author say that the frog is now wise?

- Why does the frog ignore the fish the second time she sees him?

- Why does the frog feel compassion for the fish the third time she sees him?

- Why does the little frog only tell the fish the lesson about nature when he is almost dead?

Why does the little fish expect the frog to help him, when earlier he insulted her?

- Why does the fish make fun of the little frog at the beginning of the story?

- Why does the fish's teasing upset the little frog so much before she visits the Great Frog?

- Why does the little fish compliment the frog?

- Why does the fish remain silent the third time the frog appears?

ACTIVIDADES ADICIONALES

Estas actividades hacen que los estudiantes comprendan mejor el cuento y lo disfruten más y que desarrollen destrezas del vocabulario, la escritura, y el razonamiento crítico. Las necesidades y los intereses de su grupo le ayudarán a determinar cuáles actividades debe incluir en el programa de actividades básicas.

Preparación del contexto

Oportunidad: Antes de la primera lectura

Presente el cuento diciéndoles a los estudiantes que se trata de una ranita de la que se burlan por su aspecto y su falta de habilidades. Pídales que recuerden algún momento en que alguien se burló de ellos o cuando ellos se burlaron de alguien y, luego, dirija una breve discusión basada en estas preguntas: *¿Por qué se burla la gente de los demás? ¿Cómo se siente una persona cuando alguien se burla de ella? ¿Qué se puede hacer para que dejen de burlarse de uno?*

Vocabulario

Oportunidad: En cualquier momento después de la primera lectura

Interpretación de las palabras (vea la página de actividades). Los estudiantes consideran el significado de la palabra *compadecer* y la relación que tiene con la sabiduría de la ranita.

Taller de palabras (vea la página de actividades). Los estudiantes repasan lo que saben de masas de agua y usan este conocimiento según las definiciones del vocabulario.

Actividades creativas

Oportunidad: En cualquier momento después de la primera lectura

- Haga que los estudiantes dibujen un pasaje particularmente detallado del cuento (vea el prototipo del arte en el apéndice B, pág. 407). Ellos pueden elegir a dibujar la descripción de la ranita bañándose en las cascadas del río (pág. 59), del cuerpo de la ranita palpitando como un enorme corazón verde (pág. 55), o de la ranita sintiendo como si le apretasen el pecho con un torniquete (pág. 57).

- Motive a los estudiantes a que participen en el juego dramático Asiento caliente (vea los Elementos del director, pág. 342) interpretando los papeles de la ranita, el pececito, y la Rana Grande.

- En parejas, los estudiantes dramatizan una escena del cuento. Las escenas que prometan más incluyen el pececito se burlando de la ranita, la ranita visitando a la Rana Grande, y el pececito halagando a la ranita.

- Haga que los estudiantes recreen el mundo de la ranita usando materiales como arcilla para modelar, envolturas de plástico, y papel desechable. Ellos pueden representer algunas de las palabras del vocabulario tomado del cuento.

- Aprenda "El Coquí", una canción infantil puertorriqueña. José-Luis Orozco, *De Colores and Other Latin-American Folk Songs for Children* (Nueva York: Dutton, 1994).

SUPPLEMENTAL ACTIVITIES

These activities will deepen students' understanding and enjoyment of the story and develop vocabulary, writing, and critical-thinking skills. The needs and interests of your group will help you determine which activities to add to the schedule of core activities.

Building Context

Timing: Before the first reading

Introduce the story by telling students that it is about a frog who is made fun of because of her appearance and her abilities. Ask students to recall a time when they were teased or when they teased someone else, then lead a brief discussion of the following questions: *Why do people tease others? How does the person who is being teased feel? What can you do to make the teasing stop?*

Vocabulary

Timing: Anytime after the first reading

Interpreting Words (see activity page). Students explore the meaning of the word *compadecer* and consider how it relates to the frog's wisdom.

Word Workshop (see activity page). Students review and apply their understanding of the definitions of vocabulary related to the little frog's river environment.

Creative Endeavors

Timing: Anytime after the first reading

- Have students illustrate an especially descriptive passage from the story (see the art master in appendix B, p. 407) They may choose to illustrate the description of the frog bathing in the waterfalls (p. 59), the frog's body palpitating like an enormous green heart (p. 55), or the frog feeling like her chest is being squeezed by a tourniquet (p. 57).

- Have students play the drama game "Hot Seat" (see the Leader's Toolbox, p. 367), with students taking the role of the little frog, the little fish, and the Great Frog.

- Pair off students and have them dramatize a scene from the story. Promising scenes include the little fish making fun of the little frog, the little frog visiting the Great Frog, and the little fish flattering the little frog.

- Have students create the little frog's world using materials such as modeling clay, plastic wrap, and tissue paper. They can represent some of the vocabulary from the story.

- Learn "El Coquí," a Puerto Rican children's song. José-Luis Orozco, *De Colores and Other Latin-American Folk Songs for Children* (New York: Dutton, 1994).

Escritura

Oportunidad: Después de la Discusión colectiva

Escritura creativa (vea la página de actividades). Los estudiantes seleccionan un animal y lo describen en forma halagüeña y poco halagüeña.

Escritura evaluativa (vea la página de actividades). Los estudiantes contemplan otras formas en que la ranita podría haberle respondido al pececito.

Para explorar más...

Ciencias

• Haga que los estudiantes investiguen la evaporación mediante un simple experimento: ponga vasos con igual cantidad de agua en lugares diferentes (un rincón oscuro, una repisa de una ventana soleada, afuera) y compare el cambio del nivel de agua con el tiempo.

• Motive a los estudiantes a estudiar la frase "la naturaleza sabe por qué hace a los seres de este mundo tan distintos", pidiéndoles que investiguen las características físicas de algún animal que elijan y la forma en que estas características ayudan al animal a sobrevivir en su hábitat.

Literatura

• Alga Marina Elizagaray, *Fábulas del Caribe* (Amecameca, México: Editorial Amaquemecan, 1998). Varios de los cuentos de esta colección tratan de celos, insultos, y elogios, como ocurre en "Las bodas de jicoteita y carey" y "El venado y la jicotea".

• Rosario Ferré, *Pico Rico Mandorico y otros cuentos* (Ciudad de México: Alfaguara, 1997). Una colección de cinco cuentos cortos llenos de imaginación.

• Nicholasa Mohr y Antonio Martorell, *The Song of el Coquí and Other Tales of Puerto Rico* (Nueva York: Viking, 1995). Una colección de tres cuentos folklóricos que explican la importancia de la rana, la gallina pintada, y la mula en la cultura puertorriqueña.

• Marta Osorio, *El caballito que quería volar* (Madrid: Susaeta Ediciones, 1990). Un caballito de carrusel debe decidir entre ser reconstruido para quedar como los otros caballitos de madera o que se le conceda el deseo de poder volar.

Matemáticas

• Haga que los estudiantes deteminen los tamaños aproximados de los charcos que están descritos en el cuento por medio de medir los diámetros de un paraguas, un plato sopero, y un taza de café. Los estudiantes pueden medir otros objetos circulares y piensan en otras maneras de describir tamaño usando comparaciones.

Writing

Timing: After Shared Inquiry Discussion

Creative Writing (see activity page). Students choose an animal and describe it in flattering and unflattering ways.

Evaluative Writing (see activity page). Students consider other ways the little frog might have responded to the fish.

For Further Exploration

Science

• Have students study evaporation by conducting a simple experiment. Place glasses containing equal amounts of water in different locations (a dark corner, a sunny windowsill, outside) and compare the change in water level over time.

• Have students explore the phrase, "Nature knows what she's doing when she makes all of us such different creatures," by researching the special physical features of an animal of their choice and how those features help the animal survive in its habitat.

Literature

• Alga Marina Elizagaray, *Fábulas del Caribe* (Amecameca, Mexico: Editorial Amaquemecan, 1998). Several tales in this collection deal with themes of jealousy, insults, and flattery, such as "Las bodas de jicoteita y carey" and "El venado y la jicotea."

• Rosario Ferré, *Pico Rico Mandorico y otros cuentos* (Mexico City: Alfaguara, 1997). A collection of five imaginative short stories.

• Nicholasa Mohr and Antonio Martorell, *The Song of el Coquí and Other Tales of Puerto Rico* (New York: Viking, 1995). A collection of three folktales that explain the importance of the frog, the guinea hen, and the mule in Puerto Rican culture.

• Marta Osorio, *El caballito que quería volar* (Madrid: Susaeta Ediciones, 1990). A merry-go-round horse must choose between being rebuilt to look like other wooden horses or being granted his wish to fly.

Math

• Have students determine the approximate size of the puddles of water described in the story by measuring the diameter of an umbrella, a soup bowl, and a coffee cup. Students can measure other circular objects and think of other ways to describe the size of things using comparisons.

Nombre: _____

Al final del cuento, la ranita se queda mirando al pececito hasta que por fin **se compadece** de él.

> ### compadecer
>
> - sentir pesar por alguien
> - entender el sufrimiento de alguien

¿Por qué la ranita no **siente pesar por** el pececito cuando lo ve por primera vez en el charquito del tamaño de un paraguas?

_____

_____

_____

¿Por qué cuando la ranita mira al pececito **entiende el sufrimiento** de él?

_____

_____

_____

¿Por qué debe una persona sabia compadecerse de alguien que se ha comportado sin amabilidad?

_____

_____

_____

_____

_____

Nombre: _____

Usa las siguientes palabras para dar respuesta a las preguntas que aparecen más abajo.

arroyo
río pequeño que
no es muy profundo

cascadas
caídas de agua

charquito
agua detenida
en una indentación
del terveno

enramada
conjunto de árboles
entrelazados

orillas
la tierra o arena
situado junto al mar,
un río, o un lago

poza
charca de agua
profunda y tranquila

quebrada
río pequeño que
corre sin interrupción

ribera
la tierra que
sube a los lados
de un río

Ahora, contesta las siguientes preguntas:

1. ¿En dónde podrías hacer un picnic?

_____

2. ¿Qué esperarías que desapareciera al final de un día soleado?

_____

3. ¿En dónde crees que encontrarías piedras lisas?

_____

4. ¿En dónde podrías encontrar pájaros y ardillas?

_____

5. ¿En dónde podrías saltar de roca en roca sin mojarte?

_____

6. ¿En dónde podrías ver tu reflejo?

_____

7. ¿En dónde podrías oír el ruido de agua que resuena y cae a borbotones?

_____

8. ¿En dónde podrías encontrar barro y arcilla?

_____

Nombre: _____

En el cuento, el pececito insulta a la ranita y después la halaga. Selecciona un animal y finge ser el pez. Describe al animal para que no aparezca atractivo y, luego, hazlo aparecer atractivo.

Animal: _____

Feo

¡Ay, _____!

¡Pero qué fea eres! ¿No te da vergüenza andar por el mundo

con esos ojos _____, con esa cabeza

_____, con esas patas _____

y _____? ¡Lástima que no puedas

_____!

Lindo

¡Ay, _____!

¡Pero qué linda eres! ¿No te da gusto andar por el mundo

con esos ojos _____, con esa cabeza

_____, con esas patas _____

y _____?

¡Qué bueno que puedas _____

_____!

Nombre: _____

Al final del cuento, la ranita dice: "Pececito, que esto te sirva de lección.
¡La naturaleza sabe lo que hace cuando nos crea a todos tan distintos!"
Luego, trepa al pececito a sus espaldas, y se lo lleva
de allí, a otra poza en la que hay más agua.

Creo que la ranita debió haber

_____ Hecho exactamente lo que hizo

_____ Saltado lejos y dejado al pececito en el charquito

_____ Obligado al pececito a pedirle perdón

_____ _____

(una idea diferente)

Creo que mi elección es la mejor porque _____

_____

_____

_____

_____

A la ranita le gustaba asolearse.

LA SAPITA SABIA

Rosario Ferré

Erase una vez una ranita que vivía a orillas de un río. Le gustaba bañarse en sus cascadas, pero sin sumergirse más arriba de la cintura, porque le tenía miedo a nadar debajo del agua. A un extremo de la ribera, el río se desviaba hacia una poza al centro de la cual había una gran roca cubierta de musgo, donde a la ranita le gustaba asolearse. Dilataba entonces las delicadas aletas de sus narices, henchía de felicidad la barriga, y todo su cuerpo palpitaba sobre la roca como un enorme corazón verde. Un día en que se hallaba allí dormitando, papándose de vez en

55

Once upon a time there was a little frog who lived on a riverbank. She loved to bathe in its waterfalls, though she was careful not to get in above her waist because she was afraid to swim underwater. At one end of that stretch of river, the current changed course and flowed into a pool, in the middle of which was a big moss-covered rock where the little frog was fond of sunning herself. At such times her delicate nostrils opened wide, her belly puffed up with bliss, and her whole body palpitated like an enormous green heart atop the rock. One day as she was drowsing there, gulping down a fly every so often, she heard a little voice that said:

"Ah, little frog, little frog! How ugly you are. Aren't you ashamed to roam about the world with those big bulging eyes, that monstrous head, and those croaking sounds that you make as you sing alongside the stream? What's more, you're never going to catch up with me because you can't swim underwater."

The little frog roused herself a bit and, looking carefully about, saw a silvery little fish poking his head mockingly out of the pool. When he saw that she had spied him, the little fish gave a flick of his tail and swam off, saying:

The frog bathes in the river.
The fish sings to her and dances for her.
But the frog can't swim underwater.

Determined to overtake the little fish, the frog gathered up her courage, took a tremendous leap,

•••

cuando alguna mosca, escuchó una vocecita que dijo:

—¡Ay ranita, ranita! ¡Pero qué fea eres! ¿No te da vergüenza andar por el mundo con esos ojos pepones, con esa cabeza atufada, y esos graznidos que croas cuando cantas por la quebrada? Además, tú nunca podrás darme alcance, porque no puedes nadar debajo del agua.

La ranita se despabiló un poco y, mirando con atención a su alrededor, vio a un pececito plateado que asomaba burlón la cabeza fuera de la poza. Al verse descubierto, el pececito dio un coletazo y se alejó diciendo:

La rana se baña en el río.
El pez le canta y le baila.
Pero la rana no puede nadar debajo del agua.

La ranita, decidida a darle alcance al pececito, se armó de valor y, dando un tremendo salto,

fue a dar al fondo de la poza. Allí abrió muy grandes los ojos, pero sólo vio algas, un camarón rosado, y un cangrejo amarillo muy viejo arrastrándose por el fondo. Permaneció inmóvil durante varios minutos que le parecieron eternos, sin atreverse a respirar. Divisó por fin a lo lejos el reflejo plateado del pececito, pero cuando trató de darle alcance, sintió como si le apretasen el pecho con un torniquete de acero, y, dando un tremendo salto, salió a la superficie a coger aire.

La ranita regresó muy triste a su roca verde y se sentó allí pensativa. Durante varios días tuvo que resignarse a soportar los chiflidos del pececito, que se burlaba de ella todo el tiempo:

La rana se baña en el río.
El pez la esquiva riendo.
Pero la rana no puede nadar
debajo del agua.

Ya que la ranita pudo llegar al fondo de la poza, ¿por qué está triste?

57

and landed in the bottom of the pool. Once there, she opened her eyes very wide, but all she saw were algae, a pink shrimp, and a very old, yellow crab crawling along the bottom. She remained motionless for a number of minutes, which seemed to her an eternity, not daring to breathe. At last she caught sight of the silvery reflection of the little fish in the distance, but when she tried to catch up with him, she felt as though her chest were being squeezed by a steel tourniquet, and with a tremendous leap, she rose to the surface for air.

The little frog went back to her green rock feeling very sad and sat down there in a thoughtful mood. For several days she was obliged to resign herself to putting up with the little fish's jeering as he kept making fun of her:

The frog bathes in the river.
Laughing, the fish dodges her.
But the frog can't swim underwater.

Why is the little frog sad, even though she was able to go to the bottom of the pool?

Finally the frog tired of this and went to visit the Great Frog. When she saw the old wise frog, the little fish said to her, "Mama Frog, just imagine what has happened to me. The little fish has dared me to catch up with him, and I don't know how to swim underwater."

The Great Frog affectionately stroked the little frog's head and replied, "Don't complain, my child. Nature knows why it makes the creatures of this world so different from one another." And following the advice of the Great Frog, the little frog decided to forget the matter and went far away from that pool in which she had been so unhappy.

A month went by, and a terrible drought scourged the land. The river's current lessened to the point that it turned into a small stream, then became a mere creek, and finally all that was left of it

Why does the Great Frog's advice help the little frog?

❧

Por fin la rana se cansó, y se fue a visitar a la Rana Grande. Cuando la vio le dijo:

—Mamá Rana, fíjese lo que me ha sucedido. El pececito me ha retado a darle alcance, y yo no sé nadar debajo del agua.

La Rana Grande le acarició la cabeza y le contestó:

—Hija mía, no te quejes. La naturaleza sabe por qué hace a los seres de este mundo tan distintos.

Y siguiendo el consejo de la Rana Grande, la ranita decidió olvidarse del asunto, y se alejó de aquella poza en la que había sido tan desgraciada.

Pasó un mes, y una sequía terrible azotó la tierra. El río menguó su corriente hasta convertirse en quebrada, luego se volvió en arroyo, y finalmente no quedó de él

¿Por qué le ayuda a la ranita el consejo de la Rana Grande?

❧

más que un hilito. La ranita volvió a sentirse feliz. Como ya no podía bañarse en las cascadas porque se habían secado, saltaba de piedra en piedra por la ribera del río, bañándose aquí y allá en el agua que quedaba.

Un día pasó junto a la poza de la roca verde, donde antes solía asolearse, y notó que se había reducido hasta no quedar de ella más que un charquito del tamaño de un paraguas. La ranita volvió a sentarse sobre su roca de antaño y se puso a pensar en la inmortalidad del cangrejo, pero como hacía mucho sol, pronto se quedó dormida.

—¡Ay ranita, ranita! ¡Pero qué linda eres! ¿No te da gusto andar por el mundo con esos ojitos tan grandes, con esa cabeza elegante, y ese croar tan hermoso que cantas en la enramada? Si te inclinas un poco hacia adelante te dejaré darme alcance, y me subiré a tus espaldas para que me saques de aquí.

La ranita reconoció enseguida aquella voz, pero como era ya una rana sabia, contestó:

59

was a thin trickle. The little frog was happy once again. Since she could no longer bathe in the waterfalls because they had dried up, she leapt from stone to stone along the river's edge, bathing here and there in the water that still remained.

One day she passed by the pool with the green rock, where in bygone days she had been in the habit of sunning herself, and noted that the pool had become so much smaller that all that was left of it was a little puddle the size of an umbrella. The little frog sat down once again on her rock of the days of yore and began reflecting on the nature of life, but since it was very sunny, she soon fell asleep.

"Ah, little frog, little frog! How pretty you are! Doesn't it please you to roam about the world with those eyes that are so big, with that elegant head, and that lovely croaking song that you sing in the wildwood? If you lean forward a little, I'll let you catch me, and I'll climb up on your back so that you can get me out of here."

The little frog recognized that voice immediately, but as she was now a wise frog, she answered,

"Little fish, little fish! I may be ugly or pretty, but that no longer matters because now you're the one who can't catch me. The water is almost all dried up and you're afraid because you can hardly breathe!" And with one great leap, the little frog took off from there.

A few days later she again passed by the spot and noted that the pool had become so small that it was no larger than a bowl of soup. She then sat down on her rock once again, and soon fell asleep. A short while later she heard a feeble little voice that said, "Ah, little frog, little frog! How pretty you are! Doesn't it please you to roam about the world with those bright little eyes, with that head like a tiger's, and that lovely croaking song that you sing in the wildwood? If you lean a little way over the water, I'll climb up on your back so that you can get me out of here."

But since the little frog paid no attention to him, and didn't even open her eyes to see who it was, he plunged back down into the water.

Why doesn't the little frog even look at the little fish this time?

❧

—¡Pececito, pececito! Yo podré ser fea o linda, pero eso ya no importa porque ahora eres tú el que no puedes darme alcance. ¡Se te está acabando el agua y tienes miedo, porque casi no puedes respirar!

Y dando un gran salto la ranita se alejó de allí.

Unos días después volvió a pasar por el lugar y notó que la poza se había reducido hasta no quedar más que un charquito del tamaño de un plato de sopa. Entonces volvió a sentarse sobre su roca, y pronto se quedó dormida. Al poco rato escuchó una vocecita débil que decía:

—¡Ay ranita, ranita! ¡Pero qué linda eres! ¿No te da gusto andar por el mundo con esos ojitos brillantes, con esa cabeza atigrada, y ese croar tan hermoso que cantas en la enramada? Si te inclinas un poquito sobre el agua me subiré a tus espaldas para que me saques de aquí.

Pero como la ranita no le hizo caso, y ni siquiera abrió los ojos para ver quién era, se sumergió otra vez dentro del agua.

¿Por qué ni siquiera mira la ranita al pececito esta vez?

❧

60

...

Al día siguiente la ranita verde regresó a la poza, y vio que ya no quedaba más que un charquito del tamaño de una tacita de café. El pececito plateado yacía sobre el fango, con la cola de fuera y sólo la cabeza en el agua. Esta vez no dijo nada, y cuando vio a la rana tomar su lugar acostumbrado sobre la roca, guardó silencio.

La ranita se quedó mirando al pececito hasta que por fin se compadeció de él.

—Pececito, que esto te sirva de lección. ¡La naturaleza sabe lo que hace, cuando nos crea a todos tan distintos!

E inclinándose sobre el charco, trepó al pececito a sus espaldas, y se lo llevó lejos de allí, a otra poza en la que hubiese más agua.

The following day the little green frog went back to the pool and saw that all that was left of it now was a tiny puddle the size of a little cup of coffee. The silvery fish was lying on the mud, with his tail out of the water and only his head submerged. This time he said nothing, and when he saw the frog take her usual place atop the rock, he remained silent.

The little frog sat there looking at the little fish until at last she took pity on him.

"May this be a lesson to you, little fish. Nature knows what she's doing when she makes all of us such different creatures!" And leaning over the puddle, she hoisted the little fish up onto her back and took him a long way away from there, to another pool in which there was more water.

La Cenicienta

Charles Perrault

LA CENICIENTA

Charles Perrault

Traducción de Osvaldo Blanco

Extensión del cuento: 18 páginas

Duración de la lectura en voz alta: Aproximadamente 20 minutos

Aunque es maltratada por su madrastra y sus dos hermanastras, Cenicienta responde paciente y amablemente. Se desconsuela cuando sus hermanastras parten para el baile del príncipe y ella tiene que quedarse en casa. Pero con la ayuda de su hada madrina, Cenicienta va al baile y encanta a todo el mundo, incluso al príncipe. Cuando Cenicienta debe irse apenas empieza a sonar la primera campanada de la medianoche, al príncipe sólo le queda el zapatito de cristal que la joven perdió, y que le ayudará a encontrarla otra vez.

Acerca del autor

Charles Perrault nació en París en 1628. Además de ser abogado, se dedicó a la carrera literaria y a promover el estudio de la literatura y las artes. Es muy conocido por la colección de narraciones tradicionales *Cuentos de la madre Oca,* publicada en 1697, en la que figuran "La Cenicienta", "Caperucita roja", "El gato con botas"—conocido también como "Maese gato"— y "La bella durmiente del bosque". Perrault murió en 1703.

CINDERELLA

Charles Perrault

Story length: 18 pages

Read-aloud time: About 20 minutes

Although she is mistreated by her stepmother and two stepsisters, Cinderella responds patiently and kindly. She is heartbroken when her stepsisters leave for the prince's ball and she has to stay home. But with the help of her fairy godmother, Cinderella attends the ball and charms everyone, including the prince. When Cinderella must leave suddenly at the stroke of midnight, the prince is left with only the glass slipper she dropped to help him find her again.

About the Author

Charles Perrault was born in Paris in 1628. Trained as a lawyer, Perrault made his mark pursuing a literary career and promoting the study of literature and the arts. He is best known for his collection of fairy tales published in 1697, *Tales of Mother Goose,* which includes "Cinderella," "Little Red Riding Hood," "Puss in Boots" (also known as "The Master Cat"), and "The Sleeping Beauty." Perrault died in 1703.

Para obtener información más detallada sobre cómo hacer estas actividades y adaptarlas a las necesidades de los estudiantes de diferentes niveles, refiérase a los Elementos del director, a partir de la pág. 319.

Primera lectura (alrededor de 20 minutos) seguida de Preguntas para compartir (20–30 minutos)

Recuérdeles a los estudiantes que, a medida que escuchen el cuento, deben pensar en las preguntas que les gustaría hacer después de la lectura. Léales el cuento en voz alta y luego, pídales que compartan sus preguntas. Cuando ellos hagan preguntas, escríbalas en el tablero o en papel gráfico, el que puede colgar en clase para que puedan consultarlas mientras trabajan en el cuento. Con la ayuda de los estudiantes, conteste las preguntas urgentes sobre vocabulario o hechos específicos. Si el tiempo lo permite, haga que la clase considere brevemente las respuestas posibles a algunas de las otras preguntas. Explique que guardarán las preguntas sobre el significado del cuento para la Discusión colectiva.

Segunda lectura con Preguntas de pausa y reflexión (30–45 minutos)

Antes de la segunda lectura, haga que los estudiantes lean las tres preguntas de pausa y reflexión escritas al margen del texto. Mientras lee el cuento en voz alta, haga una pausa al llegar a una de las preguntas y pídales que cada uno de ellos piense en su repuesta. Después de que ellos reflexionen brevemente, pida que den sus opiniones. Use preguntas de amplificación para que aclaren sus ideas, las defiendan, o las amplíen con detalles o ejemplos. Una vez que la clase haya contestado la pregunta desde varios puntos de vista, vuelva al cuento y continúe con la lectura en voz alta hasta llegar a la pregunta de pausa y reflexión siguiente.

Discusión colectiva (30–45 minutos)

Antes de la discusión, decida cuales son las preguntas que quiere tratar con la clase (vea la página siguiente). Siempre que sea posible, siente a los estudiantes en forma tal que todos puedan verse y escucharse con facilidad. Recuérdeles que necesitarán sus libros y útiles de escritura. Distribuya ejemplares de Elaborar tu respuesta (vea el apéndice B, pág. 393) y déles a los estudiantes la oportunidad de meditar sobre la pregunta de enfoque y anotar respuestas antes de empezar la discusión. Durante la discusión, utilice preguntas relacionadas con partes específicas del cuento para ayudarles a los estudiantes a pensar en la evidencia del texto que respalde sus opiniones. En nuestras preguntas sugeridas, las preguntas de enfoque aparecen en negrillas y las preguntas relacionadas están bajo la pregunta de enfoque a que aluden.

CORE INTERPRETIVE ACTIVITIES

For more detailed information about conducting these activities and adapting them to meet the needs of students working at different levels, see the Leader's Toolbox, beginning on p. 345.

First Reading (about 20 minutes) followed by Sharing Questions (20–30 minutes)

Remind students that as they listen to the story they should think of any questions they would like to ask after the reading. Read the story aloud, and then have them share their questions. As students pose questions, you may want to write them on the board or on chart paper that can be left up during the class's work on the story. With students' help, answer pressing vocabulary or factual questions. If time permits, have the class briefly consider possible answers to a few of the other questions. Explain that you will save questions about the story's meaning for Shared Inquiry Discussion.

Second Reading with Pause-and-Reflect Questions (30–45 minutes)

Before the second reading, direct students' attention to the three pause-and-reflect questions that appear in the margins of the story. As you read the story aloud, pause when you come to a question and ask students to think about it. After a brief time for reflection, have students share their thoughts. Use follow-up questions to encourage students to clarify, support, and develop their ideas. When the class has explored the question in some depth, return to the story and continue reading until the next pause-and-reflect question.

Shared Inquiry Discussion (30–45 minutes)

Before discussion, decide which questions you want to explore with your class (see the facing page). Whenever possible, seat students so that everyone can see and hear one another easily. Remind students that they will need their books and something to write with. Distribute copies of the Building Your Answer page (see appendix B, p. 393), and give students an opportunity to reflect on the focus question and write down their answers before discussion begins. Throughout discussion, use related questions about specific parts of the story to help students think about evidence in the text that supports their opinions. In our suggested questions, focus questions appear in bold type and related questions appear under the focus question they support.

Le recomendamos que establezca su propia lista de preguntas para la Discusión colectiva (vea el prototipo Red de preguntas en el apéndice B, pág. 389). Necesitará una pregunta de enfoque, que será la pregunta que usted haga al inicio de la discusión, y preguntas relacionadas para ayudar a los estudiantes a reflexionar aún más sobre la pregunta de enfoque. Usted puede derivar la pregunta de enfoque, y las preguntas relacionadas con ésta, de las preguntas de los estudiantes, de sus propios apuntes, o de las preguntas de muestra indicadas a continuación.

¿Por qué es Cenicienta tan amable con sus hermanastras aun cuando la maltratan?

- ¿Por qué trabaja Cenicienta tanto para ayudar a sus malas hermanastras a prepararse para el baile?

- ¿Por qué las hermanastras piden la opinión de Cenicienta y dejan que las peine, pero se burlan después de ella?

- Cuando Cenicienta está en el baile, ¿por qué se sienta junto a sus hermanastras y las colma de atenciones?

- Cuando las hermanastras ven a Cenicienta en el baile, ¿por qué admiran su belleza y amabilidad, pero no hacen lo mismo cuando ella está vestida de harapos?

- ¿Por qué hace Cenicienta venir a sus hermanastras al palacio y les da alojamiento?

¿Por qué mantiene Cenicienta su identidad en secreto por tanto tiempo?

- ¿Cómo es posible que Cenicienta soporte tantos apuros con tanta paciencia?

- ¿Por qué les dice Cenicienta a sus hermanastras que no sería apropiado que ella fuera al baile?

- ¿Por qué le pide Cenicienta a su hermanastra el vestido amarillo que usa de diario si sabe que no se lo prestará?

- ¿Por qué le oculta Cenicienta la identidad al príncipe si sabe que él está enamorado de ella?

- ¿Por qué finge Cenicienta no estar segura de que el zapatito le calzará?

We recommend that you create your own set of questions for Shared Inquiry Discussion (see the Question Web master in appendix B, p. 389). You will need a focus question, which will be the question you ask at the beginning of discussion, and related questions that help students think further about the focus question. Your focus question and related questions can be drawn from your students' questions, your own notes, or the sample questions that follow.

Why is Cinderella so kind to her stepsisters even though they treat her poorly?

- Why does Cinderella work so hard to help her mean stepsisters prepare for the ball?

- Why do her stepsisters ask for Cinderella's advice and let her do their hair, but then make fun of her?

- Why does Cinderella sit next to her stepsisters at the ball and shower them with kindness?

- Why do her stepsisters admire Cinderella's beauty and kindness when they see her at the ball, but not when she is dressed in rags?

- Why does Cinderella invite her stepsisters to live with her at the palace?

Why does Cinderella keep her identity a secret for so long?

- Why is Cinderella able to endure her hardships with such patience?

- Why does Cinderella tell her stepsisters it wouldn't be proper for her to go to the ball?

- Why does Cinderella ask her stepsister to lend her a plain, everyday dress if she knows her stepsister will refuse?

- Why does Cinderella keep her identity a secret from the prince, even though he is in love with her?

- Why does Cinderella pretend that the slipper might not fit her?

ACTIVIDADES ADICIONALES

Estas actividades hacen que los estudiantes comprendan mejor el cuento y lo disfruten más y que desarrollen destrezas del vocabulario, la escritura, y el razonamiento crítico. Las necesidades y los intereses de su grupo le ayudarán a determinar cuáles actividades debe incluir en el programa de actividades básicas.

Preparación del contexto

Oportunidad: Antes de la primera lectura

Presente el cuento diciéndoles a los estudiantes que se trata de una persona que recibe un trato injusto. Pídales que compartan varios ejemplos relacionados con los momentos en que hayan visto a alguna persona que trata injustamente a otra. Dirija una discusión breve sobre los motivos por los que algunas personas tratan injustamente a otras: *¿Cómo se sentiría quien trata a alguien injustamente? ¿Cómo se sentiría quien recibe un trato injusto?*

Vocabulario

Oportunidad: En cualquier momento después de la primera lectura

Exploración de palabras (vea los Elementos del director, pág. 337). Indíqueles a los estudiantes que piensen en palabras y frases que pueden acompañar la frase *baile de gala*. Las categorías que puede usar para ampliar el mapa incluyen ropa, comida, actividades, y personas que uno encontraría en un baile de gala. Algunas palabras que los estudiantes podrían sugerir o que tal vez quiera presentarles son *baile, banquete, camarero, corbata, invitación, música, músico, orquesta, princesa, príncipe, reina, rey, traje,* y *vestido*.

Taller de palabras (vea la página de actividades). En parejas los estudiantes ordenan en categorías, de más a menos atractivo, los adjetivos del cuento que describen la apariencia. Después de que terminen de ordenar los adjetivos, quizás quiera pegar las hojas de trabajo a fin de que los estudiantes puedan comparar los resultados.

Observación literaria

Oportunidad: En cualquier momento después de la segunda lectura

Análisis del personaje (vea la página de actividades). Haga que los estudiantes anoten adjetivos que describan a Cenicienta o que tracen un círculo alrededor de los adjetivos con los que estén de acuerdo. Luego, los estudiantes seleccionan un adjetivo que consideren particularmente importante y buscan en el cuento la evidencia que lo respalde.

SUPPLEMENTAL ACTIVITIES

These activities will deepen students' understanding and enjoyment of the story and develop vocabulary, writing, and critical-thinking skills. The needs and interests of your group will help you determine which activities to add to the schedule of core activities.

Building Context

Timing: Before the first reading

Introduce the story by telling students it is about a person who is treated unfairly. Have students share several examples of times when they have seen people treating others unfairly. Lead a brief discussion about why some people treat others unfairly. *How might the person treating someone unfairly feel? How might the person being treated unfairly feel?*

Vocabulary

Timing: Anytime after the first reading

Word Mapping (see the Leader's Toolbox, p. 363). Lead students in generating words and phrases around the phrase *baile de gala*. Categories you may use to extend the map include clothing, food, activities, and people one would expect to find at a *baile de gala*. Words that students may suggest, or that you may wish to introduce, include *baile, banquete, camarero, corbata, invitación, música, músico, orquesta, princesa, príncipe, reina, rey, traje,* and *vestido*.

Word Workshop (see activity page). Students work in pairs to rank adjectives used in the story that describe appearance. After students have finished their rankings, you may want to have them post and/or compare their lists.

Looking at Literature

Timing: Anytime after the second reading

Analyzing Character (see activity page). Have students write down their own adjectives describing Cinderella and/or circle the adjectives they agree with. Students then choose one adjective they find most important and find evidence in the story to support it.

Actividades creativas

Oportunidad: En cualquier momento después de la primera lectura

- Haga que los estudiantes dibujen un pasaje particularmente detallado del cuento (vea el prototipo del arte en el apéndice B, pág. 407). Los estudiantes pueden elegir a dibujar la descripción de la carroza de calabaza (pág. 69), Cenicienta en "sus ropas harapientas"(pág. 65), Cenicienta "magníficamente engalanada"(pág. 80), o sus hermanastras "radiantes y alborotadas" (pág. 65).

- Haga que los estudiantes interpreten una o varias de sus escenas favoritas del cuento. Las escenas que prometan más incluyen Cenicienta ayudando a sus hermanastras a preparase para el baile, preparando ella misma para el baile, hablando a sus hermanastras en el baile, y calzando el zapatito de cristal.

- Haga que los estudiantes delinean el contorno de su cuerpo en papel de envolver y trazan una línea por el centro de la silueta, dividiéndola en dos. En uno de los lados, los estudiantes dibujan, pintan, o hacen un collage para mostrar cómo se ven con la ropa que se ponen a diario y, en el otro lado, cómo se verían en una ocasión elegante.

- Haga que los estudiantes lean otros cuentos de hadas; luego, haga un baile de hadas al que asistan vestidos como los personajes de los cuentos. Los estudiantes pueden diseñar invitaciones para otras clases o para los padres de familia.

Escritura

Oportunidad: Después de la Discusión colectiva

Escritura creativa (vea la página de actividades). Haciendo el papel del príncipe, los estudiantes escriben una proclama en la que describen las cualidades positivas de Cenicienta.

Escritura evaluativa (vea la página de actividades). Los estudiantes consideran por qué la gente a menudo presta más atención a la forma de vestir de los demás que a la forma de comportarse.

Para explorar mas...

Literatura

- Jewell Reinhart Coburn, *Domitila: A Cinderella Tale from the Mexican Tradition* (Auburn, CA: Shen's Books, 2000). Se consigue en español bajo el título *Domitila: el cuento de la Cenicienta basado en la tradición mexicana,* trad. de Clarita Kohen Kleiman.

- Jewell Reinhart Coburn y Tzexa Cherta Lee, *Jouanah: A Hmong Cinderella* (Arcadia, CA: Shen's Books, 1996). Se consigue en español bajo el título *Jouanah, la cenicienta hmong,* trad. de Clarita Kohen.

- Joe Hayes, *Estrellita de oro/Little Gold Star: A Cinderella Cuento* (El Paso, TX: Cinco Puntos Press, 2000). Publicado en edición bilingüe.

Creative Endeavors

Timing: Anytime after the first reading

- Have students illustrate an especially descriptive passage from the story (see the art master in appendix B, p. 407). They may choose to illustrate the description of the pumpkin coach (p. 69), Cinderella in "her miserable clothes" (p. 65), Cinderella in "her magnificent clothes" (p. 65), or the stepsisters "all aglow and all aflutter" (p. 80).

- Have students act out one or more of their favorite scenes from the story. Promising scenes include Cinderella helping her stepsisters prepare for the ball, Cinderella getting ready for the ball, Cinderella talking to her stepsisters at the ball, and Cinderella trying on the glass slipper.

- Have students trace their bodies on butcher paper and draw a line down the center of the paper, dividing their bodies in half. On one side, students draw, paint, or use collage to show how they look in their everyday clothes, and on the other side, how they would like to look at a fancy occasion.

- Have students read other fairy tales. Then hold a fairy tale ball where students come dressed as characters from the tales. Students can design invitations for another classroom or their parents.

Writing

Timing: After Shared Inquiry Discussion

Creative Writing (see activity page). As the prince, students write a proclamation describing Cinderella's positive qualities.

Evaluative Writing (see activity page). Students consider why people often pay more attention to the way others dress than to the way they act.

For Further Exploration

Literature

- Jewell Reinhart Coburn, *Domitila: A Cinderella Tale from the Mexican Tradition.* (Auburn, CA: Shen's Books, 2000). Available in Spanish as *Domitila: el cuento de la Cenicienta basado en la tradición mexicana,* trans. Clarita Kohen Kleiman.

- Jewell Reinhart Coburn and Tzexa Cherta Lee, *Jouanah: A Hmong Cinderella* (Arcadia, CA: Shen's Books, 1996). Available in Spanish as *Jouanah, la cenicienta hmong,* trans. Clarita Kohen.

- Joe Hayes, *Estrellita de oro/Little Gold Star: A Cinderella Cuento* (El Paso, TX: Cinco Puntos Press, 2000). Published in a bilingual edition.

Nombre: _____

En este cuento, el autor utiliza muchas palabras que describen cómo alguien o algo luce. Varias de estas palabras aparecen abajo. Con un compañero, decide cómo clasificar estas palabras de 1 (lo más atractivo) a 11 (lo menos atractivo). Después de que tú y tu compañero hayan decidido cómo clasificar las palabras, podrán comparar su lista con las de los otros compañeros de clase.

bonito   elegante   vistoso

brioso   repelente   sencillo

feo   magnífico   fino

bello   hermoso

1. _____

2. _____

3. _____

4. _____

5. _____

6. _____

7. _____

8. _____

9. _____

10. _____

11. _____

Nombre:

Las palabras de abajo podrían describir el carácter de Cenicienta.
Si piensas en otras palabras que la describan, anótalas en las líneas
en blanco.

Traza un círculo alrededor de tres palabras que, según tú, describan
bien a Cenicienta. Luego, piensa cuál es la característica más importante
de Cenicienta.

Creo que Cenicienta es

paciente   amable   tramposa

_____
(tu propia palabra)

misteriosa

hermosa   astuta   pensativa

_____
(tu propia palabra)

Es importante que Cenicienta _____

_____

_____.

Para mí, esta palabra significa que ella _____

_____

_____.

Cenicienta demuestra esta característica en la página _____ cuando ella

_____

_____.

Nombre: _____

Proclama del príncipe

¡Escuchad! Yo, el príncipe, proclamo que me casaré con la joven cuyo pie calce el zapatito de cristal.

Estoy enamorado de ella porque _____

_____

_____

Creo que ella será una princesa maravillosa porque

_____

_____

Es muy misteriosa y me gustaría saber la respuesta aw estas preguntas:

_____

_____

_____

Inscrito el ____ de _____ del año del Señor de 2 _____.

Que sea dicho y hecho según la ley

Su Alteza Real, el príncipe

Nombre: _____

¿Por qué algunas veces prestamos más atención a la forma de vestir de los demás que a la forma de comportarse?

_____

_____

_____

_____

¿Qué creemos que podemos saber de la gente según su forma de vestir?

_____

_____

¿De qué manera sabemos cómo son realmente las personas?

_____

_____

_____

—¡Ay, qué hermosa!

LA CENICIENTA

Charles Perrault

Traducción de Osvaldo Blanco

Había una vez un noble que se casó
por segunda vez con la mujer más orgullosa
y altanera que jamás se haya visto. Esta
mujer tenía dos hijas que eran exactamente
iguales a ella en todo sentido. El noble
tenía una hija de su primer matrimonio,
cuya bondad y dulzura eran insuperables.
Pero estas cualidades las heredaba ella
de su madre, quien había sido la persona
más admirable del mundo.

63

Once upon a time there was a
nobleman who took as his
second wife the proudest and
haughtiest woman anyone had
ever seen. This woman had two
daughters who were exactly like
herself in every way. The
husband, by his first wife, had
one daughter, whose gentleness
and goodness were unsurpassed.
But this she had gotten from her
mother, who had been the most
admirable person in the world.

No sooner was the wedding over than the stepmother showed how mean she could be. She couldn't stand the excellent qualities of that young child, who made her own daughters seem all the more hateful. And so she gave her the worst chores in the house.

It was she who had to wash the dishes and scrub the stairs and clean the mistress's bedroom and the bedrooms of the young mistresses who were the stepmother's daughters. She slept in a garret at the very top of the house on a miserable mattress, while her sisters had rooms with parquet floors and beds in the very latest style and full-length mirrors.

The poor girl endured everything patiently. She didn't dare complain to her father because his wife ruled him completely and he would only have scolded her. When she had finished

...

Apenas terminó de celebrarse la boda, la madrastra demostró lo malvada que era. No podía soportar las excelentes virtudes de aquella niña, que hacían parecer a sus propias hijas aún más desagradables.

Y entonces empezó a darle a la niña los peores quehaceres de la casa. Era ella quien tenía que lavar los platos y fregar las escaleras, y limpiar el dormitorio de la señora y los cuartos de las señoritas que eran hijas de su madrastra. En tanto, ella dormía en la buhardilla, en lo más alto de la casa, sobre un colchón desvencijado, mientras que sus hermanastras tenían habitaciones con pisos de parqué, camas del estilo más moderno, y espejos para mirarse de cuerpo entero.

La pobre niña soportaba todo pacientemente. No se atrevía a quejarse a su padre, porque su segunda mujer lo dominaba por completo y sólo la habría regañado. Una vez que terminaba sus

64

quehaceres, iba a sentarse entre las cenizas en un rincón de la chimenea, y por esta razón en la casa la llamaban Cenizosa. La hija más joven, que no era tan ruda como su hermana mayor, la llamaba Cenicienta. Pero Cenicienta, a pesar de sus ropas harapientas, era cien veces más bonita que sus hermanastras, por mucho que ellas se acicalaran con sus mejores vestidos.

Un día sucedió que el hijo del rey invitó a toda la gente importante a un baile de gala. Y las dos señoritas fueron también invitadas, porque eran prominentes en los círculos sociales de moda en el reino. Así fue que pronto se vieron las dos hermanas, radiantes y alborotadas, escogiendo los vestidos y estilos de peinado que les sentaran mejor. Todo esto, naturalmente, significó más trabajo para Cenicienta, debido a que era ella quien tenía que planchar los cuellos de hilo y plisar los volantes de sus hermanastras.

65

her chores she would go and sit among the cinders in the chimney corner, and for this reason she was known around the house as Cinderbottom. The younger daughter, who was not quite so coarse as her older sister, called her Cinderella. Yet Cinderella, with her miserable clothes, was nevertheless a hundred times more beautiful than her sisters, no matter how magnificently they might be dressed.

Now it came about that the king's son gave a ball, to which everyone of importance was asked to come. And our two young ladies were among those invited, because they cut quite a figure in the fashionable circles in that country. And so there they were, all aglow and all aflutter, choosing the outfits and the hairstyles that would be the most becoming to them—all of which meant more work for Cinderella, for it was she who ironed her sisters' linen collars and pleated their ruffles.

They talked of nothing but what they would wear. "I," said the older girl, "shall wear my red velvet with the English lace."

"Well," said the younger one. "I'm going to have a plain petticoat. But then I'll wear my overdress with the gold flowers and my diamond brooch. And there's nothing plain about that!"

They sent to the hairdresser to have double rows of horn-curls made up, and they ordered face patches from the patchmaker. Then they called in Cinderella to ask her opinion, because it was she who had good taste.

Cinderella gave them the best advice in the world and even offered to dress their hair, which they very much wanted her to do.

"Cinderella," they asked, as she was fixing their hair, "wouldn't you like to be going to the ball?"

"Oh, ladies! You're making fun of me. It wouldn't be proper for me to go."

"You're right. People would laugh if they saw a cinderbottom heading for the ball."

Why does Cinderella tell her sisters that she knows they are making fun of her?

❧

Ellas no hablaban de otra cosa sino de lo que iban a ponerse.

—Yo —decía la mayor— llevaré el vestido de terciopelo rojo con encaje inglés.

—Bueno —decía la menor—, yo me pondré una enagua sencilla, pero llevaré encima mi vestido con flores doradas y luciré mi prendedor de diamantes… ¡y el conjunto no será nada sencillo!

Mandaron a hacer ruleros de doble rizado y compraron parches de maquillaje. Después llamaron a Cenicienta para pedirle su opinión, porque ella era la persona que más sabía en cuestiones de buen gusto.

Cenicienta las aconsejó muy bien y hasta se ofreció para peinarlas, que era precisamente lo que ellas deseaban que hiciera.

Luego, mientras las peinaba, le preguntaron:

—Cenicienta, ¿no te gustaría ir al baile?

—¡Oh, señoritas, se están burlando de mí! No sería apropiado que yo fuera.

—Tienes razón. La gente se echaría a reír si vieran a una cenizosa yendo al baile.

¿Por qué Cenicienta les dice a sus hermanastras que sabe que se están burlando de ella?

❧

66

•••

Y al oír aquello, cualquier otra muchacha, salvo Cenicienta, les habría dejado el cabello todo enredado. Pero ella tenía tan buen corazón que les hizo unos peinados perfectos.

De tan excitadas que estaban, las dos hermanas pasaron casi dos días enteros sin comer. Constantemente se estudiaban en el espejo y rompieron más de una docena de cordones ajustando las ballenas del corsé para lucir más delgadas.

Por fin llegó el venturoso día y partieron para el baile. Cenicienta las siguió con la mirada hasta donde fue posible, y cuando

67

And anyone but Cinderella, hearing this, would have left their hair in a tangle. But she was so good-natured she coiffed them to perfection.

For nearly two days they went without eating, they were so excited. More than a dozen laces were broken, pulling in their stays to make their waists thinner, and they were constantly in front of the mirror.

At last the happy day arrived. Off they went, and Cinderella followed them with her eyes as long as possible.

When she could no longer see them she began to cry.

Finding her all in tears, her godmother asked her what was the matter. "I wish . . . I wish"—she was crying so hard she couldn't finish. But her godmother, who was a fairy, said, "You wish you could go to the ball. Isn't that it?"

"Oh, yes," said Cinderella, sighing.

"Well," said her godmother, "will you be a good girl? I'll arrange it so that you can go." Then she took her to her room and said, "Run into the garden and bring me a pumpkin."

Cinderella went at once and got the nicest one she could find and brought it to her godmother, though she couldn't imagine how a pumpkin might get her to the ball. Her godmother hollowed it out, leaving only the rind.

desaparecieron de su vista, se puso a llorar.

Su madrina la encontró bañada en lágrimas y le preguntó qué ocurría.

—Quisiera… quisiera —comenzó a responder Cenicienta, llorando tanto que no pudo continuar.

Pero su madrina, que era un hada, le dijo:

—Quisieras poder ir al baile, ¿no es cierto?

—Oh, sí —dijo Cenicienta, suspirando.

—Está bien —dijo su madrina—, si prometes ser una buena chica, yo haré que puedas ir.

Seguidamente la llevó a su habitación y le dijo:

—Ve corriendo al huerto y tráeme una calabaza.

Cenicienta salió en seguida, recogió la mejor calabaza que pudo encontrar, y se la llevó a su madrina, aunque no lograba imaginarse cómo le serviría una calabaza para poder ir al baile. Su madrina ahuecó la calabaza, dejando sólo la corteza. Después

68

le dio un toque con su varita mágica y la calabaza se transformó en una magnífica carroza guarnecida de oro.

Luego miró en la ratonera, donde halló seis ratones, vivos todavía. Le pidió a Cenicienta que levantara un poco la

puerta de la trampa, y a medida que iban saliendo los ratones fue dando a cada uno un toquecito con su varita mágica. Cada uno de ellos se convirtió inmediatamente en un brioso corcel, formando así un tiro de seis hermosos caballos tordos.

La madrina no sabía qué hacer para conseguir un cochero. Entonces Cenicienta dijo:

—Tal vez haya alguna rata en la ratonera. Podríamos hacer de ella un cochero.

—Tienes razón —dijo la madrina—. Ve a ver.

69

Then she tapped it with her wand, and the pumpkin turned into a beautiful coach all covered in gold.

Next she looked in her mousetrap and found six mice, all alive. She asked Cinderella to lift the door to the cage a little, and as the mice came out, one by one, she tapped them with her wand. Each mouse was immediately changed into a beautiful horse, giving her a team of six horses in all, dappled a beautiful mouse gray.

She didn't know what to do for a coachman. Then Cinderella said, "Let me see if there isn't a rat in the rattrap. We could make a coachman out of that."

"You're right," said the godmother. "Go see."

Cinderella brought her the rattrap, and in it were three huge rats. The fairy picked one of the three—on account of its superior whiskers—and as she touched it with her wand it was changed into a stout coachman with one of the finest moustaches ever seen.

Then she said, "Go to the garden. There you'll find six lizards behind the watering can. Bring them to me."

And no sooner had she brought them than the godmother turned them into six liveried footmen. They climbed right up on the back of the coach and stood there holding fast as though they had never done anything else in their lives.

Then the fairy said to Cinderella,

Cenicienta le trajo la ratonera, en la que había tres grandes ratas. El hada eligió una de ellas, que tenía largos bigotes, y al tocarla con su varita mágica se convirtió en un gallardo cochero con los bigotes más vistosos que uno pueda imaginarse.

Entonces, la madrina le dijo a Cenicienta:

—Ve al jardín, donde encontrarás seis lagartijas detrás de la regadera. Tráemelas.

Tan pronto como la muchacha volvió con las lagartijas, la madrina las convirtió en seis lacayos de espléndida librea, quienes se subieron prestamente al pescante trasero de la carroza y aguardaron allí sus órdenes como si nunca hubieran hecho otra cosa en su vida.

Entonces el hada dijo:

70

—Bueno, Cenicienta, ya tienes todo lo que necesitas para ir al baile. ¿Complacida?

—Sí, pero ¿tengo que ir con estas ropas tan feas?

Su madrina le dio simplemente un golpecito con su varita mágica, y al momento los andrajos de Cenicienta se convirtieron en un vestido de seda, con bordados de oro y plata e incrustaciones de piedras preciosas. Seguidamente le entregó un par de zapatitos de cristal, los más hermosos que nadie hubiera visto.

Y así, suntuosamente ataviada, subió a la carroza. Pero su madrina le advirtió que por nada del mundo permaneciera en el baile un momento más después de la medianoche, porque entonces la carroza se convertiría otra vez en calabaza, los caballos en ratones, los lacayos en lagartijas, y se encontraría nuevamente vestida con sus viejos harapos.

Cenicienta le prometió a su madrina que se marcharía del baile sin falta antes de la medianoche, y partió llena de alegría.

¿Por qué la madrina le regala a Cenicienta cosas finas que sólo van a durar hasta la medianoche?

71

"Well, here's what you'll need to go to the ball. Don't you like it?"

"Yes, but am I to go in these ugly clothes?"

Her godmother simply touched her with her wand, and in that moment her dress was changed into a dress of gold-and-silver cloth all covered with precious stones. Then she gave her a pair of glass slippers, the prettiest in the world.

All dressed up, she climbed into the coach. But her godmother told her that above all things she must not stay past midnight, warning her that if she stayed at the ball a moment later her coach would become a pumpkin again, her horses mice, and her footmen lizards. And even her old clothes would reappear.

She promised her godmother that she would leave the ball before midnight, without fail. Then off she went, beside herself with joy.

Why does the godmother give Cinderella fine things that only last until midnight?

When the king's son was told that a great princess had arrived, whom nobody knew, he rushed to meet her. He gave her his hand as she got out of the coach and led her into the hall where the guests were. There was a great silence then. The dancing stopped, the violins no longer played, so intently did everyone turn his attention upon the great charms of this unknown person. The only sound was a confused murmur of "Ah, how beautiful she is!"

The king himself, old as he was, could not help but gaze at her and whisper to the queen that it had been a long time since he had seen

Cuando el hijo del rey fue informado de que acababa de llegar una gran princesa, a quien nadie conocía, se apresuró a salir para recibirla. Le dio la mano para ayudarla a bajar de la carroza y la condujo al salón donde estaban los invitados. Se hizo entonces un gran silencio, la gente dejó de bailar y los violines dejaron de tocar; todo el mundo volvió su atención a la encantadora belleza de aquella desconocida. Lo único que se oía era un confuso murmullo de admiración: —¡Ay, qué hermosa!

El rey mismo, viejo como era, no podía apartar los ojos de ella y le susurró a la reina que hacía mucho tiempo que no veía a una

72

joven tan bella y agraciada. Todas las
damas estudiaban atentamente su peinado
y su vestido, a fin de encargar algo igual
para ellas al día siguiente, suponiendo
que pudieran encontrarse telas tan finas
y costureras tan buenas.

El hijo del rey acompañó a Cenicienta al
sitio de honor, la invitó a bailar con él y
ella bailó con tanta gracia
que la gente la admiró
todavía más. Se sirvió
una magnífica cena,
que el príncipe no llegó a probar de tan
embelesado que estaba contemplando
a Cenicienta.

Ella fue a sentarse en cierto momento
junto a sus hermanastras, las colmó de
atenciones y compartió con ellas unas
naranjas y limones que el príncipe le
había dado; esto las asombró, porque
no la reconocieron.

Mientras charlaba con ellas, Cenicienta
oyó que el reloj daba las doce menos
cuarto. Inmediatamente se puso de pie,

73

anyone so beautiful and so
charming. All the ladies were
intent upon studying her hair
and her clothes, so as to have
the same thing themselves the
very next day, assuming that fine
enough fabrics could be found
and dressmakers with sufficient
skill.

The king's son put her in the
place of honor and then invited
her to dance. She danced with
such grace that people admired
her all the more. A beautiful
supper was served, but the
young prince was so taken up
with gazing at Cinderella that he
could eat nothing at all.

She went and sat next to her
sisters and showered them with
kindness, sharing the oranges
and lemons the prince had given
her. At this they were amazed,
because they didn't know her
at all.

While they were chatting,
Cinderella heard the clock
strike a quarter to twelve. She
immediately

made a deep curtsy to the
assembled guests and left as
quickly as she could.

When she got home she
went and found her godmother,
and after thanking her told her
that she wished she could go to
the ball again the next day, for
the king's son had invited her.
While she was telling her
godmother everything that had
happened at the ball, the two
sisters knocked at the door.
Cinderella went to let them in.

"How long you were!" she
said, yawning and rubbing her
eyes and stretching as if she had
just woken up. Yet in fact she
had had no thought of sleeping
since they had last seen each
other.

"If you had come to the ball,"
said one of her sisters, "you
wouldn't have gotten so tired.
The most beautiful princess
came that anybody would ever
hope to see, and she showered
us with kindness. She gave us
oranges and lemons!"

saludó con una cortés reverencia a los
invitados que la rodeaban, y se marchó lo
más rápidamente que pudo.

Cuando llegó a su casa, fue a ver a su
madrina, y después de agradecerle sus
bondades, le dijo que desearía poder ir
otra vez al baile al día siguiente, porque
el hijo del rey la había invitado. Mientras
le contaba a su madrina todo lo que
había pasado en el baile, las dos hermanas
llamaron a la puerta y Cenicienta fue
a abrirles.

—¡Cómo han tardado! —les dijo
bostezando, frotándose los ojos y
desperezándose como si acabaran de
despertarla. En realidad, sin embargo,
ni siquiera había pensado en dormir
desde la última vez que se vieron.

—Si hubieras venido al baile —dijo
una de sus hermanastras— no te habrías
cansado tanto. Vino la princesa más
hermosa que puedas imaginarte, y fue
muy amable con nosotras. ¡Hasta nos
dio naranjas y limones!

74

Fuera de sí de gozo, Cenicienta les preguntó cómo se llamaba esa princesa. Pero le contestaron que nadie lo sabía, y que el hijo del rey se había mostrado muy desilusionado por ello y habría dado cualquier cosa por saber quién era.

—¿Era en verdad tan bella? —dijo traviesamente Cenicienta con una sonrisa—. ¡Vaya, qué afortunadas son ustedes! ¿No podría verla yo? ¡Ay, señorita Javotte, usted tal vez quiera prestarme su vestido amarillo, el que usa de diario!

—¡No me digas! —replicó Javotte—. ¡Qué bien! ¡Prestarle mi vestido a una cenizosa repelente! Tendría yo que estar loca.

Cenicienta esperaba esa negativa, y realmente se alegró de que fuera así, porque no habría sabido qué hacer si su hermanastra le hubiera prestado el vestido.

75

Cinderella was beside herself with joy and asked them the name of this princess. But they told her that no one knew, and that the king's son was very upset about it and would give anything in the world to know who she was.

Cinderella smiled and said, "Was she really that beautiful? Heavens, you're lucky! Couldn't I see her? Oh, Miss Javotte, let me borrow your yellow dress, the everyday one."

"Really!" said Javotte. "Wouldn't *that* be nice. Lend my dress to a repulsive cinderbottom! I'd have to be mad."

Cinderella fully expected this refusal and was just as glad to hear it, because she wouldn't have known what to do if her sister had actually lent her the dress.

The next day the two sisters went off to the ball and so did Cinderella, dressed even more elegantly than the first time. The king's son was constantly at her side and kept flattering her with soft words. The young lady found it by no means tiresome. Forgetting her godmother's warning, she heard the first stroke of midnight while still thinking it wasn't quite eleven. She arose and fled away as lightly as a doe. The prince chased after her,

Al otro día, las dos hermanas salieron para el baile de gala y Cenicienta salió poco después, vestida más elegantemente aún que la primera vez. El hijo del rey se mantuvo todo el tiempo a su lado, halagándola con palabras amables.

La muchacha no se cansaba en absoluto de tales galanterías, que le hicieron olvidar la recomendación de su madrina. Sonó la primera campanada de la medianoche cuando ella creía que ni siquiera eran las once. Se levantó en seguida y huyó con la agilidad de una gacela. El príncipe salió tras ella, pero no

76

logró alcanzarla. La joven perdió uno de sus zapatitos de cristal, y el príncipe lo recogió cuidadosamente.

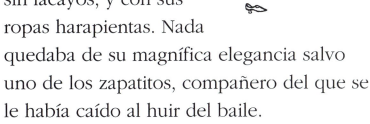

Cenicienta llegó a casa sin aliento, sin carroza, sin lacayos, y con sus ropas harapientas. Nada quedaba de su magnífica elegancia salvo uno de los zapatitos, compañero del que se le había caído al huir del baile.

Cuando les preguntaron a los guardias de la puerta del palacio si habían visto salir a una princesa, contestaron que sólo habían visto a una joven andrajosa, que parecía una pobre campesina más bien que una señorita importante.

Cuando las dos hermanas regresaron del baile, Cenicienta les preguntó si se habían divertido nuevamente y si la hermosa dama había asistido también.

Le respondieron que sí, pero que se había marchado corriendo al sonar las campanadas de la medianoche, y con tanta prisa que

77

unable to catch her. She dropped one of her glass slippers, however, and the prince, very carefully, picked it up.

Cinderella reached home all out of breath, without her coach, without her footmen, and in her miserable clothes. Nothing was left of all her magnificence except one of her little slippers, the mate to the one she had dropped.

The guards at the palace gate were asked if they had seen a princess go by. Only a girl in rags, they said, and more like a peasant than a lady.

When her two sisters returned from the ball, Cinderella asked them if they had had a good time again and if the beautiful lady had been there.

They said yes. But she had fled away at the stroke of midnight, they said, and so hurriedly that she had dropped one of her little glass slippers, the prettiest thing in the world. And the king's son had picked it up and had done nothing but gaze at it for the rest of the ball. And no doubt he was very much in love with the beautiful owner of the little slipper.

What they said was true. Indeed, a few days later the king's son had it proclaimed to the sound of trumpets that he would marry the girl whose foot exactly fit the slipper. It was tried first on princesses, then on duchesses, and then on all the court, but without success.

When it was brought to the house where the two sisters lived, each in turn did everything she could to make her foot go into the slipper. But it was no use.

Cinderella was watching them, and recognizing her slipper she said laughingly, "I wonder if it wouldn't fit me."

dejó caer uno de sus pequeños zapatos de cristal, la cosa más bonita del mundo. El príncipe lo recogió y no hizo más que contemplarlo durante el resto de la velada. Sin duda estaba muy enamorado de la hermosa dueña del zapatito.

Era verdad lo que decían, ya que pocos días más tarde el hijo del rey hizo proclamar, al son de trompetas, que se casaría con la joven cuyo pie fuera calzado exactamente por el zapatito.

Lo probaron primero con princesas, después con duquesas, y finalmente con todas las damas de la corte, pero sin éxito.

Cuando vinieron a la casa donde vivían las dos hermanas, éstas hicieron todo lo posible por calzarse el zapato, pero resultó inútil.

Cenicienta las observaba, sonriendo al reconocer su zapatito, y dijo:

—Me pregunto si no me calzaría bien a mí.

78

Sus hermanastras se echaron a reír, burlándose de ella. Pero el noble que estaba a cargo de la prueba, luego de mirar atentamente a Cenicienta y encontrarla muy bella, dijo que tenía orden de probarles el zapato a todas las mujeres jóvenes. Le pidió a Cenicienta que se sentara y, deslizando el zapatito en su pequeño pie, observó que calzaba sin dificultad. Le ajustaba como un molde de cera.

El asombro de las dos hermanas fue muy grande, pero resultó mayúsculo cuando Cenicienta sacó de un bolsillo el otro zapatito y se lo puso. En ese momento apareció su madrina y, con un toque de su varita mágica, transformó los andrajos de la joven en el vestido más hermoso que jamás se viera.

Sus dos hermanastras la reconocieron entonces como la bella princesa que habían visto en el baile. Se arrojaron a sus pies pidiéndole perdón por el sufrimiento que le habían causado con su crueldad y malos tratos. Cenicienta las hizo levantarse, las

79

¿Por qué las hermanastras de Cenicienta se arrojaron a sus pies pidiéndole perdón?

Her sisters burst out laughing and mocked her. But the nobleman who was conducting the test, having looked closely at Cinderella and finding her quite beautiful, said that this would be proper and that he had been commanded to try it on every young woman. He had Cinderella sit down. Then lifting the slipper to her little foot he saw that it went on without difficulty. It fit her as if poured on like wax.

The astonishment of the two sisters, great as it was, was even greater when Cinderella drew the other little slipper out of her pocket and put it on. Just then the godmother appeared and, touching her wand to Cinderella's dress, made it more magnificent than ever.

Her two sisters recognized her as the beautiful lady they had seen at the ball. They threw themselves at her feet, begging her to forgive them for all the harsh treatment they had caused her to suffer. Cinderella raised them up

Why do the stepsisters throw themselves at Cinderella's feet and beg forgiveness?

and embraced them, telling them she pardoned them with all her heart and hoped they would always love her.

She was taken to the prince in her magnificent clothes, and he found her even more beautiful than before. A few days later they were married.

Cinderella was as good as she was beautiful. She had her two sisters come and stay at the palace and arranged for them to be married that same day to two great lords of the court.

abrazó, y les dijo que las perdonaba de todo corazón y esperaba que la quisieran siempre.

Momentos más tarde, magníficamente engalanada fue conducida al palacio, donde el príncipe la encontró más hermosa que antes. Y pocos días después se casaron.

Cenicienta, que era tan buena como hermosa, hizo venir a sus hermanastras al palacio, donde les dio alojamiento y dispuso el casamiento de ambas ese mismo día con dos grandes nobles de la corte.

Bajo la luna de limón

Edith Hope Fine

BAJO LA LUNA
DE LIMÓN

Edith Hope Fine

Traducción de Eida de la Vega

Extensión del cuento: 17 páginas

Duración de la lectura en voz alta: Aproximadamente 10 minutos

Una noche Rosalinda ve que un hombre roba los limones de su querido limonero y rompe las ramas del árbol. La niña trata de curar el árbol enfermo y de saber qué hacer después de ver al hombre en el mercado. La abuela de Rosalinda le aconseja que busque la ayuda de la Anciana, una legendaria mujer sabia que se aparece cuando hay luna llena.

Apuntes del cuento

El cuento nos muestra a Rosalinda cuando injerta una rama sana en el tronco debilitado de un árbol. Usted puede mostrarles imágenes de injertos tomadas de un libro sobre horticultura de jardines.

Acerca de la autora

Edith Hope Fine vive en California y enseña redacción en la Universidad Estatal de San Diego. Ha escrito varios libros para niños y adultos, incluidas las biografías del autor y aventurero Gary Paulsen, y de la científica Barbara McClintock.

UNDER THE
LEMON MOON

Edith Hope Fine

Story length: 17 pages

Read-aloud time: About 10 minutes

During the night, young Rosalinda witnesses a man steal the fruit from her beloved lemon tree and break its branches. She struggles to find a way to cure the ailing tree and to figure out what to do after she sees the man at the market. Rosalinda's grandmother advises her to seek help from La Anciana, a legendary wise woman who appears when the moon is full.

Story Notes

The story describes Rosalinda grafting a healthy tree branch onto the trunk of a weakened tree. You may want to show students pictures of grafting from a book on gardening horticulture.

About the Author

Edith Hope Fine lives in California and teaches writing at San Diego State University. She has written several books for children and adults, including biographies of author and adventurer Gary Paulsen and scientist Barbara McClintock.

ACTIVIDADES INTERPRETATIVAS BÁSICAS

Para obtener información más detallada sobre cómo hacer estas actividades y adaptarlas a las necesidades de los estudiantes de diferentes niveles, refiérase a los Elementos del director, a partir de la pág. 319.

Primera lectura (alrededor de 10 minutos) seguida de Preguntas para compartir (20–30 minutos)

Recuérdeles a los estudiantes que, a medida que escuchen el cuento, deben pensar en las preguntas que les gustaría hacer después de la lectura. Léales el cuento en voz alta y luego, pídales que compartan sus preguntas. Cuando ellos hagan preguntas, escríbalas en el tablero o en papel gráfico, el que puede colgar en clase para que puedan consultarlas mientras trabajan en el cuento. Con la ayuda de los estudiantes, conteste las preguntas urgentes sobre vocabulario o hechos específicos. Si el tiempo lo permite, haga que la clase considere brevemente las respuestas posibles a algunas de las otras preguntas. Explique que guardarán las preguntas sobre el significado del cuento para la Discusión colectiva.

Segunda lectura con Preguntas de pausa y reflexión (30–45 minutos)

Antes de la segunda lectura, haga que los estudiantes lean las tres preguntas de pausa y reflexión escritas al margen del texto. Mientras lee el cuento en voz alta, haga una pausa al llegar a una de las preguntas y pídales que cada uno de ellos piense en su repuesta. Después de que ellos reflexionen brevemente, pida que den sus opiniones. Use preguntas de amplificación para que aclaren sus ideas, las defiendan, o las amplíen con detalles o ejemplos. Una vez que la clase haya contestado la pregunta desde varios puntos de vista, vuelva al cuento y continúe con la lectura en voz alta hasta llegar a la pregunta de pausa y reflexión siguiente.

Discusión colectiva (30–45 minutos)

Antes de la discusión, decida cuales son las preguntas que quiere tratar con la clase (vea la página siguiente). Siempre que sea posible, siente a los estudiantes en forma tal que todos puedan verse y escucharse con facilidad. Recuérdeles que necesitarán sus libros y útiles de escritura. Distribuya ejemplares de Elaborar tu respuesta (vea el apéndice B, pág. 393) y déles a los estudiantes la oportunidad de meditar sobre la pregunta de enfoque y anotar respuestas antes de empezar la discusión. Durante la discusión, utilice preguntas relacionadas con partes específicas del cuento para ayudarles a los estudiantes a pensar en la evidencia del texto que respalde sus opiniones. En nuestras preguntas sugeridas, las preguntas de enfoque aparecen en negrillas y las preguntas relacionadas están bajo la pregunta de enfoque a que aluden.

CORE INTERPRETIVE ACTIVITIES

For more detailed information about conducting these activities and adapting them to meet the needs of students working at different levels, see the Leader's Toolbox, beginning on p. 345.

First Reading (about 10 minutes) followed by Sharing Questions (20–30 minutes)

Remind students that as they listen to the story they should think of any questions they would like to ask after the reading. Read the story aloud, and then have them share their questions. As students pose questions, you may want to write them on the board or on chart paper that can be left up during the class's work on the story. With students' help, answer pressing vocabulary or factual questions. If time permits, have the class briefly consider possible answers to a few of the other questions. Explain that you will save questions about the story's meaning for Shared Inquiry Discussion.

Second Reading with Pause-and-Reflect Questions (30–45 minutes)

Before the second reading, direct students' attention to the three pause-and-reflect questions that appear in the margins of the story. As you read the story aloud, pause when you come to a question and ask students to think about it. After a brief time for reflection, have students share their thoughts. Use follow-up questions to encourage students to clarify, support, and develop their ideas. When the class has explored the question in some depth, return to the story and continue reading until the next pause-and-reflect question.

Shared Inquiry Discussion (30–45 minutes)

Before discussion, decide which questions you want to explore with your class (see the facing page). Whenever possible, seat students so that everyone can see and hear one another easily. Remind students that they will need their books and something to write with. Distribute copies of the Building Your Answer page (see appendix B, p. 393), and give students an opportunity to reflect on the focus question and write down their answers before discussion begins. Throughout discussion, use related questions about specific parts of the story to help students think about evidence in the text that supports their opinions. In our suggested questions, focus questions appear in bold type and related questions appear under the focus question they support.

Le recomendamos que establezca su propia lista de preguntas para la Discusión colectiva (vea el prototipo Red de preguntas en el apéndice B, pág. 389). Necesitará una pregunta de enfoque, que será la pregunta que usted haga al inicio de la discusión, y preguntas relacionadas para ayudar a los estudiantes a reflexionar aún más sobre la pregunta de enfoque. Usted puede derivar la pregunta de enfoque, y las preguntas relacionadas con ésta, de las preguntas de los estudiantes, de sus propios apuntes, o de las preguntas de muestra indicadas a continuación.

Al final del cuento, ¿por qué siente Rosalinda que tiene el corazón "tan lleno como una luna de limón"?

- ¿Por qué le da la Anciana a Rosalinda algo para curar el árbol en vez de curarlo ella misma?

- ¿Por qué produce el árbol de Rosalinda limones más grandes y mejores después de que ella junta la rama sana al extremo de la rama rota del limonero?

- ¿Por qué regala Rosalinda todos los limones que da el árbol?

- ¿Por qué sonríe Rosalinda cuando el Hombre de la Noche responde que hará lo que ella le dice?

¿Por qué Rosalinda no le comenta a nadie lo que piensa y lo que siente?

- ¿Por qué le dice Rosalinda a la gente que el árbol está enfermo, pero no menciona que alguien se llevó los limones?

- ¿Por qué piensa Rosalinda que ya lo hizo, pero no dice "Ya lo hice" cuando la amiga y el vecino le aconsejan qué hacerle al árbol?

- ¿Por qué se esconde Rosalinda detrás de un puesto de mercado en vez de decir algo cuando ve al Hombre de la Noche?

- ¿Por qué es la Anciana la única persona a quien Rosalinda menciona el Hombre de la Noche?

SUGGESTED QUESTIONS FOR DISCUSSION

We recommend that you create your own set of questions for Shared Inquiry Discussion (see the Question Web master in appendix B, p. 389). You will need a focus question, which will be the question you ask at the beginning of discussion, and related questions that help students think further about the focus question. Your focus question and related questions can be drawn from your students' questions, your own notes, or the sample questions that follow.

At the end of the story, why does Rosalinda feel that her heart was "as full as a lemon moon"?

- Why does La Anciana give Rosalinda something to do to heal her tree, instead of healing the tree herself?

- Why does Rosalinda's tree grow bigger and better lemons after she binds the new branch onto it?

- Why does Rosalinda give away all the lemons that grow on her tree?

- Why does Rosalinda smile when the Night Man says that he will do as she says?

Why does Rosalinda keep her thoughts and feelings inside her?

- Why does Rosalinda tell people that her tree is sick but never that someone stole the lemons?

- Why does Rosalinda think, but not say, "I did that," when her friend and neighbor give her advice about the tree?

- Why does Rosalinda hide behind a market stall instead of saying something when she sees the Night Man?

- Why is La Anciana the only person Rosalinda tells about the Night Man?

ACTIVIDADES ADICIONALES

Estas actividades hacen que los estudiantes comprendan mejor el cuento y lo disfruten más y que desarrollen destrezas del vocabulario, la escritura, y el razonamiento crítico. Las necesidades y los intereses de su grupo le ayudarán a determinar cuáles actividades debe incluir en el programa de actividades básicas.

Preparación del contexto

Oportunidad: Antes de la primera lectura

Presente el cuento diciéndoles a los estudiantes que se trata de una niña que ve a alguien que le roba algo. Dirija una breve discusión basada en las siguientes preguntas: *¿Qué harías si vieras a alguien que toma algo tuyo, pero él/ella no se da cuenta de que lo/la observas? ¿Tratarías de detener a esa persona? ¿Dirías algo? ¿Cómo reaccionarías al ver a esa persona después?*

Vocabulario

Oportunidad: En cualquier momento después de la primera lectura

El desafío abecé (vea el apéndice B, pág. 401). Basándose en el cuento y en el vocabulario aprendido, los estudiantes elaboran una lista de palabras para describir a Rosalinda.

Taller de palabras (vea la página de actividades). Explique a los estudiantes que los grandes escritores usan palabras poderosas, palabras específicas y descriptivas que ayudan a que el lector forme imágenes en su mente. Para ilustrar esta idea, lea esta frase tomada de la pág. 83: "Blanca, su gallina, bajó revoloteando desde las vigas." Pida a los estudiantes que consideren el motivo que tuvo la escritora al usar *revoloteando* en lugar de *volando*. Pregúnteles qué ven y oyen mentalmente al leer la palabra *revoloteando*.

Actividades creativas

Oportunidad: En cualquier momento después de la primera lectura

- Haga que los estudiantes dibujen la interpretación que dan a una de las frases siguientes (vea el prototipo de arte en el apéndice B, pág. 407):

  - "La Anciana sacó de su ancha manga una fuerte rama con brotes diminutos."

  - "Su árbol resplandecía en la noche como si fuera de oro, cargado de limones tan grandes y redondos como lunas diminutas."

- Haga que los estudiantes representen la escena inicial del cuento en la que el Hombre de la Noche se lleva los limones y Rosalinda lo hace huir asustado. Luego, los estudiantes pueden hablar de cómo se siente cada uno de los personajes durante esta escena.

SUPPLEMENTAL ACTIVITIES

These activities will deepen students' understanding and enjoyment of the story and develop vocabulary, writing, and critical-thinking skills. The needs and interests of your group will help you determine which activities to add to the schedule of core activities.

Building Context

Timing: Before the first reading

Introduce the story by telling students that it is about a girl who sees someone steal something from her. Lead a brief discussion of the following questions: *What would you do if you saw someone taking something of yours, but the person didn't know you were watching? Would you try to stop the person? Would you say something? How would you act if you saw the person later?*

Vocabulary

Timing: Anytime after the first reading

ABC Challenge (see appendix B, p. 401). Have students generate a list of words from the story and their own vocabularies to describe Rosalinda.

Word Workshop (see activity page). Explain to students that great writers use powerful words. Powerful words are specific and descriptive, helping readers paint pictures in their minds. To illustrate this, read this sentence from p. 83: "Blanca, su gallina, bajó revoloteando desde las vigas." Ask students to consider why the writer used *revoloteando* instead of *volando*. Ask them what they see and hear in their minds when they read *revoloteando*.

Creative Endeavors

Timing: Anytime after the first reading

- Have students draw their interpretations of one of the following captions (see the art master in appendix B, p. 407).

  - "From her flowing sleeve, La Anciana pulled a strong branch with tiny buds."

  - "Her tree glowed golden in the night, dripping with lemons as big and round as baby moons."

- Have students dramatize the story's opening scene, in which the Night Man steals the lemons and Rosalinda scares him away. Afterward, students can discuss how each character feels during this scene.

¿Qué ves en la luna? (vea la página de actividades). Recuérdeles a los estudiantes la forma en que la autora comparó la luna con una tajada de limón. Hágalos trabajar en parejas o independientemente en la creación de nombres descriptivos de las distintas fases de la luna. Quizás usted quiera indicarles que cuando los escritores, en particular los poetas, comparan una cosa con otra, la describen de manera diferente e interesante, valiéndose de una expresión llamada *metáfora*. Por ejemplo, la expresión "Ella es una joya" es una metáfora. Fíjese que una metáfora compara cosas sin usar la palabra *como*.

Escritura

Oportunidad: Después de la Discusión colectiva

Ensayo personal (vea la página de actividades). Los estudiantes escriben sobre un momento en el que compartieron algo precioso o lo regalaron.

Escritura de instrucciones (vea la página de actividades). Los estudiantes se imaginan cómo escribiría la Anciana la cura para el limonero. Antes de que empiecen a escribir, hágales releer la sección donde Rosalinda sigue las instrucciones de la Anciana.

Para explorar más...

Ciencias

• Haga que los estudiantes aprendan los ciclos de las fases lunares. *¿Por qué cambia la apariencia de la luna de un día a otro? ¿Cuáles son los términos que se usan para referirse a las fases lunares?*

• Haga que los estudiantes investiguen las conexiones existentes entre la luna y el calendario agrícola. *¿Por qué algunos jardineros plantan árboles cuando hay luna llena? ¿Qué efecto tiene la luna en las plantas y en otros seres vivientes?*

Estudios sociales

• Haga que los estudiantes averigüen leyendas o folklor relacionado con dioses y diosas agrícolas. *¿De dónde procede la leyenda de la Anciana? ¿Cuáles son los otros espíritus que, según las creencias populares, hacen que las cosechas crezcan?*

Literatura

• Matthew Gollub, *The Moon Was at a Fiesta* (Santa Rosa, CA: Tortuga Press, 1997). Un cuento folklórico de Oaxaca que explica el refrán que la gente dice al ver la luna por la mañana. Se consigue en español bajo el título *La luna se fue de fiesta*, trad. de Martin L. Guzmán.

What Do You See in the Moon? (see activity page). Remind students of the way the writer compared the moon to a lemon wedge. Have them work in pairs or individually to invent creative names that describe the moon in its various phases. You may want to tell students that when writers, especially poets, compare one thing to another to describe it in a different, interesting way, the expression is called a *metaphor*. For example, "She is a jewel" is a metaphor. Notice that a metaphor compares things without using the words *like* or *as*.

Writing

Timing: After Shared Inquiry Discussion

Personal Essay (see activity page). Students write about a time when they shared or gave away something that was precious to them.

Writing Directions (see activity page). Students imagine how La Anciana would write the cure for the lemon tree. Before they begin writing, have students reread the section in which Rosalinda carries out La Anciana's instructions.

For Further Exploration

Science

• Have students learn about the moon's cycle of phases. *Why does the moon's appearance change from day to day? What are the terms people use for the moon's phases?*

• Have students investigate the ties between the moon and the agricultural calendar. *Why do some gardeners plant trees when the moon is full? What effect does the moon have on plants and other living things?*

Social Studies

• Have students research legends or folklore about agricultural gods and goddesses. *Where does the legend of La Anciana come from? What other spirits do people believe help the crops grow?*

Literature

• Matthew Gollub, *The Moon Was at a Fiesta* (Santa Rosa CA: Tortuga Press, 1997). An entertaining folktale from Oaxaca that explains the saying people use when they see the moon in the morning. Available in Spanish as *La luna se fue de fiesta*, trans. Martin L. Guzmán.

Nombre: _____

En cada una de las frases que aparecen abajo se puede sustituir la palabra subrayada por otra más poderosa. Puedes seleccionar palabras tomadas del cuento, o puedes sugerir la palabra que se te ocurra. Escribe en el espacio en blanco la palabra más poderosa.

tajada	deslizarse	resplandeciente
huir	cosechas	acariciar
angustiada	diminutos	bondadosas

1. Una noche, Rosalinda decidió <u>levantarse</u> de la cama para investigar los ruidos. _____

2. La luna que vió Rosalinda no era llena; era una <u>porción</u> de limón. _____

3. Cuando Blanca cacareó, el Hombre de la Noche decidió <u>salir</u> del jardín. _____

4. Rosalinda se sintió muy <u>triste</u> a ver la rama rota de su limonero. _____

5. La Anciana tiene los poderes para hacer que las <u>plantas</u> crezcan fuertes. _____

6. La gente dice que La Anciana es una
   sabia de ojos <u>amables</u>.   _____

7. A Rosalinda le gusta <u>tocar</u> el suave plumaje
   de su gallina Blanca.   _____

8. La Anciana le da a Rosalinda una fuerte
   rama con brotes <u>pequeños</u>.   _____

9. Después de dormir, Blanca se despertó y
   vió el limonero <u>bonito</u>.   _____

Ahora elige una palabra poderosa y explica en qué te hace pensar
o qué te hace sentir, ver, u oír.

La palabra que seleccioné fue _____. Cuando leí esta

palabra, yo _____

_____

_____.

Nombre: _____

En el cuento, la autora dice que "la luna era una tajada de limón".
En todo el mundo, la gente ha mirado la luna y ha comparado
su apariencia con animales, comidas, y otras cosas. En cada una
de las fases que aparecen abajo, imagínate un nombre para la luna.

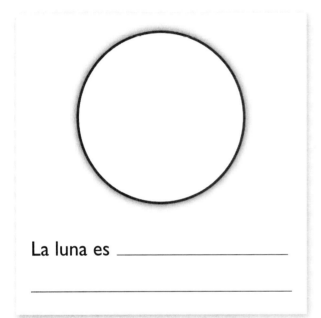

La luna es _____

_____

La luna es _____

_____

La luna es _____

_____

La luna es _____

_____

Nombre: _____

Al final del cuento, Rosalinda comparte el fruto de su precioso limonero. Describe una vez en la que hayas regalado o compartido algo importante.

¿Qué regalaste o compartiste y por qué era algo querido para ti?

_____

_____

_____

_____

_____

¿Qué dijo o hizo la persona al recibir el objeto tan querido?

_____

_____

_____

¿Cómo te sentiste al compartir o regalar un objeto tan querido?

_____

_____

_____

Nombre: _____

La cura de la Anciana para el limonero enfermo

Materiales requeridos:

_____

_____

_____

Instrucciones:

_____

_____

_____

Recordatorios:

_____

_____

_____

Resultados esperados:

_____

_____

Rosalinda quería a su limonero.

BAJO LA LUNA DE LIMÓN

Edith Hope Fine

Traducción de Eida de la Vega

Muy tarde en la noche, Rosalinda oyó ruidos: ¡Ris, ras, crac!

—¿Qué será ese ruido? —se preguntó, deslizándose fuera de la cama. Miró más allá del jardín de su mamá, del espantapájaros vestido con las ropas de su papá y más allá de las cuerdas de tender la ropa.

Algo se movía cerca del limonero.

Con el corazón en la boca, Rosalinda caminó despacio hasta la puerta. Blanca, su gallina, bajó revoloteando desde las vigas.

83

UNDER THE LEMON MOON

Edith Hope Fine

Deep in the night, Rosalinda heard noises.
WSSS—SHHH—SNAP!
What is that? she wondered, slipping from her bed. She peeked out past Mamá's garden with its Papá-clothes scarecrow and past the wash line.
Way back by the lemon tree, something was moving.
Heart thumping, Rosalinda crept to the doorway. Blanca, her pet hen, fluttered down from the rafters.

"Puc-buc-buc," brawked Blanca.

"Chhhht," shushed Rosalinda. The lemon-wedge moon gave only a sliver of light. She waited for her eyes to grow used to the darkness.

Then she saw branches shaking in the shadows. Rosalinda looked harder. A man with hunched shoulders was stuffing lemons into a cloth sack. Her lemons. From her tree.

•••

—Clo, clo, clo —cacareó Blanca.

—¡Shhh! —le indicó Rosalinda. La luna era una tajada de limón que apenas ofrecía una astilla de luz. Rosalinda esperó a que sus ojos se acostumbraran a la oscuridad.

Entonces vio que las ramas se movían en las sombras. Miró con atención hasta que distinguió a un hombre encorvado que metía limones en un saco. Los limones de su árbol.

84

Con Blanca bajo el brazo, Rosalinda se deslizó hacia la huerta y se ocultó detrás del espantapájaros.

—¿Quién es este Hombre de la Noche? ¿Por qué se lleva mis limones? —se preguntó.

—¡CLOOOCLOCLO! —cacareó Blanca y se posó sobre la cabeza del espantapájaros. Rosalinda comenzó a mover los brazos del espantapájaros.

—¡AYYY! —gritó el Hombre de la Noche. Recogió el saco y huyó.

A la mañana siguiente, Rosalinda acarició una rama rota de su limonero. No quedaba ni un solo limón en todo el árbol.

Una lágrima se deslizó por su mejilla.

—¡Ay! ¡Mi arbolito, mi arbolito! —se lamentó Rosalinda, mientras Blanca cacareaba.

Rosalinda quería a su limonero casi tanto como a Blanca.

—¿Por qué, Blanca? ¿Por qué lo hizo? —preguntó Rosalinda, agarrando un manojo de ramas.

¿Por qué Rosalinda se mantiene oculta del Hombre de la Noche?

🐾

85

With Blanca under her arm, Rosalinda slipped out and hid behind the scarecrow.

Who is this Night Man? Why does he take my lemons? she wondered.

"SKR-A-A-A-A-WK!" Blanca flew to the scarecrow's head. Rosalinda wobbled its stick-stiff arms.

"AI-EEE!" cried the Night Man. He grabbed the sack and fled.

In the morning, Rosalinda touched the stump of a broken branch. Not a single lemon was left on the whole tree.

A tear slid down her cheek.

"¡Oh! *Mi arbolito. Mi arbolito*, my little tree." Rosalinda crooned a sad song as Blanca brawked along. She loved her lemon tree almost as much as she loved Blanca.

"Why, Blanca? Why did he do this?" Rosalinda asked, clutching a bundle of twigs.

Why does Rosalinda keep herself hidden from the Night Man?

🐾

Blanca's feathers drooped.

By the end of the week, many leaves of the lemon tree were yellow. Some had fallen. Rosalinda's worries got bigger—first the Night Man, now her tree was sick.

After breakfast, Rosalinda listened to the THRUM-THRUM of Mamá's loom. "I must do something," Rosalinda told her parents.

"Perhaps someone we know can help," Mamá suggested, smoothing Rosalinda's long hair.

"A neighbor or friend. Or your *abuela*," added Papá with a hug. He turned back to his workbench.

Rosalinda set out.

"My tree is sick. What should I do?" Rosalinda asked her neighbor, Esmeralda.

"I talk to my plants," said Esmeralda, tending her lush

Blanca encogió las plumas.

A finales de esa semana, muchas de las hojas del limonero se habían vuelto amarillas. Incluso, algunas se habían caído. Rosalinda estaba aún más angustiada: primero, el Hombre de la Noche y, ahora, su árbol estaba enfermo.

Después del desayuno, Rosalinda escuchó con atención el runrún del telar de su mamá.

—Tengo que hacer algo —les dijo a sus padres.

—Quizás algún conocido te pueda ayudar —sugirió la mamá, alisando el largo cabello de Rosalinda.

—Un vecino o un amigo. Quizás tu abuela —añadió el papá, abrazándola. Luego continuó con su trabajo.

Rosalinda decidió salir a la calle.

—Mi árbol está enfermo. ¿Qué debo hacer? —preguntó Rosalinda a su vecina Esmeralda.

—Yo les hablo a mis plantas —dijo Esmeralda, mientras atendía su frondoso

jardín. Ya lo hice, pensó Rosalinda.

—Gracias —dijo en voz alta.

Se encontró con su amigo, el señor Rodolfo, un hombre de pocas palabras.

—Mi árbol está enfermo. ¿Qué debo hacer? —le preguntó.

—Mucha agua —respondió él, mientras se dirigía hacia el mercado cercano.

Ya lo hice, pensó Rosalinda. Recordó los pesados cubos de agua que había

87

flower garden. I did that, thought Rosalinda. Aloud she said, *"Gracias."*

She caught up with Señor Rodolfo, her friend of few words.

"My tree is sick. What should I do?" she asked.

"Much water," he said, heading for the nearby *mercado,* the marketplace.

I did that, thought Rosalinda. She remembered the heavy buckets of water she had lugged to her tree. Aloud she said, *"Gracias."*

When Rosalinda arrived at her grandmother's house, Abuela was sitting on her porch in the morning sun. Rosalinda settled in close to her, watching Abuela's knitting needles flash.

"What should I do for my tree, Abuela?"

"It will take time for your tree to heal, *m'ija,*" she said. "I will light a candle for you."

I haven't done that, thought Rosalinda. Aloud she said, *"Gracias, Abuelita."* Abuela eased the worries from Rosalinda's forehead with her warm hand. "The candle will help, Rosalinda," Abuela said quietly. "Perhaps it will summon La Anciana, the Old One. She helps things grow."

Everyone had heard rumors of La Anciana, of her powers for bringing rain and making crops grow strong and tall.

llevado hasta el árbol. —Gracias —dijo en voz alta.

Cuando Rosalinda llegó a casa de su abuela, la encontró sentada en el porche tomando el sol de la mañana. Rosalinda se acomodó cerca de ella, y observó cómo brillaban al sol sus agujas de tejer.

—¿Qué puedo hacer por mi árbol, Abuela?

—Pasará algún tiempo para que tu árbol se cure, m'ija —respondió la abuela—. Encenderé una vela.

Yo no he hecho eso, pensó Rosalinda. —Gracias, Abuela —dijo en voz alta.

La abuela le pasó su mano cálida por la frente, alejando así las preocupaciones de Rosalinda:

—La vela ayudará, Rosalinda —dijo suavemente—. Quizás convoque a la Anciana. Ella hace que la tierra dé frutos.

Todos habían oído hablar de la Anciana, de sus poderes para atraer la lluvia y hacer que las cosechas crecieran fuertes y abundantes.

88

···

—Abuela, cuéntame la historia de la Anciana otra vez —pidió Rosalinda.

—Durante muchos años de lunas llenas —comenzó la abuela—, se ha dicho que una anciana sabia de ojos bondadosos recorre los campos, para que la tierra dé frutos.

—¿Dondé puedo encontrarla? —preguntó Rosalinda.

—Nadie lo sabe, pero dicen que la Anciana viene cuando la necesitan.

89

"Tell me again, Abuela," said Rosalinda.

"For many years of full moons," Abuela began, "it has been said there lives an old wise woman with gentle eyes. She walks the countryside helping things grow."

"Where can I find her?" asked Rosalinda.

"No one knows, but they say La Anciana will come when she is needed."

Rosalinda thought hard: I need you. Please come, Anciana.

All day and night Rosalinda waited but La Anciana did not come.

"Be back by sundown," called Papá as Rosalinda and Blanca left the house early the next morning. Rosalinda waved.

Why does Rosalinda call La Anciana with her thoughts, rather than light a candle as her grandmother suggested?

❧

¿Por qué Rosalinda llama a la Anciana por medio del pensamiento en vez de encender una vela, como sugirió su abuela?

❧

Rosalinda la llamó con el pensamiento: Te necesito, Anciana. Por favor, ven.

Esperó todo el día y toda la noche, pero la Anciana no llegó.

—Regresa antes del atardecer —gritó su papá mientras Rosalinda y Blanca salían de la casa a la mañana siguiente. Rosalinda agitó el brazo en señal de despedida.

90

She walked and walked, searching. Blanca puc-buc-buc'ed at her heels. Everywhere they went, Rosalinda called, "Anciana! Anciana!"

La Anciana did not answer. "Maybe she isn't real," Rosalinda said to Blanca.

"Buh-brawk?" clucked the hen, as if she understood.

Caminó y caminó, buscando a la Anciana. Blanca la seguía, cacareando. Dondequiera que iban, Rosalinda llamaba:

—¡Anciana! ¡Anciana!

La Anciana no respondía.

—Quizás no exista —le dijo Rosalinda a Blanca.

—¿Clo, clo? —cacareó la gallina como si comprendiera.

91

As the sun slipped down the sky, Rosalinda told Blanca, "We must go home." They circled back through the *mercado* with its colorful stalls and busy shoppers.

Then Rosalinda stopped. *Limones,* said a sign on the last stall. Behind a man, a woman

Cuando el sol comenzó a ocultarse, Rosalinda le dijo a Blanca:

—Debemos volver a casa.

Atravesaron el mercado con los puestos llenos de colorido y el ajetreo de los compradores.

De pronto, Rosalinda se detuvo. Limones, decía un cartel en el último puesto. Detrás de un hombre, una mujer

92

rocked a baby. Their two small children played nearby with pebbles.

Rosalinda knew this man with hunched shoulders who was selling lemons. He was the Night Man and the lemons were hers.

Rosalinda shivered. She and Blanca ducked behind a stall lined with bright marionettes.

acunaba a un niño. Otros dos niños pequeños jugaban cerca con piedrecitas.

Rosalinda reconoció al hombre encorvado que vendía limones. Era el Hombre de la Noche y los limones eran los que había arrancado de su árbol.

Rosalinda se estremeció. Ella y Blanca se escondieron detrás de un puesto de marionetas.

93

"It's the Night Man! With lemons from my tree! Where . . . where are you, Anciana?" stammered Rosalinda. She stroked her quivering hen's soft feathers.

"I am here," came a low, sweet voice. Rosalinda jumped. Before her stood a woman with silvery hair. Her wrinkles were deep, her eyes gentle.

Rosalinda knew. Filled with wonder, she couldn't speak.

"You have looked far for me, Rosalinda," the woman said. "Tell me."

The woman listened as Rosalinda whispered her story.

"To take your lemons was wrong," La Anciana murmured. "Perhaps he had a need."

From her flowing sleeve, La Anciana pulled a strong branch with tiny buds.

"*Mira*. Watch," said La Anciana. "*Recuerda*. Remember. The moon will be full tonight."

Rosalinda listened with her heart and mind as La Anciana spoke of how to heal the lemon tree.

···

—¡Es el Hombre de la Noche! ¡Con los limones de mi árbol! ¿Dónde… dónde estás, Anciana? —balbuceó Rosalinda, y acarició el suave plumaje de su temblorosa gallina.

—Aquí estoy —se escuchó una voz suave y dulce. Rosalinda dio un salto. Frente a ella, se hallaba una mujer con el cabello plateado, profundas arrugas, y ojos bondadosos.

Rosalinda la reconoció enseguida. No podía hablar de tan maravillada que estaba.

—Hace tiempo que me buscas, Rosalinda —dijo la mujer—. Dime qué deseas.

La mujer escuchó la historia de Rosalinda.

—Llevarse tus limones estuvo mal hecho —murmuró la Anciana—, pero tal vez él los necesitaba.

La Anciana sacó de su ancha manga una fuerte rama con brotes diminutos.

—Mira —dijo la Anciana— y recuerda. Esta noche habrá luna llena.

Rosalinda escuchó con el corazón y con la mente mientras la Anciana le explicaba cómo curar el limonero.

94

That night, Rosalinda crept outside under the lemon moon. She closed her eyes. *Mira y recuerda.* Watch and remember.

Rosalinda tore an old rag into strips. She held La Anciana's branch against the stump of the broken branch of her lemon tree. They fit as naturally as a fat lemon fit in Rosalinda's cupped hands.

Esa noche, Rosalinda salió al huerto bajo la luna de limón. Cerró los ojos y pensó: Mira y recuerda.

Rosalinda rasgó un viejo trozo de tela en tiras. Juntó la rama que le había dado la Anciana al extremo de la rama rota del limonero. Encajaban con naturalidad, igual que un grueso limón en el hueco de la mano de Rosalinda.

95

Round and round she pulled the ribbons of cloth, binding the two branches until they held as one. Moonbeams poured over the sickly tree, making yellowed leaves look silver.

Tired, Rosalinda curled up under her tree and dozed.

She woke with a start when Blanca brawked. Rosalinda rubbed her eyes, astonished. Her tree glowed golden in the night, dripping with lemons as big and round as baby moons.

Arms wide, Rosalinda danced around the shimmering lemon tree. Blanca followed, wings aflutter.

The next morning Rosalinda told Blanca, "I know what to do." She piled fat yellow lemons into a wooden cart. Blanca perched on the lemon pyramid. Off they went together.

Friends and neighbors greeted her on the way. One by one, Rosalinda gave away the amazing lemons.

...

Le dio vueltas y vueltas a la tela alrededor de las dos ramas hasta que se unieron como si fueran una sola. Los rayos de la luna caían sobre el árbol enfermo, haciendo que las hojas amarillas parecieran de plata.

Cansada, Rosalinda se acurrucó debajo del árbol y se quedó dormida.

Despertó sobresaltada cuando Blanca comenzó a cacarear. Rosalinda, sorprendida, se frotó los ojos. Su árbol resplandecía en la noche como si fuera de oro, cargado de limones tan grandes y redondos como lunas diminutas.

Con los brazos abiertos, Rosalinda bailó alrededor del resplandeciente limonero. Blanca la seguía, revoloteando.

Por la mañana, Rosalinda le dijo a Blanca:

—Ya sé qué hacer.

Apiló los gruesos limones amarillos en una carretilla de madera. Blanca se posó sobre la pirámide de limones y salieron juntas.

Sus amigos y vecinos la saludaban por el camino. Uno a uno, Rosalinda fue regalando los asombrosos limones.

96

—¡Qué grandes! Gracias —dijo
Esmeralda.

—¡Hermosos! —dijo el señor Rodolfo.

—¡Qué jugosos! Gracias —dijo la
abuela.

Cuando a Rosalinda sólo le quedaba
un limón, se dirigió al último puesto del
mercado.

Rosalinda miró fijamente al Hombre de
la Noche y él a ella. Rosalinda tocó con
su mano cálida la mano fría y áspera del
hombre, y le dio se último limón.

—Lo siento —dijo el hombre, bajando
la vista.

Cuando Rosalinda pudo
hablar, le dijo:

*¿Por qué
se miran
fijamente
Rosalinda y
el Hombre
de la Noche?*

"*¡Qué grandes!* How big.
Gracias," said Esmeralda.

"*¡Hermosos!*" said Señor
Rodolfo. "Lovely."

"*¡Qué jugosos!* How juicy.
Gracias," said Abuela.

When Rosalinda had given
away all but one of her lemons,
she headed for the last stall of
the *mercado.*

Rosalinda stared at the Night
Man and he stared back. Then
her warm hand touched his
cold, rough hand and she gave
him her last fat lemon.

"*Lo siento.* I am sorry." The
man lowered his eyes.

Rosalinda found her voice.

*Why do
Rosalinda and
the Night Man
stare at each
other?*

"*Siembra las semillas*. Plant the seeds," she told him. "Do it tonight, while the moon is still full."

The man was quiet. He tilted his head toward his family with their worn clothes and hungry faces.

"For you and for them," said Rosalinda.

"I will do as you tell me," he said.

—Siembra las semillas. Hazlo esta noche, mientras haya luna llena.

El hombre, sin poder responder, dirigió la vista a sus niños pequeños que jugaban en la plaza.

—Para ti y para ellos —dijo Rosalinda.

—Haré lo que me dices —respondió él.

98

Rosalinda smiled. With a "puc-buc-buc," Blanca flip-flapped into the little cart for the ride back home. She settled in, content.

Rosalinda felt content, too. Except for one fat hen, Rosalinda's cart was empty, but her heart was as full as a lemon moon.

Rosalinda sonrió. Blanca cacareó y se acomodó complacida en la carretilla para emprender el regreso a casa.

Rosalinda también estaba contenta. Su carretilla estaba vacía. Sólo Blanca iba en ella, pero el corazón de Rosalinda estaba tan lleno como una luna de limón.

99

El globo rojo

Albert Lamorisse

EL GLOBO ROJO

Albert Lamorisse

Traducción de Osvaldo Blanco

Extensión del cuento: 17 páginas

Duración de la lectura en voz alta: Aproximadamente 15 minutos

Un niño solitario llamado Pascal encuentra un globo rojo que le acompaña y decide quedarse con él. El globo obedece cuando Pascal lo llama y lo sigue a la escuela, y los dos se hacen amigos. Pascal se mete en varios líos a causa de las travesuras del globo. Cuando una banda de niños ataca a Pascal y a su globo, los acontecimientos dan un cambio brusco.

Acerca del autor

Albert Lamorisse nació en París en 1922, y llegó a ser famoso tanto como director de cine como en la versión impresa de su producción cinematográfica. La película *El globo rojo* se produjo en 1957; algunas fotografías de esta producción sirvieron para ilustrar el libro, publicado posteriormente. El hijo de Lamorisse, Pascal, participó en la película, la que ganó el Gran Premio entre las películas de cortometraje presentadas ante el Festival de Cannes, y el Óscar de la Academia Americana por el mejor guión de cine. Lamorisse vivió en Francia toda su vida. Alcanzó a realizar cuatro películas antes de su muerte, en un accidente aéreo, en 1970.

THE RED BALLOON

Albert Lamorisse

Story length: 17 pages

Read-aloud time: About 15 minutes

A lonely boy, Pascal, finds a red balloon and is determined to keep it. The balloon comes when Pascal calls it and follows him to school, and the two become friends. Pascal gets into a series of misadventures because of the balloon and its mischievous behavior. When Pascal and the balloon are attacked by a gang of boys, events take a surprising turn.

About the Author

Albert Lamorisse was born in Paris in 1922. He became a respected filmmaker whose work was also successful in book form. *The Red Balloon* was released as a movie in 1956, and when the book was published it was illustrated with photographs taken from the film. Lamorisse's son Pascal starred in the film, which won the Grand Prix for short films at the Cannes Film Festival and an Academy Award for best original screenplay. Lamorisse lived in France all his life and made four films before his death in 1970.

Para obtener información más detallada sobre cómo hacer estas actividades y adaptarlas a las necesidades de los estudiantes de diferentes niveles, refiérase a los Elementos del director, a partir de la pág. 319.

Primera lectura (alrededor de 15 minutos) seguida de
Preguntas para compartir (20–30 minutos)

Recuérdeles a los estudiantes que, a medida que escuchen el cuento, deben pensar en las preguntas que les gustaría hacer después de la lectura. Léales el cuento en voz alta y luego, pídales que compartan sus preguntas. Cuando ellos hagan preguntas, escríbalas en el tablero o en papel gráfico, el que puede colgar en clase para que puedan consultarlas mientras trabajan en el cuento. Con la ayuda de los estudiantes, conteste las preguntas urgentes sobre vocabulario o hechos específicos. Si el tiempo lo permite, haga que la clase considere brevemente las respuestas posibles a algunas de las otras preguntas. Explique que guardarán las preguntas sobre el significado del cuento para la Discusión colectiva.

Segunda lectura con
Preguntas de pausa y reflexión (30–45 minutos)

Antes de la segunda lectura, haga que los estudiantes lean las tres preguntas de pausa y reflexión escritas al margen del texto. Mientras lee el cuento en voz alta, haga una pausa al llegar a una de las preguntas y

pídales que cada uno de ellos piense en su repuesta. Después de que ellos reflexionen brevemente, pida que den sus opiniones. Use preguntas de amplificación para que aclaren sus ideas, las defiendan, o las amplíen con detalles o ejemplos. Una vez que la clase haya contestado la pregunta desde varios puntos de vista, vuelva al cuento y continúe con la lectura en voz alta hasta llegar a la pregunta de pausa y reflexión siguiente.

Discusión colectiva (30–45 minutos)

Antes de la discusión, decida cuales son las preguntas que quiere tratar con la clase (vea la página siguiente). Siempre que sea posible, siente a los estudiantes en forma tal que todos puedan verse y escucharse con facilidad. Recuérdeles que necesitarán sus libros y útiles de escritura. Distribuya ejemplares de Elaborar tu respuesta (vea el apéndice B, pág. 393) y déles a los estudiantes la oportunidad de meditar sobre la pregunta de enfoque y anotar respuestas antes de empezar la discusión. Durante la discusión, utilice preguntas relacionadas con partes específicas del cuento para ayudarles a los estudiantes a pensar en la evidencia del texto que respalde sus opiniones. En nuestras preguntas sugeridas, las preguntas de enfoque aparecen en negrillas y las preguntas relacionadas están bajo la pregunta de enfoque a que aluden.

For more detailed information about conducting these activities and adapting them to meet the needs of students working at different levels, see the Leader's Toolbox, beginning on p. 345.

First Reading (about 15 minutes) followed by
Sharing Questions (20–30 minutes)

Remind students that as they listen to the story they should think of any questions they would like to ask after the reading. Read the story aloud, and then have them share their questions. As students pose questions, you may want to write them on the board or on chart paper that can be left up during the class's work on the story. With students' help, answer pressing vocabulary or factual questions. If time permits, have the class briefly consider possible answers to a few of the other questions. Explain that you will save questions about the story's meaning for Shared Inquiry Discussion.

Second Reading with
Pause-and-Reflect Questions (30–45 minutes)

Before the second reading, direct students' attention to the three pause-and-reflect questions that appear in the margins of the story. As you read the story aloud, pause when you come to a question and ask students to think about it. After a brief time for reflection, have students share their

thoughts. Use follow-up questions to encourage students to clarify, support, and develop their ideas. When the class has explored the question in some depth, return to the story and continue reading until the next pause-and-reflect question.

Shared Inquiry Discussion (30–45 minutes)

Before discussion, decide which questions you want to explore with your class (see the facing page). Whenever possible, seat students so that everyone can see and hear one another easily. Remind students that they will need their books and something to write with. Distribute copies of the Building Your Answer page, and give students an opportunity to reflect on the focus question and write down their answers before discussion begins. Throughout discussion, use related questions about specific parts of the story to help students think about evidence in the text that supports their opinions. In our suggested questions, focus questions appear in bold type and related questions appear under the focus question they support.

Le recomendamos que establezca su propia lista de preguntas para la Discusión colectiva (vea el prototipo Red de preguntas en el apéndice B, pág. 389). Necesitará una pregunta de enfoque, que será la pregunta que usted haga al inicio de la discusión, y preguntas relacionadas para ayudar a los estudiantes a reflexionar aún más sobre la pregunta de enfoque. Usted puede derivar la pregunta de enfoque, y las preguntas relacionadas con ésta, de las preguntas de los estudiantes, de sus propios apuntes, o de las preguntas de muestra indicadas a continuación.

¿Por qué es tan importante para Pascal ser amigo del globo rojo?

- Cuando se da cuenta de que el globo se queda fuera de su ventana, ¿por qué piensa Pascal que "los amigos hacen por uno toda clase de cosas"?

- ¿Por qué se queda con el globo Pascal aun después de que lo mete en líos en la escuela?

- Cuando la banda de chicos lo ataca, ¿por qué está más preocupado Pascal por el globo que por su propia seguridad?

- Al final del cuento, ¿por qué todos los globos cautivos vienen y se llevan lejos a Pascal?

Según el cuento, ¿es el globo buen amigo de Pascal?

- ¿Por qué sigue el globo a Pascal hasta la iglesia aunque Pascal le dice que se quede en casa?

- Cuando Pascal va a la escuela, ¿por qué viene el globo cuando lo llama, pero vuela fuera de su alcance cuando él trata de agarrarlo al cruzar la calle?

- ¿Se da cuenta el globo que puede meter a Pascal en problemas en la escuela y en la iglesia?

- ¿Por qué se queda el globo con Pascal cuando éste está atacado por la banda? ¿Por qué no vuela lejos, como Pascal le dice?

SUGGESTED QUESTIONS FOR DISCUSSION

We recommend that you create your own set of questions for Shared Inquiry Discussion (see the Question Web master in appendix B, p. 389). You will need a focus question, which will be the question you ask at the beginning of discussion, and related questions that help students think further about the focus question. Your focus question and related questions can be drawn from your students' questions, your own notes, or the sample questions that follow.

Why is being friends with the red balloon so important to Pascal?

- When he realizes the balloon is staying outside his window, why does Pascal think that friends "will do all kinds of things" for him?

- Why does Pascal keep the balloon even after it gets him into trouble at school?

- When the gang of boys attacks him, why is Pascal more worried about the balloon's safety than his own?

- At the end of the story, why do all the captive balloons come and take Pascal away?

According to the story, is the balloon a good friend to Pascal?

- Why does the balloon follow Pascal to church, even though Pascal tells it to stay home?

- When Pascal is going to school, why does the balloon come when he calls it but fly away when he tries to catch it to cross the street?

- Does the balloon understand that it might get Pascal into trouble at school and at church?

- Why does the balloon stay with Pascal when he is attacked by the gang of boys? Why doesn't it fly away, as Pascal tells it to?

ACTIVIDADES ADICIONALES

Estas actividades hacen que los estudiantes comprendan mejor el cuento y lo disfruten más y que desarrollen destrezas del vocabulario, la escritura, y el razonamiento crítico. Las necesidades y los intereses de su grupo le ayudarán a determinar cuáles actividades debe incluir en el programa de actividades básicas.

Preparación del contexto

Oportunidad: Antes de la primera lectura

Presente el cuento a los estudiantes diciéndoles que se trata de un niño que vive en París, una ciudad de Francia, y tiene un amigo poco común. Pida a los estudiantes que preparen una lluvia de ideas de palabras que describan a un buen amigo. A fin de ayudar a los estudiantes a pensar en palabras o frases, haga preguntas de este tipo: *¿Cómo es un buen amigo? ¿Cómo se deben tratar los buenos amigos? ¿Qué cosas se hacen los amigos?*

Vocabulario

Oportunidad: En cualquier momento después de la primera lectura

Interpretación de las palabras (vea la página de actividades). Los estudiantes trabajan con palabras que describen las maneras diferentes en que los globos se mueven.

Taller de palabras (vea la página de actividades). Los estudiantes observan palabras en contexto que describen cómo Pascal y el globo se comportan, y crean su propia interpretación de estas palabras, definiéndolas y dibujándolas.

Observación literaria

Oportunidad: En cualquier momento después de la segunda lectura

Descripción (vea la página de actividades). Los estudiantes consideran las maneras en que se personifican los globos rojos cuando se los describe bailando. Después de discutir las respuestas a las preguntas o escribirlas, los estudiantes pueden bailar como lo hacen los globos en el cuento.

Actividades creativas

Oportunidad: En cualquier momento después de la primera lectura

- Haga que los estudiantes representen una de las escenas en que la banda de niños ataca a Pascal y al globo. Luego, diríjalos para que discutan brevemente sobre los sentimientos de los personajes durante esta escena.

- Haga que los estudiantes dibujen su interpretación de una o más escenas que Pascal presencia en su viaje alrededor del mundo (vea el prototipo de arte en el apéndice B, pág. 407). Quizás quiera poner los trabajos de los estudiantes en el tablero de noticias, a fin de crear un panorama del viaje de Pascal.

SUPPLEMENTAL ACTIVITIES

These activities will deepen students' understanding and enjoyment of the story and develop vocabulary, writing, and critical-thinking skills. The needs and interests of your group will help you determine which activities to add to the schedule of core activities.

Building Context

Timing: Before the first reading

Introduce the story by telling the students that it is about a little boy who lives in Paris, a city in France, and has an unusual friend. Ask students to brainstorm words that describe a good friend, while you write their responses on the board, an overhead projector, or chart paper. To help students think of words or phrases, ask questions such as the following: *What is a good friend like? How should friends treat each other? What do friends do for each other?*

Vocabulary

Timing: Anytime after the first reading

Interpreting Words (see activity page). Students work with words that describe the various ways in which balloons can move.

Word Workshop (see activity page). Students look at words in context that describe how Pascal and the balloon behave, and then create their own definitions of them with words and pictures.

Looking at Literature

Timing: Anytime after the second reading

Description (see activity page). Students think about the way the balloons are personified when they are described as "dancing." After discussing and/or writing about questions, students can dance like the balloons in the story.

Creative Endeavors

Timing: Anytime after the first reading

- Have students act out one of the scenes in which Pascal and the balloon are attacked by the gang of boys. Then lead students in a brief discussion of how the characters feel during the scene.

- Have students draw their interpretation of one or more of the scenes that Pascal sees on his trip around the world (see the art master in appendix B, p. 407). Consider posting students' artwork on a bulletin board to create a panorama of Pascal's trip.

- Haga que los estudiantes dibujen sus interpretaciones de una de las siguientes frases del cuento (vea el prototipo de arte en el apéndice B, pág. 407).

  - "Pero el globo de Pascal se quedó fuera de la ventana, y los dos quedaron mirándose a través del cristal."

  - "Así fue como llegó a verse el espectáculo más extraño en una calle de París… un globo que volaba siguiendo a un autobús."

  - "Pero el globo voló sobre el muro de la escuela y se puso en fila detrás de los niños."

  - "Pascal y su mamá acababan apenas de sentarse en la iglesia, cuando apareció el globo y se quedó flotando calmosamente en el aire, detrás de ellos."

Escritura

Oportunidad: Después de la Discusión colectiva

Escritura creativa (vea la página de actividades). Los estudiantes escriben una tarjeta postal que Pascal le envía a su mamá, donde le cuenta su viaje por el mundo.

Escritura evaluativa (vea la página de actividades). Los estudiantes escriben sobre los sentimientos de Pascal cuando los chicos lo atacan a él y al globo, de cuando los globos lo llevan lejos, y de la mejor forma de actuar cuando otros chicos buscan pelea.

Para explorar más…

Ciencias
- Para enseñar a los estudiantes cómo se expanden y contraen los gases, coloque un globo sobre una botella de dos litros. Sumerja la botella en agua caliente para hacer que el gas se expanda e infle el globo. Luego, ponga la botella en agua fría para demostrar cómo se contrae el gas y desinfla el globo.

Estudios sociales
- Traiga cuadros, libros, o mapas de París y Francia. Si es posible, hágales escuchar una grabación hablada o una canción en francés. Después, pida que preparen una lluvia de preguntas sobre París o Francia, y que elijan una que les gustaría investigar.

Literatura
- Albert Lamorisse, *The Red Balloon* (Nueva York: Doubleday, 1967). Está ilustrada con fotografías tomadas de la película.

Película
- Muestre a los estudiantes la película sin palabras *El globo rojo* (disponible en video). Después, dirija una discusión para que los estudiantes consideren preguntas de este tipo: *¿Qué les pareció ver una película sin diálogo? ¿Cuáles partes de la película coincidieron con lo que imaginaron del cuento? ¿Cuáles cosas les sorprendieron?*

- Have students draw a picture based on one of the following phrases from the story, writing the phrase below their picture (see the art master in appendix B, p. 407).

  - "But Pascal's balloon stayed outside the window, and the two of them looked at each other through the glass."

  - "That was how the strangest sight came to be seen in a Paris street—a balloon flying along behind a bus."

  - "But the balloon flew over the school wall and got in line behind the children."

  - "Pascal and his mother were hardly seated in church when the balloon appeared and hung quietly in the air behind them."

- Have students make centerpieces using different kinds of helium-filled balloons. What sorts of things can be used to weigh them down?

Writing

Timing: After Shared Inquiry Discussion

Creative Writing (see activity page). Students write a postcard from Pascal to his mother, telling her about his trip around the world.

Evaluative Writing (see activity page). Students write about how Pascal feels when the boys attack him and the balloon, how he feels when the balloons take him away, and the best way to respond when other children do mean things.

For Further Exploration

Science
- To teach students about how gases expand and contract, put a balloon over the top of a two-liter bottle. Immerse the bottle in hot water to make the gas expand and inflate the balloon. Then put the bottle in cold water to show how the gas contracts and deflates the balloon.

Social studies
- Bring in pictures, books, or maps showing Paris and/or France. If possible, play a recording of French spoken language or French songs. Afterward, have students brainstorm questions they have about Paris or France and then choose one they would like to investigate.

Literature
- Albert Lamorisse, *The Red Balloon* (New York: Doubleday, 1967). This edition of the story is illustrated with still photographs from the film.

Film
- Show students the silent film of *The Red Balloon* (available on videotape). Afterward, lead a discussion in which students consider the following questions: *What was it like to watch a film with no dialogue? What parts of the film matched the way you imagined the story? What things surprised you?*

Nombre: _____

¿Cómo se mueven los globos?

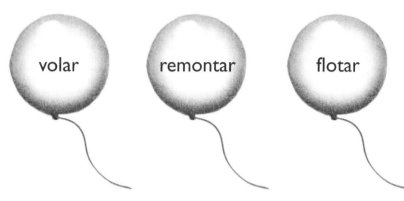

volar   remontar   flotar

"El globo **voló** fuera de su alcance".

"Se **remontó** hacia el cielo".

"Se quedó **flotando** calmosamente en el aire".

¿Cuál es la diferencia entre **volar, remontar,** y **flotar**?

Volar significa _____

Remontar significa _____

Flotar significa _____

Demuestra en un dibujo a tí mismo volando, remontándote, o flotando con tu globo.

Indica en una frase lo que estás haciendo: _____

_____

_____

Nombre: _____

¿Cómo actúan los personajes?

El globo

"Pero esa no era, de ningún modo, la **intención** del globo."

No fue mi **intención** hacerte daño.

Intención significa _____

_____

_____

Pascal

"Pascal decidió **fingir** que no le importaba."

En el juego, cada niño tuvo que **fingir** ser de otro país.

Fingir significa _____

_____

_____

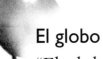

El globo

"El globo hizo exactamente lo que **le dio la gana**".

No **me da la gana** salir ahora.

Darle la gana significa _____

_____

_____

Elije una de las palabras o frases que definiste y demuéstrala con un dibujo.

Nombre: _____

Decimos que un objeto o animal se "personifica" cuando el autor lo describe con cualidades humanas. En este cuento, se dice: "Y todos los globos de París descendieron hasta donde estaba Pascal, danzaron alrededor de él". Escribe las respuestas para las preguntas siguientes.

1. ¿Hace falta música para bailar? (Por qué sí o no)

_____

_____

_____

2. ¿Hace falta tener piernas para danzar? (Por que sí o no)

_____

_____

_____

3. Cuando tú estas bailando, ¿cómo te sientes?

_____

_____

_____

4. ¿Qué crees que sienten los globos cuando danzan? ¿Por qué crees esto?

_____

_____

_____

¡Levántate y demuestra cómo danzan los globos!

Nombre: _____

Querida Mamá,

En mi viaje por el mundo, lo que más me ha gustado hasta ahora es

_____

_____

_____ .

Lo que más me ha sorprendido es _____

_____

_____ .

Cuando la gente me ve con los globos, _____

_____

_____ .

Mañana, tengo planeado _____

_____

_____ .

Te quiero,

Pascal

Nombre: _____

Cuando Pascal ve que el globo se queda fuera de la ventana, piensa, "Los amigos hacen por uno toda clase de cosas." Las preguntas siguientes te ayudarán a considerar las cosas que hice el globo.

¿Por qué el globo se queda fuera de la ventana después de que la

mamá de Pascal lo lanzó afuera? _____

_____

_____

¿Por qué el globo sigue al director mientras que Pascal se quedó

encerrado en su oficina? _____

_____

_____

¿Por qué insiste el globo en quedarse con Pascal aún cuando le grita,

"¡Escápate, globo!"? _____

_____

_____

Yo creo que el globo rojo **fue   no fue** un buen amigo de Pascal porque

_____

_____

Vio de pronto un bonito globo rojo.

EL GLOBO ROJO

Albert Lamorisse

Traducción de Osvaldo Blanco

Había una vez un niño que vivía en
París y se llamaba Pascal. Este niño no
tenía hermanos ni hermanas, y se sentía
muy solo y triste en casa.

En una ocasión llevó a casa un gato
perdido, y poco tiempo después un
perrito callejero. Pero su madre dijo que
los animales traían suciedad a la casa,
de modo que Pascal pronto estuvo solo
otra vez en los cuartos que su madre
mantenía bien cuidados y limpios.

Entonces un día, camino a la escuela,
vio de pronto un bonito globo rojo,

101

THE RED BALLOON

Albert Lamorisse

Once upon a time in Paris there
lived a little boy whose name
was Pascal. He had no brothers
or sisters, and he was very sad
and lonely at home.

Once he brought home a
lost cat, and some time later a
stray puppy. But his mother said
animals brought dirt into the
house, and so Pascal was soon
alone again in his mother's clean
well-kept rooms.

Then one day, on his way to
school, he caught sight of a fine
red balloon,

tied to a street lamp. Pascal laid his schoolbag on the ground. He climbed up the lamppost, untied the balloon, and ran off with it to the bus stop.

But the conductor knew the rules. "No dogs," he said. "No large packages, no balloons."

People with dogs walk. People with packages take taxis.

People with balloons leave them behind.

Pascal did not want to leave his balloon behind, so the conductor rang the signal bell and the bus went on without him.

Pascal's school was a long way off, and when he finally reached the school door it was already shut.

...

atado a un farol de la calle. Dejando en el suelo su maletín escolar, Pascal trepó por el poste del alumbrado, desató el globo, y corrió luego con él a la parada del autobús.

Pero el conductor observaba las reglas.

—Perros no —dijo—. Ni paquetes grandes, ni globos.

La gente con perros camina. La gente con paquetes viaja en taxi.

La gente con globos los deja en casa.

Pascal no quería dejar su globo, y entonces el conductor hizo sonar la señal y el autobús partió sin él.

La escuela de Pascal quedaba lejos, y cuando finalmente llegó, la puerta ya estaba cerrada.

Llegar tarde a la escuela y con un globo… ¡era una cosa nada común! Pascal estaba muy preocupado.

Entonces se le ocurrió una idea. Dejó su globo con el portero, quien se hallaba barriendo el patio. Y como era la primera vez que llegaba tarde, no fue castigado.

Después de las clases, el portero, que había guardado el globo en la portería para Pascal, se lo devolvió.

Pero había empezado a llover. Y Pascal tuvo que regresar caminando a casa debido a esos tontos reglamentos acerca

103

To be late for school and with a balloon—that was unheard of! Pascal was very worried.

Then he had an idea. He left his balloon with the janitor, who was sweeping the yard. And since it was the first time that he had ever been late, he was not punished.

When school was over, the janitor, who had kept the balloon in his room for Pascal, gave it back to him.

But it had begun to rain. And Pascal had to walk home because of those silly rules about balloons on buses. But he thought his balloon shouldn't get wet.

There was an old gentleman just going by, and Pascal asked him whether he and the balloon could take shelter under his umbrella. So, from one umbrella to another, Pascal made his way home.

His mother was glad to see him finally come home. But since she had been very worried, she was angry when she found out

Why is Pascal so worried about getting his balloon wet?

❧

¿Por qué le preocupa tanto a Pascal que su globo se moje?

❧

de no llevar globos en un autobús. Pero pensó que su globo no debía mojarse.

Un señor anciano estaba justamente pasando junto a él, y Pascal le preguntó si podía resguardarse con el globo bajo su paraguas. Y así, pasando de un paraguas a otro, Pascal recorrió el camino de vuelta a su casa.

Su mamá se alegró de verlo finalmente en casa. Pero como había estado muy preocupada, se enojó al enterarse

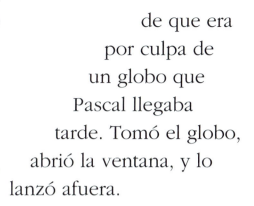

de que era
por culpa de
un globo que
Pascal llegaba
tarde. Tomó el globo,
abrió la ventana, y lo
lanzó afuera.

Ahora bien, cuando uno
suelta un globo, por lo general
se escapa. Pero el globo de Pascal se
quedó fuera de la ventana, y los dos
quedaron mirándose a través del cristal.
Pascal se sorprendió de que el globo no
hubiera salido volando, pero en realidad
no le sorprendía mucho. Los amigos
hacen por uno toda clase de cosas. Si el
amigo resulta ser un globo, no se escapa
volando. De modo que Pascal abrió
silenciosamente la ventana, metió al globo
adentro, y lo escondió en su cuarto.

Al día siguiente, antes de partir para la
escuela, Pascal abrió la ventana para
dejar salir a su globo y le dijo que viniera
a él cuando lo llamara.

105

that it was a balloon that had
made Pascal late. She took the
balloon, opened the window,
and threw it out.

Now, usually when you let a
balloon go, it flies away. But
Pascal's balloon stayed outside
the window, and the two of
them looked at each other
through the glass. Pascal was
surprised that his balloon hadn't
flown away, but not really as
surprised as all that. Friends will
do all kinds of things for you. If
the friend happens to be a
balloon, it doesn't fly away. So
Pascal opened his window
quietly, took his balloon back
inside, and hid it in his room.

The next day, before he left
for school, Pascal opened the
window to let his balloon out
and told it to come to him
when he called.

Then he picked up his schoolbag, kissed his mother goodbye, and went downstairs.

When he reached the street he called: "Balloon! Balloon!" and the balloon came flying down to him.

Then it began to follow Pascal—without being led by a string, just as if it were a dog following its master.

But, like a dog, it didn't always do as it was told. When Pascal tried to catch it to cross the street, the balloon flew beyond his reach.

Pascal decided to pretend he didn't care. He walked up the street just as if the balloon weren't there at all and hid behind the corner of a house. The balloon got worried and hurried to catch up with him.

•••

Luego recogió su maletín escolar, le dio un beso de despedida a su mamá, y bajó la escalera.

Al llegar a la calle, llamó:

—¡Globo! ¡Globo! —y el globo bajó volando a él.

Entonces empezó a seguir a Pascal, sin ser conducido por un cordel, lo mismo que si fuera un perro siguiendo a su amo. Pero, igual que un perro, no siempre hacía lo que le mandaban.

Cuando Pascal trató de agarrarlo para cruzar la calle, el globo voló fuera de su alcance.

Pascal decidió fingir que no le importaba. Caminó calle arriba como si el globo no existiera y se escondió detrás de la esquina de una casa. El globo, preocupado, se dio prisa para alcanzarlo.

Cuando estuvieron en la parada del autobús, Pascal le dijo al globo:

—Ahora, globo, tendrás que seguirme. ¡No pierdas de vista el autobús!

Así fue como llegó a verse el espectáculo más extraño en una calle de París… un globo que volaba siguiendo a un autobús.

Cuando llegaron a la escuela de Pascal, el globo trató otra vez de no dejarse agarrar. Pero ya estaba sonando la campana e iban a cerrar la puerta, por lo que Pascal tuvo que apresurarse a entrar solo. Se quedó muy preocupado.

Pero el globo voló sobre el muro de la escuela y se puso en fila detrás de los niños. La maestra se sorprendió mucho de ver a ese extraño alumno nuevo, y cuando el globo trató de entrar con ellos al aula, los niños hicieron tanto ruido que el director vino a ver qué pasaba.

El director trató de agarrar el globo para sacarlo por la puerta. Pero no pudo. Entonces tomó a Pascal de la mano y

107

¿Por qué quiere el globo seguir a los niños al aula?

❧

When they got to the bus stop, Pascal said to the balloon: "Now, balloon, you follow me. Don't lose sight of the bus!"

That was how the strangest sight came to be seen in a Paris street—a balloon flying along behind a bus.

When they reached Pascal's school, the balloon again tried not to let itself be caught. But the bell was already ringing and the door was just about to close, so Pascal had to hurry in alone. He was very worried.

But the balloon flew over the school wall and got in line behind the children. The teacher was very surprised to see this strange new pupil, and when the balloon tried to follow them into the classroom, the children made so much noise that the principal came along to see what was happening.

The principal tried to catch the balloon to put it out the door. But he couldn't. So he took Pascal by the hand and

Why does the balloon want to follow the children into the classroom?

❧

marched him out of school. The balloon left the classroom and followed them.

The principal had urgent business at the Town Hall, and he didn't know what to do with Pascal and his balloon. So he locked the boy up inside his office. The balloon, he said to himself, would stay outside the door.

But that wasn't the balloon's idea at all. When it saw that the principal had put the key in his pocket, it sailed along behind him as he walked down the street.

All the people knew the principal very well, and when they saw him walking past followed by a balloon they shook their heads and said: "The principal's playing a joke. It isn't right; a principal should be dignified, he shouldn't be playing like one of the boys in his school."

•••

lo hizo salir marchando de la escuela. El globo salió del aula y los siguió.

El director tenía que ocuparse de asuntos urgentes en la municipalidad y no sabía qué hacer con Pascal y su globo. Por tanto, encerró al niño en su oficina y se dijo a sí mismo que el globo podía quedarse en la puerta.

Pero esa no era, de ningún modo, la intención del globo. En cuanto vio que el director se metía la llave en el bolsillo, voló lentamente detrás de él mientras caminaba calle abajo.

Todo el mundo conocía muy bien al director, y quienes lo veían pasar seguido por un globo sacudían la cabeza diciéndose:

—El director está gastando una broma. Eso no está bien; el director de una escuela tendría que actuar más dignamente; no debería jugar como uno de los niños de su escuela.

108

El pobre hombre hizo todo lo posible
por agarrar al globo, pero no pudo, así que
no le quedó más remedio que resignarse.
En la puerta de la municipalidad, el globo
se detuvo. Esperó al director en la calle, y
cuando éste regresó a la escuela, el globo
estaba todavía detrás de él.

El director se alegró infinitamente de dejar
salir a Pascal de su oficina y deshacerse
de él y de su globo.

En el camino a su casa Pascal se detuvo
a mirar un cuadro en una exposición que
había en la acera. El cuadro mostraba a
una niña con un aro, y Pascal pensó qué
bueno sería tener una amiga como esa niña.

109

The poor man tried very
hard to catch the balloon, but
he couldn't, so there was
nothing for him to do but put
up with it. Outside the Town
Hall the balloon stopped. It
waited for him in the street, and
when the principal went back to
school the balloon was still
behind him.

The principal was only too
glad to let Pascal out of his
office and to be rid of him and
his balloon.

On the way home Pascal
stopped to look at a picture in a
sidewalk exhibit. It showed a
little girl with a hoop. Pascal
thought how nice it would be
to have a friend like that little
girl.

But just at that moment he met a real little girl, looking just like the one in the picture. She was wearing a pretty white dress, and she held in her hand the string . . . to a blue balloon!

Pascal wanted to be sure she noticed that his balloon was a magic one. But his balloon wouldn't be caught, and the little girl began to laugh.

Pascal was angry. "What's the use of having a trained balloon if it won't do what you want?" he said to himself. At that very moment some of the tough boys of the neighborhood came by. They tried to catch the balloon as it trailed along behind Pascal. But the balloon saw the danger. It flew to Pascal at once. He caught it and began to run, but more boys came to corner him from the other side.

So Pascal let go of his balloon, which immediately rose high into the sky.

Pero justo en ese momento encontró a una niña de verdad, que se parecía exactamente a la del cuadro. Llevaba puesto un bonito vestido blanco, y tenía en la mano el cordel… ¡de un globo azul!

Pascal quiso asegurarse de que ella notara que el globo de él era mágico. Pero su globo no se dejaba agarrar, y la niña comenzó a reírse.

Pascal se enojó.

—¿De qué sirve tener un globo entrenado si no hace lo que uno desea? —se dijo a sí mismo.

En ese preciso momento, aparecieron varios chicos bravucones del barrio y trataron de agarrar el globo que iba siguiendo a Pascal. Pero el globo, dándose cuenta del peligro, voló inmediatamente a él.

Pascal lo agarró y empezó a correr, pero vinieron otros chicos y lo acorralaron por el otro lado.

Entonces Pascal soltó el globo y éste en seguida se remontó hacia el cielo.

110

···

Mientras todos los chicos miraban para arriba, Pascal subió corriendo entre ellos a lo alto de la escalera. Desde allí llamó al globo, que vino rápidamente a él... para gran sorpresa de los chicos de la banda.

Y así, Pascal y su globo llegaron a casa sin ser alcanzados.

Al otro día era domingo. Antes de salir para la iglesia, Pascal le dijo al globo que se quedara tranquilo en casa, que no rompiera nada, y especialmente que no saliera. Pero el globo hizo exactamente lo que le dio la gana.

While the boys were all looking up, Pascal ran between them to the top of the steps. From there he called his balloon, which came to him at once—to the great surprise of the boys in the gang.

So Pascal and his balloon got home without being caught.

The next day was Sunday. Before he left for church, Pascal told his balloon to stay quietly at home, not to break anything, and especially not to go out. But the balloon did exactly as it pleased.

Pascal and his mother were hardly seated in church when the balloon appeared and hung quietly in the air behind them.

Now, a church is no place for a balloon. Everyone was looking at it and no one was paying attention to the service. Pascal had to leave in a hurry, followed out by the church guard. His balloon certainly had no sense of what was proper. Pascal had plenty of worries!

All this worry had made him hungry. And as he still had his coin for the collection plate, he went into a bakeshop for some cake. Before he went inside he said to the balloon: "Now be good and wait for me. Don't go away."

The balloon was good, and only went as far as the corner of the shop to warm itself in the sun. But that was already too far.

Why does keeping the balloon give Pascal so many worries?

❧

Pascal y su mamá acababan apenas de sentarse en la iglesia, cuando apareció el globo y se quedó flotando calmosamente en el aire, detrás de ellos.

Ahora bien, la iglesia no es lugar para un globo. Todo el mundo lo estaba mirando y nadie prestaba atención al oficio religioso. Pascal tuvo que salir apresuradamente, seguido por el guardia de la iglesia. Su globo ciertamente no tenía la menor noción de la conducta apropiada. ¡Y esto preocupaba mucho a Pascal!

De tanto preocuparse le dio hambre. Y como aún conservaba su moneda para la bandeja de donativos, se dirigió a una panadería para comprar un pastel. Pero antes de entrar le dijo al globo:

—Bueno, ahora pórtate bien y espérame. No te vayas.

El globo se portó bien, y no se alejó más que hasta la esquina de la panadería para calentarse al sol. Pero eso fue ya alejarse demasiado, porque lo vieron los

¿Por qué le causa tantos problemas a Pascal quedarse con el globo?

❧

112

chicos que el día antes habían tratado de agarrarlo, y pensaron que era una buena oportunidad para intentarlo otra vez. Sin ser vistos, se acercaron sigilosamente al globo, saltaron sobre él, y se lo llevaron.

Cuando Pascal salió de la panadería, ¡el globo había desaparecido! Corrió en todas direcciones, mirando al cielo. ¡El globo le había desobedecido otra vez! ¡Se había marchado solo! Y a pesar de llamarlo a gritos, el globo no regresaba.

La banda de chicos lo había atado a un cordel fuerte y estaban tratando de enseñarle trucos.

For the gang of boys who had tried to catch it the day before saw it, and they thought that this was the moment to try again. Without being seen they crept up to it, jumped on it, and carried it away.

When Pascal came out of the bakeshop, there was no balloon! He ran in every direction, looking up at the sky. The balloon had disobeyed him again! It had gone off by itself! And although he called at the top of his voice, the balloon did not come back.

The gang had tied the balloon to a strong string, and they were trying to teach it tricks.

"We could show this magic balloon in a circus," one of them said. He shook a stick at the balloon. "Come here or I'll burst you," he shouted.

As luck would have it, Pascal saw the balloon over the top of a wall, desperately dragging at the end of its heavy string. He called to it.

As soon as it heard his voice, the balloon flew toward him. Pascal quickly untied the string and ran off with his balloon as fast as he could run.

···

—Podríamos presentar este globo mágico en un circo —dijo uno de ellos. Amenazó al globo con un palo, gritándole:

—Ven aquí, o te reviento.

Quiso la suerte que Pascal viera al globo por encima de un muro, tirando desesperadamente del extremo de su grueso cordel. Pascal lo llamó.

Tan pronto como oyó su voz, el globo voló hacia él. Pascal le desató enseguida el cordel y echó a correr a toda prisa con su globo.

···

Los chicos corrieron tras ellos. Hacían tanta bulla que toda la gente del barrio se detenía a mirar la persecución. Parecía como si Pascal les hubiera robado el globo a los chicos. Me ocultaré entre la gente, pensó Pascal. Pero un globo rojo se puede ver en todas partes, aun entre un gentío.

Pascal corrió por callejones angostos, tratando de deshacerse de la banda de chicos.

En una ocasión los perseguidores no supieron si Pascal había doblado a la derecha o a la izquierda, y entonces se dividieron en varios grupos. Por un momento, Pascal pensó que se había escapado de ellos, y miró a su alrededor buscando un sitio para descansar. Pero a la vuelta de una esquina se topó con uno de la banda. Volvió corriendo por donde había venido, pero había otros chicos allí ahora. Estaba desesperado… Se lanzó por una calle lateral que llevaba a un solar baldío. Creyó que estaría a salvo ahí.

115

The boys raced after them. They made so much noise that everyone in the neighborhood stopped to watch the chase. It seemed as if Pascal had stolen the boys' balloon. Pascal thought: "I'll hide in the crowd." But a red balloon can be seen anywhere, even in a crowd.

Pascal ran through narrow alleys, trying to lose the gang of boys.

At one point the boys didn't know whether Pascal had turned right or left, so they split up into several groups. For a minute Pascal thought he had escaped them, and he looked around for a place to rest. But as he rounded a corner he bumped right into one of the gang. He ran back the way he had come, but there were more boys there. He was desperate— he ran up a side street which led to an empty lot. He thought he'd be safe there.

But suddenly boys appeared from every direction, and Pascal was surrounded.

So he let go of his balloon. But this time, instead of chasing the balloon, the gang attacked Pascal. The balloon flew a little way off, but when it saw Pascal fighting it came back. The boys began throwing stones at the balloon.

Pero repentinamente aparecieron chicos por todas partes, y Pascal se encontró rodeado.

Entonces soltó el globo. Pero esta vez, en lugar de perseguir al globo, la banda atacó a Pascal. El globo se alejó volando una corta distancia, pero regresó al ver a Pascal en una pelea. Los chicos empezaron a tirarle piedras al globo.

···

—¡Escápate, globo! ¡Vuela lejos de aquí! —gritó Pascal.

Pero el globo no quería abandonar a su amigo.

En ese momento una de las piedras le dio al globo y éste se reventó.

Mientras Pascal lloraba junto a su globo muerto, ¡sucedió la cosa más extraña!

En todas partes podían verse globos flotando en el aire y poniéndose en fila allá en el cielo.

¡Era la rebelión de los globos cautivos!

Y todos los globos de París descendieron hasta donde estaba Pascal, danzaron alrededor de él, retorcieron sus cordeles hasta formar uno grueso y fuerte, y lo levantaron al cielo. Y así fue como Pascal inició un viaje maravilloso por el mundo entero.

"Fly away, balloon! Fly away!" Pascal cried. But the balloon would not leave its friend.

Then one of the stones hit the balloon, and it burst.

While Pascal was crying over his dead balloon, the strangest thing happened!

Everywhere balloons could be seen flying up into the air and forming a line high into the sky.

It was the revolt of all captive balloons!

And all the balloons of Paris came down to Pascal, dancing around him, twisting their strings into one strong one and lifting him up into the sky. And that was how Pascal took a wonderful trip all around the world.

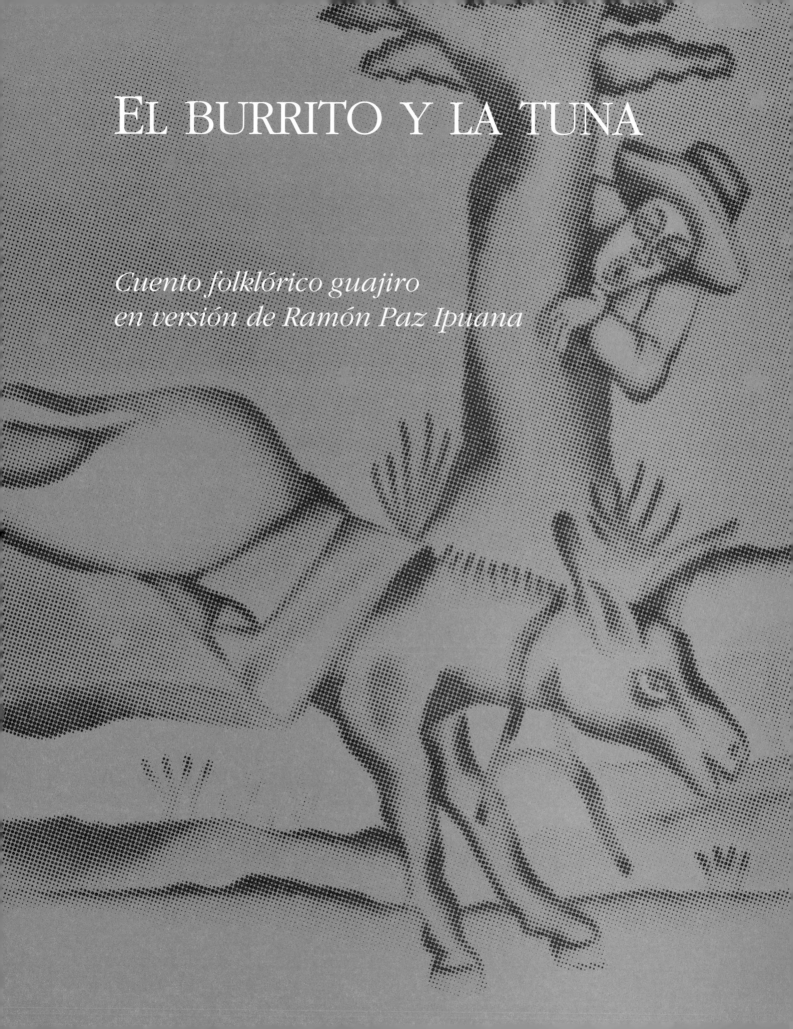

EL BURRITO Y LA TUNA

*Cuento folklórico guajiro
en versión de Ramón Paz Ipuana*

EL BURRITO Y LA TUNA

*Cuento folklórico guajiro
en versión de Ramón Paz Ipuana*

Extensión del cuento: 9 páginas

Duración de la lectura en voz alta: Aproximadamente 15 minutos

Un hombre y su burro se detienen por la noche a descansar durante un largo viaje por el desierto. El burro queda gravemente herido cuando lucha contra un Wanuluu, o espíritu maligno, para proteger a su amo. En vez de agradecer el hombre al burro, lo deja tendido en el camino para que se muera. En el segundo viaje, el hombre come frutos de un cardón que crece en el mismo lugar donde antes había abandonado al burro, y al convertirse en una tuna, queda unido a su viejo compañero para siempre.

Apuntes del cuento

Este cuento tiene como lugar la península de la Guajira, la tierra de los indios guajiros. La Guajira es un entorno desértico en el que crecen las plantas que se mencionan en el cuento. Una parte de la península está en Colombia y una porción queda en Venezuela; pero los guajiros consideran toda la región una sola tierra: la de ellos, y viven y trabajan unidos para conservar su cultura. Los guajiros se autodenominan *wayú*.

Indique a los estudiantes que "El burrito y la tuna" es un ejemplo de un cuento folklórico que explica por qué las cosas son como son, por ejemplo, cómo obtuvo el elefante la trompa o de dónde viene la luna.

Acerca del autor

Ramón Paz Ipuana nació en la península de la Guajira. Estudió antropología y trabajó como profesor de enseñanza secundaria, dedicando la mayor parte de su vida a reunir cuentos de la rica tradición oral guajira, a grabarlos, y a traducirlos al español. Paz Ipuana murió en 1992.

THE LITTLE BURRO AND THE PRICKLY PEAR

*Guajiro folktale
as told by Ramón Paz Ipuana*

Translation by Elizabeth Uhlig

Story length: 9 pages

Read-aloud time: About 15 minutes

A man and his burro stop to rest for the night on their journey through the desert. The burro fights a Wanuluu, or evil spirit, to protect his companion and is seriously wounded. The man does not thank the burro but leaves him on the road to die. On a second journey, the man eats some fruit from a cactus growing on the spot where he left the burro and finds himself bound to his former companion forever.

Story Notes

This story takes place in the Guajira Peninsula, the land of the Guajiro Indians. The peninsula is a desert habitat in which the plants of this story flourish. Part of the peninsula is in Venezuela and part in Colombia but the Guajiro Indians consider the region to be one land, their land, and are united in working to maintain their culture. The Guajiros call themselves *wayú*.

Explain to students that "The Little Burro and the Prickly Pear" is an example of a tale that explains why things are they way they are—how the elephant got his trunk, where the moon came from, and so on.

About the Author

Ramón Paz Ipuana was born into the native culture of the Guajira Peninsula. He studied anthropology and worked as a high school teacher, dedicating most of this life to gathering stories from the rich Guajiro oral tradition and recording and translating them into Spanish. Paz Ipuana died in 1992.

Para obtener información más detallada sobre cómo hacer estas actividades y adaptarlas a las necesidades de los estudiantes de diferentes niveles, refiérase a los Elementos del director, a partir de la pág. 319.

Primera lectura (alrededor de 15 minutos) seguida de Preguntas para compartir (20–30 minutos)

Recuérdeles a los estudiantes que, a medida que escuchen el cuento, deben pensar en las preguntas que les gustaría hacer después de la lectura. Léales el cuento en voz alta y luego, pídales que compartan sus preguntas. Cuando ellos hagan preguntas, escríbalas en el tablero o en papel gráfico, el que puede colgar en clase para que puedan consultarlas mientras trabajan en el cuento. Con la ayuda de los estudiantes, conteste las preguntas urgentes sobre vocabulario o hechos específicos. Si el tiempo lo permite, haga que la clase considere brevemente las respuestas posibles a algunas de las otras preguntas. Explique que guardarán las preguntas sobre el significado del cuento para la Discusión colectiva.

Segunda lectura con Preguntas de pausa y reflexión (30–45 minutos)

Antes de la segunda lectura, haga que los estudiantes lean las tres preguntas de pausa y reflexión escritas al margen del texto. Mientras lee el cuento en voz alta, haga una pausa al llegar a una de las preguntas y

pídales que cada uno de ellos piense en su repuesta. Después de que ellos reflexionen brevemente, pida que den sus opiniones. Use preguntas de amplificación para que aclaren sus ideas, las defiendan, o las amplíen con detalles o ejemplos. Una vez que la clase haya contestado la pregunta desde varios puntos de vista, vuelva al cuento y continúe con la lectura en voz alta hasta llegar a la pregunta de pausa y reflexión siguiente.

Discusión colectiva (30–45 minutos)

Antes de la discusión, decida cuales son las preguntas que quiere tratar con la clase (vea la página siguiente). Siempre que sea posible, siente a los estudiantes en forma tal que todos puedan verse y escucharse con facilidad. Recuérdeles que necesitarán sus libros y útiles de escritura. Distribuya ejemplares de Elaborar tu respuesta (vea el apéndice B, pág. 393) y déles a los estudiantes la oportunidad de meditar sobre la pregunta de enfoque y anotar respuestas antes de empezar la discusión. Durante la discusión, utilice preguntas relacionadas con partes específicas del cuento para ayudarles a los estudiantes a pensar en la evidencia del texto que respalde sus opiniones. En nuestras preguntas sugeridas, las preguntas de enfoque aparecen en negrillas y las preguntas relacionadas están bajo la pregunta de enfoque a que aluden.

CORE INTERPRETIVE ACTIVITIES

For more detailed information about conducting these activities and adapting them to meet the needs of students working at different levels, see the Leader's Toolbox, beginning on p. 345.

First Reading (about 15 minutes) followed by Sharing Questions (20–30 minutes)

Remind students that as they listen to the story they should think of any questions they would like to ask after the reading. Read the story aloud, and then have them share their questions. As students pose questions, you may want to write them on the board or on chart paper that can be left up during the class's work on the story. With students' help, answer pressing vocabulary or factual questions. If time permits, have the class briefly consider possible answers to a few of the other questions. Explain that you will save questions about the story's meaning for Shared Inquiry Discussion.

Second Reading with Pause-and-Reflect Questions (30–45 minutes)

Before the second reading, direct students' attention to the three pause-and-reflect questions that appear in the margins of the story. As you read the story aloud, pause when you come to a question and ask students to

think about it. After a brief time for reflection, have students share their thoughts. Use follow-up questions to encourage students to clarify, support, and develop their ideas. When the class has explored the question in some depth, return to the story and continue reading until the next pause-and-reflect question.

Shared Inquiry Discussion (30–45 minutes)

Before discussion, decide which questions you want to explore with your class (see the facing page). Whenever possible, seat students so that everyone can see and hear one another easily. Remind students that they will need their books and something to write with. Distribute copies of the Building Your Answer page (see appendix B, p. 393), and give students an opportunity to reflect on the focus question and write down their answers before discussion begins. Throughout discussion, use related questions about specific parts of the story to help students think about evidence in the text that supports their opinions. In our suggested questions, focus questions appear in bold type and related questions appear under the focus question they support.

Le recomendamos que establezca su propia lista de preguntas para la Discusión colectiva (vea el prototipo Red de preguntas en el apéndice B, pág. 389). Necesitará una pregunta de enfoque, que será la pregunta que usted haga al inicio de la discusión, y preguntas relacionadas para ayudar a los estudiantes a reflexionar aún más sobre la pregunta de enfoque. Usted puede derivar la pregunta de enfoque, y las preguntas relacionadas con ésta, de las preguntas de los estudiantes, de sus propios apuntes, o de las preguntas de muestra indicadas a continuación.

¿Por qué abandona el hombre al burro aun cuando éste le salva la vida?

- ¿Por qué no ayuda el hombre al burro en su lucha contra el Wanuluu?

- Después de la lucha, ¿por qué es "Mira, pues no sabía que hablabas como nosotros" lo único que el hombre le dice al burro?

- Cuando el burro no puede caminar, ¿por qué se va el hombre solo y lo deja tendido en el camino?

- ¿Por qué le dice el hombre a su familia que fue él quien venció a Wanuluu?

¿Por qué crece la tuna siempre al lado del cardón?

- ¿Por qué se convierte el burro en un cardón cuyos frutos los pájaros nunca picotean y el sol nunca reseca?

- ¿Cómo se siente el hombre al recordar a su burro cuando emprende el mismo camino por segunda vez?

- ¿Por qué se convierte el hombre en una tuna silvestre después de comerse la fruta y la miel del cardón?

- ¿Por qué el hombre y el burro se convierten en plantas cuyas flores y fruto refrescan al viajero cansado?

SUGGESTED QUESTIONS FOR DISCUSSION

We recommend that you create your own set of questions for Shared Inquiry Discussion (see the Question Web master in appendix B, p. 389). You will need a focus question, which will be the question you ask at the beginning of discussion, and related questions that help students think further about the focus question. Your focus question and related questions can be drawn from your students' questions, your own notes, or the sample questions that follow.

Why does the man abandon his burro, even though the burro saved his life?

- Why doesn't the man help the burro fight the Wanuluu?

- After the fight, why is "I didn't know that you talked like us" the only thing the man says to the burro?

- When the burro can't walk, why does the man go off and leave him in the road?

- Why does the man tell his family that he single-handedly defeated the Wanuluu?

Why do the cactus and prickly pear always grow side by side?

- Why does the burro turn into a cactus whose fruit the birds never peck and the sun never dries up?

- How does the man feel about his burro as he remembers him when traveling down the road the second time?

- Why does the man turn into a prickly pear after he eats the fruit and honey from the cactus?

- Why do the man and the burro both turn into plants whose flowers and fruit refresh weary travelers?

ACTIVIDADES ADICIONALES

Estas actividades hacen que los estudiantes comprendan mejor el cuento y lo disfruten más y que desarrollen destrezas del vocabulario, la escritura, y el razonamiento crítico. Las necesidades y los intereses de su grupo le ayudarán a determinar cuáles actividades debe incluir en el programa de actividades básicas.

Preparación del contexto

Oportunidad: Antes de la primera lectura

Presente el cuento diciéndoles a los estudiantes que tiene lugar en la península de la Guajira (tal vez quiera ayudar a los estudiantes a encontrarla en un mapa o en un globo terráqueo). Explíqueles que, en el cuento, un hombre se da crédito por algo que no hizo. Pregúnteles qué harían si se dan cuenta de que uno de sus amigos se da crédito por algo que no hizo (vea la página de actividades). Dirija una discusión breve basada en las respuestas de los estudiantes.

Vocabulario

Oportunidad: En cualquier momento después de la primera lectura

El desafío del abecé (vea el apéndice B, pág. 401). Haga que los estudiantes piensen en nombres de plantas o partes de plantas. Recuérdeles que las flores, los árboles, las frutas, y los vegetales son selecciones posibles.

Exploración de palabras (vea los Elementos del director, pág. 337). Indíqueles a los estudiantes que piensen en palabras y frases que pueden acompañar la palabra *espeluznante*. Las categorías que puede usar para ampliar el mapa incluyen cosas asustantes (esta categoría puede dividirse entre cosas reales e imaginarias), sonidos que asustan, y reacciones físicas asociadas con el miedo. Entre las palabras asociadas con el miedo que aparecen en el cuento figuran: *acurrucarse, amenazar, escondite, miedo, sombras,* y *violento.*

Taller de palabras (vea la página de actividades). Los estudiantes hacen que concuerden los nombres de los aparejos con los dibujos.

Actividades creativas

Oportunidad: En cualquier momento después de la primera lectura

- Haga que los estudiantes creen máscaras de Wanuluu. Pueden ponérselas para representar escenas del cuento y practicar el silbido espeluznante del Wanuluu.

- Haga que los estudiantes representen la escena en la que el Wanuluu amenaza al burro. Después, dirija una discusión breve sobre los motivos del burro para actuar como lo hace, y cómo se siente al enfrentarse al Wanuluu.

- Haga que los estudiantes creen un paisaje desértico en un terrario, valiéndose de arena, tunas pequeñas, y otros objetos adecuados. Después, dirija una discusión breve acerca de cómo el paisaje del cuento afecta lo que les ocurre al burro y al hombre.

- Muestre a los estudiantes imágenes artísticas de Venezuela o de Colombia y motívelos a que creen sus propias obras de arte con diseños y colores similares.

SUPPLEMENTAL ACTIVITIES

These activities will deepen students' understanding and enjoyment of the story and develop vocabulary, writing, and critical-thinking skills. The needs and interests of your group will help you determine which activities to add to the schedule of core activities.

Building Context

Timing: Before the first reading

Introduce the story by telling students that it takes place in the Guajira Peninsula (you may want to help students find it on a map or globe). Explain that in the story a man takes credit for something he did not do. Ask students to consider what they would do if a friend took credit for something he or she didn't do (see activity page). Lead a brief discussion of their answers.

Vocabulary

Timing: Anytime after the first reading

ABC Challenge (see appendix B, p. 401). Have students think of the names of plants or parts of plants. Remind them that flowers, trees, fruits, and vegetables are all possible word choices.

Word Mapping (see the Leader's Toolbox, p. 363). Lead students in generating words and phrases around the word *espeluznante*. Categories you may use to extend the map include things that scare you (this category may be split into real and imaginary things), scary sounds, and physical reactions associated with fear. Words in the story related to fear include *acurrucarse, amenazar, escondite, miedo, sombras,* and *violento.*

Word Workshop (see activity page). Students match the names of pieces of riding gear to their pictures.

Creative Endeavors

Timing: Anytime after the first reading

- Have students make Wanuluu masks. Students can then wear them to act out scenes from the story. Alternatively, students can wear them and practice making the Wanuluu's hair-raising whistle.

- Have students act out the scene in which the Wanuluu threatens the burro. Afterward, lead a brief discussion about why the burro acts as he does and how he feels while confronting the Wanuluu.

- Have students create a desert landscape in a terrarium, using sand, small cacti, and other appropriate objects. Afterward, lead a brief discussion about how the landscape of the story affects what happens to the burro and his owner.

- Show students pictures of artwork from Venezuela and/or Colombia and have them create their own art, using similar colors and designs.

Escritura

Oportunidad: Después de la Discusión colectiva

Escritura creativa. Los estudiantes escriben un párrafo en el que describen cómo creen que es el Wanaluu. Antes de que empiecen a escribir, vuelva a leer la parte del cuento en la que aparece el Wanuluu.

Escritura creativa (vea la página de actividades). Los estudiantes se imaginan lo que el hombre y el burro piensan después de convertirse en plantas.

Escritura evaluativa (vea la página de actividades). Los estudiantes consideran si el burro y el hombre tuvieron lo que se merecían.

Para explorar más...

Ciencias
- Haga que los estudiantes investiguen las plantas típicas de los climas áridos. *¿Cuáles son las diferentes clases de tunas que existen? ¿En qué se parecen y en qué se diferencian? ¿Qué otra clase de plantas crece comúnmente en ese tipo de clima? ¿Qué les permite sobrevivir?*

Estudios sociales
- Haga que los estudiantes investiguen sobre la península de la Guajira. *¿Dónde queda? ¿Cómo es el clima? ¿Quién vive allá? ¿De qué y cómo viven?*

Literatura
- Verna Aardema, *Why Mosquitoes Buzz in People's Ears* (Nueva York: Dial Books, 1975). Cuento folklórico de África Occidental que explica cómo la travesura de un mosquito ocasionó que todos los mosquitos zumbaran en los oídos de la gente. Se consigue en español bajo el título *Por qué zumban los mosquitos en los oídos de la gente,* trad. de Osvaldo Blanco (1998).
- Tomie de Paola, *The Legend of the Poinsettia* (Nueva York: Putnam, 1994). Leyenda mexicana sobre el origen de la flor de Pascua. Se consigue en español bajo el título *La leyenda de la flor de Nochebuena* (Nueva York: Putnam, 1994).
- Ramón Paz Ipuana, *El conejo y el mapurite* (Caracas: Ediciones Ekaré, 1980). Otro de los cuentos de la península de la Guajira; éste relata las aventuras de un conejo que se las arregla para engañar a un mapurite.
- Rudyard Kipling, *Just So Stories* (Nueva York: Signet, 1990). Publicado originalmente en 1912. Clásica colección de cuentos basada en los relatos que Kipling escuchaba de sus niñeras hindúes siendo niño.

Writing

Timing: After Shared Inquiry Discussion

Creative Writing. Have students write a paragraph describing what they think the Wanuluu looks like. Before students begin writing, reread the section of the story in which the Wanuluu appears.

Creative Writing (see activity page). Students imagine what the man and burro are thinking after they turn into plants.

Evaluative Writing (see activity page). Students consider whether the burro and the man got what they deserved.

For Further Exploration

Science
- Have students research plants native to arid climates. *What are the different types of cacti? How are they alike and different? What other types of plants commonly live in such a climate? What enables them to survive?*

Social Studies
- Have students research the Guajira Peninsula. *Where is it located? What is its climate like? Who lives there? How do they make their living?*

Literature
- Verna Aardema, *Why Mosquitoes Buzz in People's Ears* (New York: Dial Books, 1975). West African folktale explaining how a trick one mosquito played led to all mosquitoes buzzing in people's ears. Available in Spanish as *Por qué zumban los mosquitos en los oídos de la gente,* trans. Osvaldo Blanco (1998).
- Tomie de Paola, *The Legend of the Poinsettia* (New York: Putnam, 1994). Available in Spanish as *La leyenda de la flor de Nochebuena.* Mexican legend about the origin of the poinsettia, or Christmas flower.
- Ramón Paz Ipuana, *El conejo y el mapurite* (Caracas: Ediciones Ekaré, 1980). Another tale from the Guajira Peninsula, this one features a hare who manages to trick a skunk.
- Rudyard Kipling, *Just So Stories* (New York: Signet, 1990). Originally published in 1912. Classic collection of tales, which Kipling based on the stories he heard from his Indian nannies as a child.

Nombre: _____

En este cuento, un hombre se da crédito por hacer lo que no hizo. Piensa en lo que harías en este caso. Imagínate que oyes a uno de tus amigos jactarse por algo que tú sabes no ha hecho, como, por ejemplo, batear el "jonrón" ganador o sacar Aes en todas las materias.

¿Cómo te sentirías al oír que tu amigo se jacta?

_____

_____

_____

¿Qué harías? ¿Por qué?

_____

_____

_____

Nombre: _____

Aparejos

En este cuento, se mencionan muchos de los aparejos que se utilizan para montar a caballo o en burro. Usa las palabras en la parte inferior de la página para identificar correctamente los aparejos correspondientes.

cinturón de borlas

silla   riendas

freno

baticola   estribo

collar de cascabeles

Nombre: _____

Al final del cuento, se nos dice que la tuna silvestre y el cardón siempre crecen uno junto al otro. Imagínate lo que piensan de esto el burro y el hombre.

¿Cómo se siente el burro al convertirse en cardón?

_____

_____

_____

¿Cómo se siente el hombre al convertirse en tuna silvestre?

_____

_____

_____

¿Cómo se sienten al saber que crecen el uno al lado del otro?

_____

_____

_____

_____

_____

¿Qué se dirían si pudieran hablar?

La tuna: _____

_____

El cardón: _____

_____

Nombre: _____

¿Crees que lo que les pasó al burro y al hombre es justo? ¿Por qué sí?
¿Por qué no?

_____

_____

_____

_____

¿Qué crees que debería haberle pasado al burro? ¿Por qué?

_____

_____

_____

_____

¿Qué crees que debería haberle pasado al hombre? ¿Por qué?

_____

_____

_____

_____

Una mañana un hombre ensilló su burro y salió.

EL BURRITO Y
LA TUNA

*Cuento folklórico guajiro
en versión de Ramón Paz Ipuana*

*Guajiro folktale as told by
Ramón Paz Ipuana*

Translation by Elizabeth Uhlig

One morning, a man saddled up his burro and left Río Hacha, heading for La Guajira.

The road was long. As he walked and walked, resting a little while here and there, four days went by.

On the fourth night, the man got off his burro and hung up his hammock to rest.

Una mañana un hombre ensilló su burro y salió de Río Hacha rumbo a la Guajira adentro.

El camino era largo. Andando, andando, descansando un rato aquí y otro allá, pasaron cuatro días.

A la cuarta noche el hombre se bajó de su burro y colgó su chinchorro para descansar.

119

Suddenly, deep in the night, he heard the hair-raising whistle of a Wanuluu who had been following him.

Terrified, the man jumped down from his hammock and hid behind an olive tree.

The burro did not hear the Wanuluu and kept on chewing some acacia berries.

The second time, the whistling was much closer.

De repente, en el fondo de la noche, se oyó el silbido espeluznante de un Wanuluu que le seguía los pasos.

Lleno de miedo, el hombre brincó de su chinchorro y se escondió detrás de un olivo.

El burrito no oyó al Wanuluu y siguió tranquilo masticando el fruto de unos cujíes.

La segunda vez el silbido sonó más cercano…

120

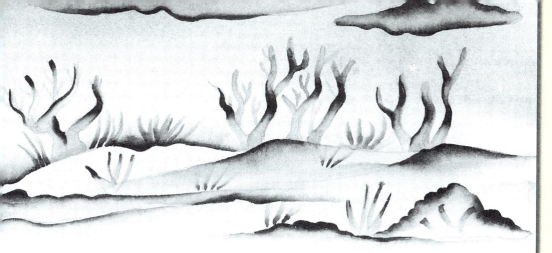

El burrito paró las orejas.

El hombre se acurrucó lo más que pudo detrás del tronco olivo y vio… a la luz de la luna, un jinete sin cara.

Llevaba plumas blancas en la cabeza y cabalgaba sobre un caballo de sombras.

El jinete desmontó y se acercó al burro.

—¿Dónde está tu compañero? —preguntó.

—No tengo compañero —dijo el burro—. Estoy solo.

—¿Y eso que parece una baticola?

—Es mi cinturón de borlas.

—¿Y eso que parecen frenos?

—Son collares de cascabeles.

El Wanuluu respiró profundo. —¿Y eso que huele a sol y a sudor humano, qué es?

—Mi ración de fororo con panela.

121

The burro perked up its ears.

The man huddled as best he could behind the trunk of the olive tree and saw in the moonlight, a faceless horseman.

He was wearing white feathers on his head and was riding a phantom horse.

The horseman dismounted and approached the burro.

"Where is your companion?" he asked.

"I don't have a companion," said the burro. "I am alone."

"And what's this thing that looks like a crupper?"

"It's my tassel belt."

"And this thing that looks like a bridle? "

"That's my jingle-bell collar."

The Wanuluu breathed deeply.

"And what smells of the sun and human sweat? "

"My portion of toasted wheat and brown sugar."

But the Wanuluu was not convinced and insisted in a low voice, "WHERE IS YOUR COMPANION?"

"I told you, I have no companion," replied the burro.

"IF YOU DON'T TELL ME THE TRUTH, I WILL KILL YOU!" said Wanuluu.

He took his carved bone dagger and approached the olive tree where the man was hiding. The little burro, who would do anything to save his master, turned around and gave Wanuluu a tremendous kick, which threw him against some rocks.

But Wanuluu got up as though he had not felt a thing.

"Well," he whispered, "Why did you kick me? You should not have done that." And he threatened the burro with his carved bone knife.

Why doesn't the burro tell the Wanuluu about his master, even when the Wanuluu threatens to kill him?

❧

Pero el Wanuluu no se convenció y volvió a insistir con una vocezota:

—¿DÓNDE ESTÁ TU COMPAÑERO?

—He dicho que no tengo compañero —contestó el burro.

—¡SI NO ME DICES LA VERDAD TE MATARÉ! —dijo Wanuluu.

Tomó su puñal de hueso y acercó al olivo donde se escondía el hombre.

El burrito, empeñado en salvar a su amo, se volteó y le dio una tremenda patada que lo lanzó contra unas piedras.

Pero Wanuluu se levantó como si no hubiera sentido nada.

—¡Caramba! —dijo en un susurro—. ¿Por qué me pateas? No debiste hacerlo.

Y lo amenazó con su puñal de hueso.

¿Por qué el burrito no le dice nada sobre su amo a Wanuluu a pesar de que Wanuluu amenaza con matarlo?

❧

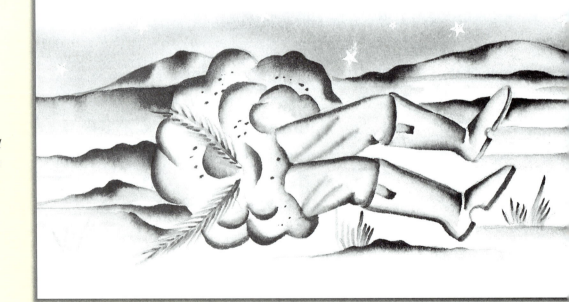

270 EL BURRITO Y LA TUNA

···

Comenzó entonces una lucha violenta entre Wanuluu y el burrito. Wanuluu hacía silbar el puñal y el burrito saltaba y daba patadas.

Pero Wanuluu parecía no cansarse.

Daba un golpe. Y otro golpe.

El hombre miraba desde su escondite, callado, casi sin respirar.

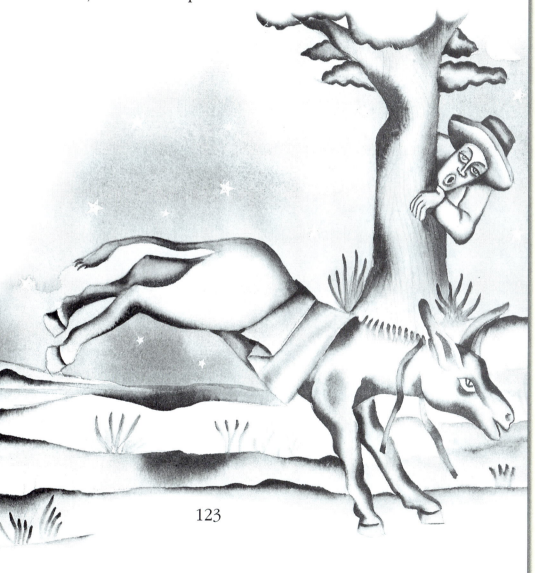

123

Then a violent struggle started between Wanuluu and the little burro. Wanuluu brandished the knife and the burro jumped and kicked. But Wanuluu did not seem to get tired. He struck once, and then again.

The man watched from his hiding place, silently, almost without breathing.

He did not even think to go out to defend his burro.

When the little burro couldn't take anymore, Wanuluu left him on the ground, got on his horse, and disappeared, leaving no footprints.

Then the man came out of his hiding place.

"Well, you see," he said to the little burro. "I didn't know that you could talk as we do." That's all he said. He didn't even thank the burro for having saved his life. He tried to get on the burro and continue his journey. But the burro was so badly wounded that he couldn't even walk.

No pensó en salir a defender a su burro.

Cuando el burrito ya no podía más, Wanuluu lo dejó en el suelo, montó su caballo, y desapareció sin dejar huellas.

Entonces el hombre salió de su escondite.

—Mira, pues —dijo al burrito—. Yo no sabía que hablabas como nosotros—. Y nada más. Ni siquiera le dio las gracias por haberle salvado la vida.

Trató de montarlo y seguir su camino. Pero el burro estaba tan herido que ya no podía caminar.

Entonces el hombre se fue solo y dejó al burrito tendido en el camino.

Cuando llegó a la casa de su familia contó su gran aventura. Pero no habló del burrito.

—¡Fui yo! —dijo—. Fui yo quien venció a Wanuluu.

Y todos creyeron que era un hombre de gran poder, que era un intocable.

Mientras tanto, atrás en el camino, el burrito herido murió. Y en el lugar donde cayó, nació una mata de cardón.

En sus tallos las avispas *matajey* fabricaron un panal de rica miel. El cardón se llenó de frutos rojos y maduros que los pájaros nunca picotearon y el sol nunca resecó.

Un día llegó para el hombre el momento de volver a Río Hacha.

125

¿Por qué el burrito se queda callado después de luchar con Wanuluu, cuando su amo lo abandona?

So the man went on his way alone and left the little burro lying on the road.

When the man arrived home to his family, he told of his great adventure.

"I did it!" he said. "I conquered Wanuluu."

And they all believed that he was a great and powerful man, that he was untouchable.

Meanwhile, back on the road, the wounded burro died. And in the place where he had fallen there grew a giant cactus bush.

In its branches, the *matajey* wasps made a honeycomb with delicious honey. The plant bore a lot of red, ripe fruit that was never nibbled at by the birds or dried up by the sun.

The day came when the man had to return to Río Hacha.

Why does the burro remain silent when his master leaves him after the fight?

He took the same road and came to the very spot where he had abandoned the little burro.

He was tired and thirsty, and he thought of his burro. He looked here and there and did not find it. But he saw a cactus bush full of beautiful red fruit.

"Mmmm!" said the man. "This fruit looks tasty!" He pulled off some of the fruit and ate it. Then he discovered a *matajey* honeycomb among the red fruit. He pulled it off and began to lick it.

The honey dripped down his hands. And as he was licking and licking, his face started to turn a greenish color. His ears started to grow and sprout beautiful fruit. He became covered with spikes and yellow flowers…

The man changed into a prickly pear called *jumacheé*.

And there he stayed forever, right next to the little burro that he had abandoned.

Why does the man look for the burro when he goes back down the road where he left him?

❧

Emprendió su camino y pasó por el mismo lugar donde antes había abandonado al burrito.

Estaba cansado y sediento y se acordó de su burro.

Miró aquí y allá, buscó y no lo encontró.

Pero sí vio un cardón lleno de bellos frutos rojos.

—¡Mmmm! —dijo el hombre—. ¡Estos frutos se ven sabrosos!

Arrancó varios y se los comió. De pronto, entre los rojos frutos descubrió un panal de *matajey*.

Lo arrancó y comenzó a lamerlo.

La miel goteaba por sus manos. Y así, lame que lame… su cara se fue poniendo verdosa. Sus orejas crecieron y brotaron hermosos frutos. Se llenó de espinas y flores amarillas…

El hombre se convirtió en tuna silvestre, llamada *Jumache'e*.

Y allí se quedó para siempre, al lado del burrito a quien había abandonado.

¿Por qué el hombre busca al burrito cuando pasa por el mismo lugar donde lo abandonó?

❧

126

Since that time, in all of La Guajira, the prickly pear, with its spikes, grows next to the cactus, with its sweet fruit. And during the rainy season, the prickly pear's yellow flowers and the cactus's red fruit refresh the weary traveler.

Desde entonces en toda la Guajira, la tuna con sus espinas crece al lado del cardón con sus dulces frutos.

Y en el tiempo de lluvia las flores amarillas de la tuna y los frutos rojos del cardón alegran al viajero cansado.

127

LA MANZANA
DE LA SATISFACCIÓN

Howard Pyle

LA MANZANA DE LA SATISFACCIÓN

Howard Pyle

Traducción de Osvaldo Blanco

Extensión del cuento: 21 pages

Duración de la lectura en voz alta: Aproximadamente 20 minutos

En este cuento de hadas, Cristina, la más joven y la más linda de las tres hijas, recibe malos tratos de su madre y de sus hermanas, quienes viven cómodamente. Cuando Cristina encuentra un gorrito rojo que pertenece a un extraño hombrecillo gris, éste le da a la joven una semilla de la manzana de la satisfacción como recompensa. De la semilla brota un árbol cuyo fruto es una manzana dorada; cuando Cristina la arranca y se la come, se llena de satisfacción, y otra manzana crece en su lugar. Todos los que ven la manzana la desean, pero no pueden arrancarla; ni siquiera el rey, quien promete casarse con la dueña misma del árbol si ésta le lleva la manzana deseada.

Acerca del autor

Howard Pyle nació en los Estados Unidos en 1853 y murió en 1911. Fue escritor y profesor, pero es más conocido como ilustrador. Pyle empezó su carrera ilustrando fábulas y cuentos para una revista infantil, y poco a poco empczó a interesarse en la redacción de cuentos de hadas. Los primeros cuentos que publicó fueron versiones y adaptaciones de cuentos y leyendas tradicionales, como *The Merry Adventures of Robin Hood (Robín de los Bosques)*. Después, empezó a escribir sus propios cuentos en los que experimentaba a menudo con diferentes estilos de redacción para hacer que los relatos sonaran tradicionales.

THE APPLE OF CONTENTMENT

Howard Pyle

Story length: 21 pages

Read-aloud time: About 20 minutes

In this fairy tale, Christine, the youngest and most beautiful of three daughters, is treated harshly by her mother and sisters, who live comfortably. When Christine finds a cap that belongs to an odd-looking little man, he gives Christine a seed from the apple of contentment as a reward. The seed produces a tree whose fruit is a golden apple. Whenever Christine plucks it and eats it, all her needs are met, and another apple grows in its place. Everyone who sees the apple wishes for it but cannot pluck it, including the King, who promises to marry the owner of the tree if she will bring him the apple.

About the Author

Howard Pyle was born in 1853 in the United States, and he died in 1911. Pyle was a writer and a teacher, but he is best known as an illustrator. Pyle began his career illustrating fables and stories for a children's magazine and gradually became interested in writing fairy tales himself. The first stories he published were retellings of traditional tales and legends, such as *The Merry Adventures of Robin Hood*. Later, he began creating his own stories in which he often experimented with different writing styles to make the stories sound old fashioned.

Para obtener información más detallada sobre cómo hacer estas actividades y adaptarlas a las necesidades de los estudiantes de diferentes niveles, refiérase a los Elementos del director, a partir de la pág. 315.

Primera lectura (alrededor de 20 minutos) seguida de Preguntas para compartir (20–30 minutos)

Recuérdeles a los estudiantes que, a medida que escuchen el cuento, deben pensar en las preguntas que les gustaría hacer después de la lectura. Léales el cuento en voz alta y luego, pídales que compartan sus preguntas. Cuando ellos hagan preguntas, escríbalas en el tablero o en papel gráfico, el que puede colgar en clase para que puedan consultarlas mientras trabajan en el cuento. Con la ayuda de los estudiantes, conteste las preguntas urgentes sobre vocabulario o hechos específicos. Si el tiempo lo permite, haga que la clase considere brevemente las respuestas posibles a algunas de las otras preguntas. Explique que guardarán las preguntas sobre el significado del cuento para la Discusión colectiva.

Segunda lectura con Preguntas de pausa y reflexión (30–45 minutos)

Antes de la segunda lectura, haga que los estudiantes lean las tres preguntas de pausa y reflexión escritas al margen del texto. Mientras lee el cuento en voz alta, haga una pausa al llegar a una de las preguntas y pídales que cada uno de ellos piense en su repuesta. Después de que ellos reflexionen brevemente, pida que den sus opiniones. Use preguntas de amplificación para que aclaren sus ideas, las defiendan, o las amplíen con detalles o ejemplos. Una vez que la clase haya contestado la pregunta desde varios puntos de vista, vuelva al cuento y continúe con la lectura en voz alta hasta llegar a la pregunta de pausa y reflexión siguiente.

Discusión colectiva (30–45 minutos)

Antes de la discusión, decida cuales son las preguntas que quiere tratar con la clase (vea la página siguiente). Siempre que sea posible, siente a los estudiantes en forma tal que todos puedan verse y escucharse con facilidad. Recuérdeles que necesitarán sus libros y útiles de escritura. Distribuya ejemplares de Elaborar tu respuesta (vea el apéndice B, pág. 393) y déles a los estudiantes la oportunidad de meditar sobre la pregunta de enfoque y anotar respuestas antes de empezar la discusión. Durante la discusión, utilice preguntas relacionadas con partes específicas del cuento para ayudarles a los estudiantes a pensar en la evidencia del texto que respalde sus opiniones. En nuestras preguntas sugeridas, las preguntas de enfoque aparecen en negrillas y las preguntas relacionadas están bajo la pregunta de enfoque a que aluden.

CORE INTERPRETIVE ACTIVITIES

For more detailed information about conducting these activities and adapting them to meet the needs of students working at different levels, see the Leader's Toolbox, beginning on p. 345.

First Reading (about 20 minutes) followed by Sharing Questions (20–30 minutes)

Remind students that as they listen to the story they should think of any questions they would like to ask after the reading. Read the story aloud, and then have them share their questions. As students pose questions, you may want to write them on the board or on chart paper that can be left up during the class's work on the story. With students' help, answer pressing vocabulary or factual questions. If time permits, have the class briefly consider possible answers to a few of the other questions. Explain that you will save questions about the story's meaning for Shared Inquiry Discussion.

Second Reading with Pause-and-Reflect Questions (30–45 minutes)

Before the second reading, direct students' attention to the three pause-and-reflect questions that appear in the margins of the story. As you read the story aloud, pause when you come to a question and ask students to think about it. After a brief time for reflection, have students share their thoughts. Use follow-up questions to encourage students to clarify, support, and develop their ideas. When the class has explored the question in some depth, return to the story and continue reading until the next pause-and-reflect question.

Shared Inquiry Discussion (30–45 minutes)

Before discussion, decide which questions you want to explore with your class (see the facing page). Whenever possible, seat students so that everyone can see and hear one another easily. Remind students that they will need their books and something to write with. Distribute copies of the Building Your Answer page (see appendix B, p. 393), and give students an opportunity to reflect on the focus question and write down their answers before discussion begins. Throughout discussion, use related questions about specific parts of the story to help students think about evidence in the text that supports their opinions. In our suggested questions, focus questions appear in bold type and related questions appear under the focus question they support.

Le recomendamos que establezca su propia lista de preguntas para la Discusión colectiva (vea el prototipo Red de preguntas en el apéndice B, pág. 389). Necesitará una pregunta de enfoque, que será la pregunta que usted haga al inicio de la discusión, y preguntas relacionadas para ayudar a los estudiantes a reflexionar aún más sobre la pregunta de enfoque. Usted puede derivar la pregunta de enfoque, y las preguntas relacionadas con ésta, de las preguntas de los estudiantes, de sus propios apuntes, o de las preguntas de muestra indicadas a continuación.

Al principio, ¿por qué vacila Cristina y luego regatea con el hombrecillo cuando éste quiere que le devuelva su gorro?

- ¿Por qué piensa Cristina en quedarse con el gorrito cuando es obvio que le pertenece al hombrecillo?

- ¿Por qué, siendo tan pobre, no está interesada Cristina en el dinero?

- ¿Por qué le ofrece el hombrecillo a Cristina una recompensa tan maravillosa como la semilla de la manzana de la satisfacción?

- Al final, ¿por qué acepta Cristina la semilla de la manzana a cambio del gorro?

¿Por qué quiere el rey casarse con la joven que pueda llevarle la manzana de la satisfacción?

- ¿Por qué está tan seguro el rey de que podrá arrancar la manzana cuando los otros no han podido hacerlo?

- ¿Por qué empieza el rey a ponerse melancólico y enfermizo de tanto desear la manzana que no pudo arrancar?

- ¿Por qué le da con gusto Cristina la manzana al rey?

- ¿Por qué necesita todavía el rey probar la manzana de la satisfacción "de vez en cuando"?

We recommend that you create your own set of questions for Shared Inquiry Discussion (see the Question Web master in appendix B, p. 389). You will need a focus question, which will be the question you ask at the beginning of discussion, and related questions that help students think further about the focus question. Your focus question and related questions can be drawn from your students' questions, your own notes, or the sample questions that follow.

Why does Christine first hesitate and then bargain with the little man when he wants his cap back?

- Why does Christine consider keeping the cap, when it clearly belongs to the little man?

- Why doesn't Christine care for money, even though she is so poor?

- Why does the little man offer Christine a reward as wonderful as the apple seed?

- Why does Christine finally agree to accept the apple seed in exchange for the cap?

Why does the King want to marry the girl who can bring him the apple of contentment?

- Why is the King sure that he will be able to pluck the apple after the others have failed?

- Why does the King grow melancholy and sick thinking about the apple he could not pluck?

- Why does Christine so willingly give the apple to the King?

- Why does the King need a taste of the apple of contentment "now and then"?

ACTIVIDADES ADICIONALES

Estas actividades hacen que los estudiantes comprendan mejor el cuento y lo disfruten más y que desarrollen destrezas del vocabulario, la escritura, y el razonamiento crítico. Las necesidades y los intereses de su grupo le ayudarán a determinar cuáles actividades debe incluir en el programa de actividades básicas.

Preparación del contexto

Oportunidad: Antes de la primera lectura

Presente el cuento diciéndoles a los estudiantes que se trata de una joven que debe decidir qué clase de recompensa quiere a cambio de algo que encontró. Pídales que se imaginen que han encontrado algo muy especial y que el dueño del objeto perdido está dispuesto a darles algo para que se lo devuelvan. Dirija una discusión breve y hágales algunas de las preguntas siguientes: *¿Qué pedirías a cambio? ¿Qué motivos tuviste para pedir la recompensa? ¿Por qué preferirías la recompensa que pediste a la de otro compañero de clase?*

Vocabulario

Oportunidad: En cualquier momento después de la primera lectura

Interpretación de las palabras (vea la página de actividades). Los estudiantes averiguan los significados de *satisfacción* relacionados con el cuento.

Mis tiras cómicas (vea el apéndice B, pág. 399). Haga que los estudiantes usen tres de las palabras siguientes, o derivados de las

mismas, para crear una tira cómica: *aristocrática, arrancar, atormentar, cabalgar, contemplar, disimuladamente, harapos, melancólico,* y *vivienda.* Anímelos para que usen la imaginación.

Actividades creativas

Oportunidad: En cualquier momento después de la primera lectura

- Haga que los estudiantes dibujen una escena basada en el cuento (vea el prototipo del arte en el apéndice B, pág. 407). Los personajes y las escenas que prometan más son la madre y las hermanas de Cristina, el extraño hombrecillo gris, un personaje que trata de arrancar la manzana de la satisfacción, o una de las hermanas cuando abre la servilleta ante el rey.

- Haga que los estudiantes representen dramáticamente una escena del cuento. Las escenas que prometan más incluyen el primer intento del rey y de sus criados de comprar y arrancar la manzana de la satisfacción, y las tres visitas del mayordomo para saber quién es la dueña del árbol.

- Dirija a los estudiantes en una lluvia de ideas sobre inventos imaginarios y mágicos que podrían hacer contenta a la gente, tales como "el abrigo de la satisfacción" o "la silla de la satisfacción". Luego, haga que los estudiantes creen afiches para promocionar y explicar las características especiales de los inventos.

- Elabore con la clase un libro titulado *La satisfacción es…* Cada uno de los estudiantes hace una página que pinte o describa en prosa, imágenes o poesía la idea que tenga de la satisfacción.

SUPPLEMENTAL ACTIVITIES

These activities will deepen students' understanding and enjoyment of the story and develop vocabulary, writing, and critical-thinking skills. The needs and interests of your group will help you determine which activities to add to the schedule of core activities.

Building Context

Timing: Before the first reading

Introduce the story by telling students that it is about a girl who must decide what kind of reward she wants in return for something she found. Ask students to imagine that they've found something very special and the owner of the lost object is willing to give them anything to get it back. Ask some of the following questions to encourage them to elaborate: *What would you ask for? What are the reasons you asked for your reward? Why would you prefer the reward you asked for over that of a classmate?*

Vocabulary

Timing: Anytime after the first reading

Interpreting Words (see activity page). Students explore the meanings of *satisfacción* in relation to the story.

My Comic Strip (see appendix B, p. 399). Have students select three of the following words, or forms of the words, to create their

own comic strip: *aristocrática, arrancar, atormentar, cabalgar, contemplar, disimuladamente, harapos, melancólico,* and *vivienda.* Encourage them to use their imaginations.

Creative Endeavors

Timing: Anytime after the first reading

- Have students draw a scene from the story (see the art master in appendix B, p. 407). Promising characters and scenes include Christine's mother and sisters, the odd-looking little man, a character trying to pluck the apple of contentment, or one of the sisters unwrapping her napkin for the king.

- Have students dramatize a scene from the story. Promising scenes include the King and his servants' first attempt to buy and pluck the apple of contentment and the steward's three visits to find the owner of the apple tree.

- Lead students in brainstorming imaginary, magical inventions that could bring people contentment, such as the "overcoat of contentment" or "the chair of contentment." Then have students create posters that advertise and explain the special features of the inventions.

- Make a class *Satisfacción es…* book. Each student makes a page depicting or describing their own idea of contentment in pictures, poetry, or prose.

Observación literaria

Oportunidad: En cualquier momento después de la segunda lectura

Dos princesas (vea la página de actividades). Si los estudiantes han leído "Cenicienta" (pág. 62) antes de leer "La manzana de la satisfacción", pueden usar un cuadro para comparar y contrastar los dos cuentos de hadas.

¿Qué dirías tú? (vea la página de actividades). Los estudiantes observan cómo se dirige el autor a los lectores a lo largo del cuento y le responden por escrito.

Escritura

Oportunidad: Después de la Discusión colectiva

Ensayo personal (vea la página de actividades). Los estudiantes reflexionan sobre una persona u objeto que les da satisfacción en la vida.

Escritura evaluativa (vea la página de actividades). Los estudiantes examinan los aspectos de la siguiente pregunta: *¿Debió Cristina haber compartido la manzana de la satisfacción con la madre y las hermanas?*

Para explorar más...

Literatura

* Roald Dahl, *Charlie and the Chocolate Factory* (Nueva York: Puffin, 1998). Cuento de un muchacho pobre pero feliz que se encuentra con cuatro ganadores más que son niños adinerados pero descontentos. Se consigue en español bajo el título *Charlie y la fábrica de chocolate* (Buenos Aires: Ediciones Alfaguara, 1995).

* Shel Silverstein, *The Giving Tree* (Nueva York: HarperCollins Juvenile Books, 1986). Es el cuento de un árbol que reconforta a un muchacho durante toda su vida. Se consigue en español bajo el título *El árbol generoso*, trad. de Carla Pardo Valle (Nueva York: Lectorum Publications, 1996).

* Milo Winter, ilustrador, *The Aesop for Children* (Nueva York: Scholastic, 1994). Las fábulas tradicionales contadas en un lenguaje conciso y con ilustraciones en estilo antiguo. Muchas de estas fábulas tratan de la felicidad y la codicia, como "The Dog and His Reflection" y "The Goose and the Golden Egg".

Looking at Literature

Timing: Anytime after the first reading

Two Princesses (see activity page). If students have read "Cinderella" (p. 62) before reading "The Apple of Contentment," they can use a chart to compare and contrast the two fairy tales.

What Would You Say? (see activity page). Students look at how the author addresses readers throughout the story and respond to the author in writing.

Writing

Timing: After Shared Inquiry Discussion

Personal Essay (see activity page). Students reflect on a person or object in their life that brings them contentment.

Evaluative Writing (see activity page). Students explore aspects of the question, *Should Christine have shared the apple of contentment with her mother and sisters?*

For Further Exploration

Literature

* Roald Dahl, *Charlie and the Chocolate Factory* (New York: Puffin, 1998). Chapter book about a poor but happy boy who wins a ticket to visit a magical chocolate factory. There he meets four other winners who are well off but discontented children. Available in Spanish as *Charlie y la fábrica de chocolate* (Buenos Aires: Ediciones Alfaguara, 1995).

* Shel Silverstein, *The Giving Tree* (New York: HarperCollins Juvenile Books, 1986). The story of a tree that provides comfort to a boy throughout his life. Available in Spanish as *El árbol generoso,* trans. Carla Pardo Valle (New York: Lectorum Publications, 1996).

* Milo Winter, illus., *The Aesop for Children* (New York: Scholastic, 1994) The traditional fables told with rich language and wonderful illustrations. Many address the issues of contentment and greed, such as "The Dog and His Reflection" and "The Goose and the Golden Egg."

Nombre: _____

El autor nos dice que "Cristina era la muchacha más feliz entre las siete colinas que se alzan en los confines de la tierra, pues nadie en el mundo puede tener nada mejor que la **satisfacción** y eso era lo que la manzana le había traído."

satisfacción
• sentirse contento con lo que uno tiene   • sentirse feliz con uno mismo

¿Por qué necesita Cristina tan poco para **sentirse contenta**?

_____

_____

¿Por qué **se siente Cristina tan feliz** cuando es una guardagansos?

_____

_____

¿En qué forma su **satisfacción** le ayudará a Cristina a ser una

buena reina?_____

_____

Nombre: _____

Cuando leíste este cuento, en cierta forma puedes haberse acordado de "Cenicienta". Usa el cuadro de abajo para demostrar en qué se parecen y en qué difieren estos dos cuentos.

Elementos de los cuentos de hadas	Cenicienta	La manzana de la satisfacción
¿Quién es la heroína y cómo es ella?		
¿Quiénes son los villanos?		
¿Qué le pasa a la heroína?		
¿Qué tiene de mágico el cuento?		
¿Quiénes ayudan amablemente a la heroína?		
Al final, ¿qué le ocurre a la heroína?		
Al final, ¿qué les pasa a los villanos?		

Me gustó más   **Cenicienta**   **La manzana de la satisfacción**   porque

_____

_____

_____

_____

_____

Nombre: _____

El autor de este cuento interrumpe el relato en varias partes para hablarte directamente a ti, el lector. Presta atención a los ejemplos que siguen y escribe lo que harías o dirías si hubieras estado allí.

En la página _____, cuando la hija mayor le lleva la manzana al rey, el autor escribe: "Y a ustedes les costará creerlo, pero yo les digo que lo único que había en esa servilleta era una piedra redonda y dura."

Tu respuesta: Creo que _____

_____

_____

En la página _____, cuando Cristina y el rey se casan, el autor escribe: "Fue una boda magnífica, les aseguro. Es una lástima que no estuvieran ustedes ahí".

Tu respuesta: Si yo hubiera estado ahí, _____

_____

_____

Al final del cuento, el autor escribe: "Bueno, aquí se acaba este cuento. ¿Qué significado tiene? ¿No lo ven ustedes?"

Tu respuesta: Lo que veo es _____

_____

_____

_____

¿Por qué crees que el autor decide algunas veces hablar directamente

al lector? _____

_____

_____

_____

_____

Nombre: _____

Todos tenemos una persona o un objeto especial en nuestras vidas que nos ayuda a sentirnos mejor cuando estamos tristes, preocupados, o asustados.

Mi _____ **de la satisfacción**

¿Cuáles son las cualidades de la persona o del objeto que le da satisfacción?

Describe una ocasión en la que tu persona u objeto especial te ayudó a sentirte mejor.

Nombre: _____

Cristina compartió con el rey la manzana, pero nunca permitió que la madre y las hermanas la probaran. Explica lo que piensa de Cristina y de la familia de ella antes de decidir lo que Cristina debiera haber hecho.

Creo que la madre y las hermanas de Cristina querían la manzana porque

_____

_____

_____

_____

Creo que Cristina no compartió con ellas la manzana porque

_____

_____

_____

_____

Si Cristina hubiera compartido con ellas la manzana, creo que ellas

habrían _____

_____

_____

_____

Creo que Cristina **debió   no debió** haber compartido la manzana
con la madre y las hermanas porque

_____

_____

_____

_____

_____

_____

—*Todo aquel que vea la manzana la deseará.*

La manzana de la satisfacción

Howard Pyle

Traducción de Osvaldo Blanco

Érase una vez una mujer que tenía tres hijas. La mayor de ellas era bizca de ambos ojos, pero la madre igualmente la amaba, pues ella misma era bizca de los dos ojos. La segunda hija tenía un hombro más alto que el otro y sus cejas eran negras como hollín de chimenea; sin embargo, la mujer la amaba tanto como a la otra hija, pues ella también tenía las cejas negras y un hombro más alto que el otro.

129

There was a woman once, and she had three daughters. The first daughter squinted with both eyes, yet the woman loved her as she loved salt, for she herself squinted with both eyes. The second daughter had one shoulder higher than the other, and eyebrows as black as soot in the chimney, yet the woman loved her as well as she loved the other, for she herself had black eyebrows and one shoulder higher than the other.

The youngest daughter was as pretty as a ripe apple, and had hair as fine as silk and the color of pure gold, but the woman loved her not at all, for, as I have said, she herself was neither pretty, nor had she hair of the color of pure gold. Why all this was so, even Hans Pfifendrummel cannot tell, though he has read many books and one over.

The first sister and the second sister dressed in their Sunday clothes every day, and sat in the sun doing nothing, just as though they had been born ladies, both of them.

As for Christine—that was the name of the youngest girl—as for Christine, she dressed in nothing but rags, and had to drive the geese to the hills in the morning and home again in the evening, so that they might feed on the young grass all day and grow fat.

The first sister and the second sister had white bread (and butter beside) and as much fresh milk

La hija más joven era linda como una manzana madura, tenía el cabello suave como la seda y dorado como el oro, pero la mujer no la quería nada, porque, como ya dije, ella misma no era bonita ni tenía el cabello dorado. Por qué las cosas eran así, ni siquiera Hans Pfifendrummel podría explicarlo, a pesar de todos los libros que ha leído.

Las dos hermanas mayores vestían todos los días sus ropas de domingo y se sentaban al sol sin hacer nada, como si fueran aristócratas de nacimiento.

En cuanto a Cristina —que así se llamaba la más joven—, ella vestía solamente ropas harapientas, y tenía que llevar los gansos al monte por la mañana y traerlos al atardecer, para que pudieran alimentarse todo el día de hierba tierna y engordar.

Las dos hermanas mayores comían pan blanco (con mantequilla, además) y tanta leche fresca como

130

desearan tomar, pero Cristina tenía que comer mondaduras de queso y cortezas de pan, y apenas las suficientes para no ser atormentada por el hambre. ¡Así eran las cosas en aquella casa!

Bueno, una mañana Cristina salió para el monte con su bandada de gansos, ocupando las manos en su tejido para aprovechar el tiempo. De ese modo anduvo por el camino polvoriento hasta que, al poco rato, llegó a un lugar donde había un puente que cruzaba

131

as they could drink, but Christine had to eat cheese-parings and bread-crusts, and had hardly enough of them to keep Goodman Hunger from whispering in her ear.

This was how the churn clacked in that house!

Well, one morning Christine started off to the hills with her flock of geese, and in her hands she carried her knitting, at which she worked to save time. So she went along the dusty road until, by-and-by, she came to a place where a bridge crossed the brook, and what should she see there but a little red cap, with a silver bell at the point of it, hanging from the alder branch. It was such a nice, pretty little red cap that Christine thought that she would take it home with her, for she had never seen the like of it in all of her life before.

So she put it in her pocket, and then off she went with her geese again. But she had hardly gone two-score of paces when she heard a voice calling her, "Christine! Christine!"

She looked, and who should she see but a queer little gray man, with a great head as big as a cabbage and little legs as thin as young radishes.

"What do you want?" said Christine, when the little man had come to where she was.

Oh, the little man only wanted his cap again, for without it he could not go back home into the hill—that was where he belonged.

But how did the cap come to be hanging from the bush?

el arroyo. Y allí vio, colgando de una rama de un aliso, nada menos que un gorrito rojo terminado en punta, de la que pendía una campanita de plata. Era un gorrito rojo tan precioso que Cristina pensó en llevárselo a casa, pues nunca en su vida había visto nada parecido.

De manera que se lo puso en el bolsillo y continuó andando con sus gansos. Pero apenas había dado dos veintenas de pasos cuando oyó una voz que la llamaba:

—¡Cristina! ¡Cristina!

Se volvió para mirar, y lo que vio fue un extraño hombrecillo gris, con una cabezota como un repollo y unas piernas pequeñitas, delgadas como espárragos.

—¿Qué quieres? —preguntó Cristina, cuando el hombrecillo se acercó adonde estaba ella.

Oh, el hombrecillo sólo deseaba que le devolviera su gorro, porque sin él no podría regresar a su casa en la montaña, que era donde él vivía. Pero, ¿cómo había ido a parar el gorrito a la rama donde

132

Cristina lo halló colgado? Ella quería saber eso antes de devolverlo.

Bueno, el hombrecillo montañés estaba pescando más arriba en el arroyo cuando una ráfaga de viento le hizo volar el gorro al agua, y entonces él lo colgó para que se secara. Eso era todo. Y ahora, ¿quisiera Cristina hacer el favor de dárselo?

Cristina no sabía qué hacer. Tal vez se lo daría, tal vez no. Se trataba de un gorrito muy lindo... La cuestión era, ¿qué le daría a cambio el enanito del interior de la tierra?

Oh, él le daría gustosamente cinco monedas.

No, cinco monedas no eran suficientes por un gorrito tan lindo... que además tenía colgando una campanita de plata.

Bueno, el hombrecillo no quería regatear; le daría entonces cien monedas por él.

Pero a Cristina no le interesaba el dinero. ¿Qué otra cosa podía ofrecer el hombrecillo por ese adorable gorrito?

—Mira, Cristina —dijo el hombrecillo—, te daré esto a cambio del gorro.

133

Yes, Christine would like to know that before she gave it back again.

Well, the little hill-man was fishing by the brook over yonder when a puff of wind blew his cap into the water, and he just hung it up to dry. That was all that there was about it, and now would Christine please give it to him?

Christine did not know how about that. Perhaps she would and perhaps she would not. It was a nice, pretty little cap— what would the little underground man give her for it? That was the question.

Oh, the little man would give her five thalers for it, and gladly.

No, five thalers was not enough for such a pretty little cap—see, there was a silver bell hanging to it too.

Well, the little man did not want to be hard at a bargain. He would give her a hundred thalers for it.

No, Christine did not care for money. What else would he give for this nice, dear little cap?

"See, Christine," said the little man, "I will give you this for the cap."

And he showed her something in his hand that looked just like a bean, only it was as black as a lump of coal.

"Yes, good, but what is that?" said Christine.

"That," said the little man, "is a seed from the apple of contentment. Plant it, and from it will grow a tree, and from the tree an apple. Everybody in the world that sees the apple will long for it, but nobody in the world can pluck it but you. It will always be meat and drink to you when you are hungry, and warm clothes to your back when you are cold. Moreover, as soon as you pluck it from the tree, another as good will grow in its place. *Now,* will you give me my hat?"

Oh yes, Christine would give the little man his cap for such a seed as that, and gladly enough. So the little man gave Christine the seed, and Christine gave the little man his cap again. He put the cap on his head, and— puff!—

...

Y le mostró algo que tenía en la mano, parecido a un frijol, sólo que era negro como un trozo de carbón.

—Está bien, pero ¿qué es? —dijo Cristina.

—Esto —dijo el hombrecillo— es una semilla de la manzana de la satisfacción. Plántala, y de ella brotará un árbol, y del árbol una manzana. Todo aquel que vea la manzana la deseará, pero nadie podrá arrancarla, excepto tú. Te dará de comer y beber cuando tengas hambre, y ropas abrigadas para cubrirte cuando sientas frío. Además, tan pronto como la arranques del árbol, otra exactamente igual brotará en su lugar. Bueno, ¿me das ahora mi gorro?

Oh, sí, Cristina le daría encantada el gorro por una semilla como ésa. Entonces el hombrecillo le entregó la semilla, y Cristina le dio el gorro. Él se lo puso en la cabeza y... *¡ZAS!*... desapareció de la

134

vista, tan rápido como la llama de una vela cuando uno sopla para apagarla.

Así que Cristina se llevó la semilla a casa y la plantó frente a la ventana de su cuarto. A la mañana siguiente, al mirar por la ventana vio que había allí un árbol hermoso, y del árbol colgaba una manzana que brillaba al sol como si fuera de oro puro. Entonces salió y arrancó la manzana del árbol con la misma facilidad que se arranca una grosella, y tan pronto como lo hizo brotó otra manzana en su lugar. Como tenía hambre, se la comió, y le pareció que nunca había probado algo tan delicioso, pues sabía a panqueque con leche y miel.

Al rato salió de la casa la mayor de sus hermanas, miró a su alrededor y, al ver aquel hermoso árbol con la manzana dorada que pendía de él, se quedó muda contemplándolo.

Luego empezó a desear la manzana cada vez más, como nunca había deseado otra cosa en su vida.

135

away he was gone, as suddenly as the light of a candle when you blow it out.

So Christine took the seed home with her, and planted it before the window of her room. The next morning when she looked out of the window she beheld a beautiful tree, and on the tree hung an apple that shone in the sun as though it were pure gold. Then she went to the tree and plucked the apple as easily as though it were a gooseberry, and as soon as she had plucked it another as good grew in its place. Being hungry she ate it, and thought that she had never eaten anything as good, for it tasted like pancake with honey and milk.

By-and-by the oldest sister came out of the house and looked around, but when she saw the beautiful tree with the golden apple hanging from it you can guess how she stared.

Presently she began to long and long for the apple as she had never longed for anything in her life.

"I will just pluck it," said she, "and no one will be the wiser for it." But that was easier said than done. She reached and reached, but she might as well have reached for the moon. She climbed and climbed, but she might as well have climbed for the sun—for either one would have been as easy to get as that which she wanted. At last she had to give up trying for it, and her temper was none the sweeter for that, you may be sure.

After a while came the second sister, and when she saw the golden apple she wanted it just as much as the first had done. But to want and to get are very different things, as she soon found, for she was no more able to get it than the other had been.

Last of all came the mother, and she also strove to pluck the apple. But it was no use. She had no more luck of her trying than her daughters. All that the

—Simplemente, la arrancaré —dijo—, y nadie se dará cuenta de nada.

Pero del dicho al hecho hay mucho trecho. La joven extendió la mano, estirándose, pero fue como si tratara de alcanzar la luna. Trepó al árbol, y trepó más alto, pero fue como trepar para alcanzar el sol… La luna y el sol habrían sido igualmente tan difíciles de conseguir como aquello que deseaba. Finalmente, tuvo que darse por vencida, lo cual no ayudó nada, puedo asegurarles, a quitarle el mal humor.

Después de un rato vino la segunda hermana, y cuando vio la manzana dorada la deseó tanto como la había deseado la otra hermana. Pero desear y conseguir son cosas muy distintas, como no tardó en comprobar, ya que no fue más hábil que su hermana para alcanzar la manzana.

Por último vino la madre, y ella también se esforzó por arrancar la manzana. Pero fue inútil. Ella no tuvo más suerte que las hijas en sus esfuerzos. Todo lo que

136

pudieron hacer las tres mujeres fue quedarse paradas bajo el árbol, mirando la manzana, y deseándola y deseándola sin cesar.

Ellas no son las únicas personas que han tenido una experiencia similar, con la manzana de la satisfacción pendiente justo encima de ellas.

En cuanto a Cristina, ésta no tenía más que arrancar la manzana cada vez que la deseara. ¿Sentía hambre? Allí estaba la manzana, colgando del árbol para ella. ¿Tenía sed? Allí la esperaba la manzana. ¿Frío? Allí seguía la manzana. De modo que, ya ven ustedes, Cristina era la muchacha más feliz entre las siete colinas que se alzan en los confines de la tierra, pues nadie en el mundo puede tener nada mejor que la satisfaccíon, y eso era lo que la manzana le había traído.

Un día pasó el rey con todo su séquito cabalgando por el camino. El rey levantó la vista, vio la manzana que colgaba del árbol, y le acometió un gran deseo de probarla.

137

¿Por qué la manzana de la satisfacción le da a Cristina justo lo que necesita y nada más?

☙

three could do was to stand under the tree and look at the apple, and wish for it and wish for it.

They are not the only ones who have done the like, with the apple of contentment hanging just above them.

As for Christine, she had nothing to do but to pluck an apple whenever she wanted it. Was she hungry? There was the apple hanging in the tree for her. Was she thirsty? There was the apple. Cold? There was the apple. So you see, she was the happiest girl betwixt all the seven hills that stand at the ends of the earth, for nobody in the world can have more than contentment, and that was what the apple brought her.

One day a king came riding along the road, and all of his people with him. He looked up and saw the apple hanging in the tree, and a great desire came upon him to have a taste of it.

Why does the apple of contentment give Christine what she needs and no more?

☙

So he called one of the servants to him, and told him to go and ask whether it could be bought for a potful of gold.

So the servant went to the house, and knocked on the door—rap! tap! tap!

"What do you want?" said the mother of the three sisters, coming to the door.

Oh, nothing much, only a king was out there in the road, and wanted to know if she would sell the apple yonder for a potful of gold.

Yes, the woman would do that. Just pay her the pot of gold and he might go and pluck it and welcome.

So the servant gave her the pot of gold, and then he tried to pluck the apple. First he reached for it, and then he climbed for it, and then he shook the limb.

But it was no use for him to try. He could no more get it—well—than *I* could if I had been in his place.

Entonces llamó a uno de sus criados y lo mandó a preguntar si podían venderle la manzana por una vasija llena de oro.

De manera que el criado se dirigió a la casa y golpeó a la puerta: ¡pum! ¡pum! ¡pum!

—¿Qué deseas? —preguntó la madre de las tres hermanas, saliendo a la puerta.

Oh, nada demasiado importante, solamente el rey, que está ahí afuera en el camino y quisiera saber si ella le vendería esa manzana del huerto por una vasija llena de oro.

Sí, la mujer le vendería la manzana. Sólo tenía él que darle la vasija con el oro y podía ir a arrancarla, ¡y buen provecho!

Entonces el criado le entregó la vasija llena de oro, y luego trató de arrancar la manzana. Primero extendió la mano, después trepó para alcanzarla, y finalmente sacudió la rama.

Pero de nada sirvieron sus intentos. No pudo conseguir la manzana, como tampoco la habría conseguido... bueno, ni yo mismo, de haber estado en su lugar.

138

Por último, el criado tuvo que volver donde el rey. La manzana estaba allí, le dijo, y la mujer se la había vendido, pero por más que trató de arrancarla resultó tan imposible como arrancar las estrellas del cielo.

Seguidamente, el rey le ordenó a su mayordomo que fuera a arrancársela. Pero el mayordomo, a pesar de que era un hombre alto y fuerte, sufrió la misma suerte que el criado cuando quiso arrancar la manzana.

De modo que tuvo que volver al rey con las manos vacías; no, él tampoco había podido arrancarla.

Entonces el rey mismo fue. Él sabía que podía arrancarla... ¡claro que podía! Bueno, él trató, y volvió a tratar, pero todo cuanto hizo fue

139

At last the servant had to go back to the King. The apple was there, he said, and the woman had sold it, but try and try as he would he could no more get it than he could get the little stars in the sky.

Then the King told the steward to go and get it for him, but the steward, though he was a tall man and a strong man, could no more pluck the apple than the servant.

So he had to go back to the King with an empty fist. No, he could not gather it, either.

Then the King himself went. He knew that he could pluck it—of course he could! Well, he tried and tried, but nothing came of his trying, and he had to ride away at last without having had so much as a smell of the apple.

After the King came home, he talked and dreamed and thought of nothing but the apple; for the more he could not get it the more he wanted it—that is the way we are made in this world. At last he grew melancholy and sick for want of that which he could not get. Then he sent for one who was so wise that he had more in his head

en vano, y al final tuvo que marcharse en su caballo sin haberle tomado siquiera el olor a aquella manzana.

De regreso en su palacio, el rey no hizo otra cosa que hablar, soñar, y pensar acerca de la manzana, pues cuanto más imposible se le hacía conseguir algo, tanto más lo deseaba... Así es como somos los seres humanos. Empezó a ponerse melancólico y enfermizo de tanto desear lo que no podía conseguir. Un día mandó a buscar a un hombre que era tan sabio que tenía más en su cabeza que

140

diez hombres juntos. Este hombre sabio le dijo al rey que la única persona que podía arrancar para él la fruta de la satisfacción era la dueña misma del árbol. Esa persona era una de las hijas de la mujer que le había vendido la manzana por una vasija colmada de oro.

El rey se puso muy contento al oír aquello. Ordenó que ensillaran su caballo y partió con su séquito en dirección a la casita donde vivía Cristina. Al llegar, encontraron a la madre y las hermanas mayores, pero Cristina estaba en el monte con sus gansos.

Quitándose el sombrero, el rey saludó con una reverencia. Contó lo que el hombre sabio le había dicho en el palacio, y entonces quería saber a quién de las hijas pertenecía el manzano.

—Ah, la mayor de mis hijas es la dueña del árbol —dijo la mujer.

¡Muy bien! Entonces, si la hija mayor le conseguía la manzana, él la llevaría al palacio, se casaría con ella, y la proclamaría

141

than ten men together. This wise man told him that the only one who could pluck the fruit of contentment for him was the one to whom the tree belonged. This was one of the daughters of the woman who had sold the apple to him for the pot of gold.

When the King heard this he was very glad. He had his horse saddled, and he and his court rode away, and so came at last to the cottage where Christine lived. There they found the mother and the elder sisters, for Christine was away on the hills with her geese.

The King took off his hat and made a fine bow.

The wise man at home had told him this and that; now to which one of her daughters did the apple tree belong? so said the King.

"Oh, it is my oldest daughter who owns the tree," said the woman.

So, good! Then if the oldest daughter would pluck the apple for him he would take her home and marry her and make a queen of her. Only let her get it for him without delay.

Prut! that would never do. What! was the girl to climb the apple tree before the King and all of the court? No! No! Let the King go home, and she would bring the apple to him all in good time; that was what the woman said.

Well, the King would do that, only let her make haste, for he wanted it very much indeed.

reina. Pero tendría que conseguirle la manzana sin demora.

¡Ah, no! Eso no podía ser. ¿Treparse la muchacha al manzano delante del rey y de todos sus cortesanos? ¡No, no, no! Que se volviera el rey a su palacio, y la muchacha le llevaría oportunamente la manzana. Así le habló la mujer.

Bueno, el rey aceptaría eso, pero la joven debía darse prisa, porque él deseaba mucho aquella manzana.

142

Tan pronto como el rey se marchó, la mujer y sus hijas enviaron a buscar al monte a la muchacha de los gansos. Entonces le dijeron que el rey deseaba aquella manzana y que ella tenía que arrancarla para que su hermana se la llevara. Si no hacía lo que le mandaban la arrojarían al pozo. De modo que Cristina tuvo que arrancar la fruta, y enseguida la hermana mayor la envolvió en una servilleta y partió muy contenta para el palacio del rey. ¡Pum! ¡pum! ¡pum!, llamó a la puerta. ¿Había traído la manzana para el rey?

Oh, sí, la había traído. Ahí estaba, bien envuelta en una fina servilleta.

En cuanto oyeron eso, no la hicieron esperar ni un momento, les aseguro. Tan pronto como estuvo en presencia del rey, la muchacha abrió la servilleta. Y a ustedes les costará creerlo, pero yo les digo que lo único que había en esa servilleta era una piedra redonda y dura. Cuando el rey vio que era sólo una piedra, se puso tan

143

¿Por qué la manzana de la satisfacción se convierte en una piedra cuando la hermana mayor se la da al rey?

As soon as the King had gone, the woman and her daughters sent for the goose-girl to the hills. Then they told her that the King wanted the apple yonder, and that she must pluck it for her sister to take to him. If she did not do as they said they would throw her into the well. So Christine had to pluck the fruit, and as soon as she had done so the oldest sister wrapped it up in a napkin and set off with it to the King's house, as pleased as pleased could be. Rap! tap! tap! she knocked at the door. Had she brought the apple for the King?

Oh yes, she had brought it. Here it was, all wrapped up in a fine napkin.

After that they did not let her stand outside the door till her toes were cold, I can tell you. As soon as she had come to the King she opened her napkin. Believe me or not as you please, all the same, I tell you that there was nothing in the napkin but a hard round stone. When the King saw only a stone

Why does the apple of contentment change into a stone when the oldest daughter gives it to the king?

he was so angry that he stamped like a rabbit and told them to put the girl out of the house. So they did, and she went home with a flea in her ear, I can tell you.

Then the King sent his steward to the house where Christine and her sisters lived.

He told the woman that he had come to find whether she had any other daughters.

Yes, the woman had another daughter, and, to tell the truth, it was she who owned the tree. Just let the steward go home again and the girl would fetch the apple in a little while.

As soon as the steward had gone, they sent to the hills for Christine again. Look! she must pluck the apple for the second sister to take to the King. If she did not do that they would throw her into the well.

So Christine had to pluck it, and gave it to the second sister,

furioso que dio patadas en el suelo como un conejo, y ordenó que sacaran a la muchacha del palacio. Por tanto, la sacaron y ella regresó a casa con las orejas gachas, puedo asegurarles.

Más tarde el rey envió a su mayordomo a la casa donde vivían Cristina y sus hermanas.

El mayordomo le dijo a la mujer que había venido a averiguar si tenía ella otras hijas.

La mujer le respondió que sí, que tenía otra hija, y a decir verdad era ella la dueña del árbol. El mayordomo podía volver al palacio y la muchacha le llevaría la manzana un poco más tarde.

Tan pronto como se fue el mayordomo, la madre y la hermana mayor enviaron a alguien otra vez al monte en busca de Cristina. Le dijeron a ésta que tenía que arrancar la manzana para que la segunda hermana se la llevara al rey. Si no lo hacía, la arrojarían al pozo.

De manera que Cristina tuvo que arrancar la manzana y dársela a su segunda hermana,

144

quien luego de envolverla en una servilleta se dirigió al palacio del rey. Pero no le fue mejor que a la otra, porque cuando abrió la servilleta no había en ella más que una bola de barro. Así que la mandaron de vuelta a casa enjugándose las lágrimas con su delantal.

Poco tiempo después se presentó otra vez en la casa el mayordomo. ¿No tenía la mujer otras hijas, además de aquellas dos?

Bueno, sí, había una, pero era sólo una pobre andrajosa sin importancia, que no servía para nada en el mundo salvo cuidar de los gansos.

¿Y dónde estaba ella?

Oh, estaba allá arriba en el monte, cuidando de su bandada.

Pero, ¿no podría verla el mayordomo?

Sí, podía verla, pero no era más que una pobre simplona.

Aun así, el mayordomo desearía verla, pues para eso lo había enviado el rey.

De modo que no hubo más remedio que enviar a buscar a Cristina al monte.

145

who wrapped it up in a napkin and set off for the King's house. But she fared no better than the other, for, when she opened the napkin, there was nothing in it but a lump of mud. So they packed her home again with her apron to her eyes.

After a while the King's steward came to the house again. Had the woman no other daughter than these two?

Well, yes, there was one, but she was a poor ragged thing, of no account, and fit for nothing in the world but to tend the geese.

Where was she?

Oh, she was up on the hills now tending her flock.

But could the steward see her?

Yes, he might see her, but she was nothing but a poor simpleton.

That was all very good, but the steward would like to see her, for that was what the King had sent him there for.

So there was nothing to do but to send to the hills for Christine.

After a while she came, and the steward asked her if she could pluck the apple yonder for the King.

Yes, Christine could do that easily enough. So she reached and picked it as though it had been nothing but a gooseberry on the bush. Then the steward took off his hat and made her a low bow in spite of her ragged dress, for he saw that she was the one for whom they had been looking all this time.

Al rato llegó ella y el mayordomo le pidió si podría arrancar aquella manzana para el rey.

Sí, Cristina podía hacer eso con toda facilidad. Entonces estiró la mano y tomó la manzana como si hubiera sido simplemente una grosella en su arbusto. Ante eso, el mayordomo se quitó el sombrero y le hizo una profunda reverencia, a pesar de estar vestida tan pobremente, pues comprendió que era la muchacha que habían estado buscando todo ese tiempo.

146

Entonces Cristina se puso la manzana en el bolsillo y, seguidamente, ella y el mayordomo emprendieron juntos el camino hacia el palacio del rey.

Cuando llegaron, todos empezaron a reírse disimuladamente, cubriéndose la cara con las manos, al ver a la guardagansos harapienta que había traído el mayordomo. Pero éste no hizo el menor caso.

—¿Has traído la manzana? —preguntó el rey en cuanto llevaron a Cristina a su presencia.

—Sí, aquí está —respondió la muchacha, sacándola del bolsillo y ofreciéndosela.

So Christine slipped the golden apple into her pocket, and then she and the steward set off to the King's house together.

When they had come there everybody began to titter and laugh behind the palms of their hands to see what a poor ragged goose-girl the steward had brought home with him. But for that the steward cared not a rap.

"Have you brought the apple?" said the King, as soon as Christine had come before him.

Yes, here it was, and Christine thrust her hand into her pocket and brought it forth.

147

Then the King took a great bite of it, and as soon as he had done so he looked at Christine and thought that he had never seen such a pretty girl. As for her rags, he minded them no more than one minds the spots on a cherry. That was because he had eaten of the apple of contentment.

And were they married? Of course they were! And a grand wedding it was, I can tell you. It is a pity that you were not there, but though you were not, Christine's mother and sisters were, and, what is more, they danced with the others, though I believe they would rather have danced upon pins and needles.

"Never mind," said they. "We still have the apple of contentment at home, though we cannot taste of it." But no, they had nothing of the kind. The next morning it stood before the young Queen Christine's window, just as it had at her old home, for it belonged to her and to no one else in all of the world.

Why are Christine's mother and sisters satisfied with the thought that the apple tree will still be at their home, even though they can't pick the apple?

᭤

¿Por qué la madre y las hermanas de Cristina están contentas cuando piensan que el manzano se quedará en la casa a pesar de que ellas no podrán arrancar la manzana de la satisfacción?

᭤

Entonces el rey le dio a la manzana un gran mordisco, y se quedó luego mirando a Cristina como si nunca hubiera visto una joven tan bonita. En cuanto a sus harapos, no le merecieron más atención que las motitas de una cereza. Eso fue así porque había probado la manzana de la satisfacción.

¿Y entonces se casaron? ¡Por supuesto que se casaron! Fue una boda magnífica, les aseguro. Es una lástima que no estuvieran ustedes ahí, pero sí estuvieron la madre y las hermanas de Cristina, quienes bailaron con los demás, aunque yo creo que habrían preferido bailar sobre ascuas.

—No importa —dijeron ellas—. Todavía tenemos la manzana de la satisfacción en casa, aunque no podamos probarla.

Pero no tuvieron nada de eso. A la mañana siguiente, el manzano se alzaba frente a la ventana de la joven reina Cristina, igual que antes frente a su vieja vivienda, porque le pertenecía a ella y a nadie más en el mundo entero. Y fue una

148

suerte para el rey, porque él necesitaba,
como todos los demás, probar la manzana
de vez en cuando, y nadie más que Cristina
podía arrancarla del árbol.

Bueno, aquí se acaba este cuento.
¿Qué significado tiene?
¿No lo ven ustedes? ¡Vaya!
¡Abran bien los ojos
y miren otra vez!

That was lucky for the King, for
he needed a taste of it now and
then as much as anybody else,
and no one could pluck it for
him but Christine.

Now, that is all of this story.
What does it mean?
Can you not see?
Prut! Rub your spectacles
and look again!

149

ELEMENTOS
DEL DIRECTOR

PLANES EJEMPLARES

Los directores planifican la dirección de las Actividades interpretativas básicas y eligen las Actividades adicionales que convengan al programa de la clase y que satisfagan las necesidades de los estudiantes. Aquí tiene tres ejemplos de programas que diferentes directores podrían crear para "El sombrero del tío Nacho". Las Actividades interpretativas básicas aparecen en negrillas.

PLAN DE 2 DÍAS

Martes, 9–10 a.m.

- Preparación del contexto
- **Primera lectura**
- **Preguntas para compartir** Como conclusión, los estudiantes registran una de las preguntas de la clase para examinarla para la tarea.
- Tarea: **Segunda lectura** Los estudiantes buscan las respuestas a la pregunta elegida y escriben una respuesta y la evidencia correspondiente.

Miércoles, 9–10 a.m.

- Revise la tarea. Los estudiantes comparten las respuestas.
- **Discusión colectiva** Para concluir, los estudiantes anotan una idea que hayan escuchado y que sea diferente de la de ellos.

PLAN DE 3 DÍAS

Lunes, 9–10 a.m.

- **Primera lectura**
- **Preguntas para compartir** Guarde la lista.
- Actividades creativas: Arte—Los estudiantes dibujan una escena y comparten el dibujo con la clase.

Martes, 9–10 a.m.

- Vocabulario: Taller de palabras—Revise la página de actividades en busca de palabras que se presenten durante la lectura. Complétela con la clase, una vez que todos los estudiantes hayan leído el cuento.
- **Segunda lectura** En parejas, los estudiantes leen en voz alta y se detienen para discutir las preguntas de pausa y reflexión.
- Tarea: Los estudiantes registran una pregunta tomada de la lista de la clase y escriben dos respuestas posibles.

Miércoles, 9–10 a.m.

- **Discusión colectiva** Use con los estudiantes la página de Elaborar tu respuesta.
- Actividades creativas: Drama—En grupos de cuatro, los estudiantes representan al tío Nacho cuando usa el sombrero nuevo para salir a conocer a sus amigos.

PLAN DE 4 DÍAS

Lunes, 9–10 a.m.

- Preparación del contexto
- **Primera lectura**
- **Preguntas para compartir**

Martes, 9–10 a.m.

- Vocabulario: Exploración de palabras— Mapa de la palabra *reconocer*.
- **Segunda lectura** Las parejas leen independientemente y escriben sus respuestas a la última pregunta de pausa y reflexión.
- Actividades creativas: Arte—Por medio de dibujos, los estudiantes interpretan su idea del tío Nacho, representando rasgos/características motivados por el mapa de las palabras.

Miércoles, 9–10 a.m.

- **Discusión colectiva** Para concluir, cada estudiante comparte una pregunta que aún querría hacerle al autor.
- Escritura creativa: Antes de la escritura, los estudiantes tienen una lluvia de ideas sobre el diálogo entre el tío Nacho y el sombrero viejo.
- Tarea: Los estudiantes escriben el borrador inicial del diálogo.

Jueves, 10:30–11:15 a.m.

- Escritura creativa: Los estudiantes eligen a las parejas y, a su turno, se leen unos a otros los diálogos que han escrito.

DIRECCIÓN DE LAS ACTIVIDADES INTERPRETATIVAS BÁSICAS

PRIMERA LECTURA SEGUIDA DE PREGUNTAS PARA COMPARTIR

¿Cómo debo presentar el cuento?

Puesto que la Indagación colectiva se concentra en la interpretación, lo animamos a que llegue a la lectura cuanto antes. Creemos que los estudiantes pueden disfrutar de la lectura y discusión de nuestros cuentos, y pensar en los temas que los relatos presentan aun sin tener mucha información de fondo sobre la historia, el autor, o la ambientación del cuento. No presente un cuento pidiéndoles a los estudiantes que predigan de qué se trata basándose simplemente en el título. No obstante, antes de la primera lectura, tal vez usted desee dirigir la Preparación del contexto que se incluye en cada una de las unidades, ya que es una actividad relacionada específicamente con el cuento. Esta popular Actividad adicional aprovecha la experiencia y conocimiento propios del estudiante para estimular su interés y prepararlo mejor para que entienda el cuento y se identifique con los personajes.

¿Debo leer el cuento en voz alta o dejar que los estudiantes lo lean por separado?

Incluso si sus estudiantes son lectores competentes, le recomendamos que les lea la selección en voz alta la primera vez para que puedan concentrarse en el lenguaje y las ideas del cuento más que en la simple mecánica de la lectura. El escuchar a un lector que lee en voz alta con soltura y expresividad ayuda a los estudiantes a comprender el cuento y los prepara para explorar las preguntas de pausa y reflexión de la segunda lectura. Cuando usted lee en voz alta, la clase termina la lectura al mismo tiempo y el siguiente paso natural es las Preguntas para compartir. En situaciones ideales, la lectura debería ser íntima, con el grupo de estudiantes sentados a su alrededor para que puedan escuchar claramente el cuento.

¿Deben los estudiantes simplemente escuchar o seguir la lectura en sus libros?

Eso depende del cuento y de sus estudiantes. Por lo general, animamos a los estudiantes a que sigan la lectura en los libros mientras que usted les lee el cuento en voz alta para motivar así soltura al leer. Seguir la lectura crea una conexión entre las palabras, imágenes, e ideas del cuento, y motiva la agilidad en la lectura en los estudiantes que todavía no leen independientemente. En *Conversaciones*, los estudiantes trabajan estrechamente con el texto y practican habilidades de lectura activas. Sin embargo, habrá momentos en los que usted querrá que los estudiantes simplemente escuchen con atención mientras les lee el cuento en voz alta, haciendo pausas para mostrarles las imágenes.

¿Debo leer todo el cuento de una sola vez?

Si sus estudiantes están inquietos o si la selección es más bien larga, tal vez usted quiera buscar una parte apropiada de la selección que le permita suspender la lectura. Después de que los estudiantes hayan escuchado toda la selección, dirija las Preguntas para compartir.

¿Debo hacer preguntas durante la primera lectura?

Los estudiantes tendrán la oportunidad de hacer preguntas cuando usted haya terminado; por eso, procure que las interrupciones sean mínimas durante la primera lectura. Por ejemplo, usted puede darles rápidamente definiciones de palabras extrañas importantes para que entiendan el relato. No les haga preguntas para que adivinen puesto que éstas pueden hacer que los estudiantes supongan lo que el autor va a decir; en la Indagación colectiva, no se anima a los lectores a especular, sino más bien a basar sus opiniones en el texto.

¿Qué es la actividad Preguntas para compartir?

Preguntas para compartir es una actividad después de la primera lectura, en la que los estudiantes pueden hacer las preguntas que deseen; es una manera de ayudarles a captar el cuento y a encarar los problemas de comprensión que se presenten.

¿Por qué debo hacer las Preguntas para compartir con mis estudiantes?

En su nivel más elemental, Preguntas para compartir les permite a los estudiantes aclarar malentendidos y errores de hecho, les ayuda con el vocabulario, y hace que recuerden la selección más vivamente. Y lo que es aún más importante, Preguntas para compartir establece el tono de todo el proceso de la Indagación colectiva al

- Fomentar un ambiente abierto y de cooperación que motiva a pensar en voz alta

- Desarrollar la costumbre de reflexionar y especular tras la lectura

- Enseñar a los estudiantes que la curiosidad y el deseo de aprender son buenas formas de empezar a explorar

- Estimular la apreciación de opiniones y reacciones diferentes

Preguntas para compartir también puede ayudarle a usted, el director, a preparar la unidad de un cuento en forma tal que considere e incorpore el interés de sus estudiantes. Al prestarle mucha atención a la curiosidad de sus estudiantes por el cuento, usted puede reunir preguntas para la Discusión colectiva y considerar sugerencias para la escritura y las actividades artísticas, e ideas para la investigación posterior.

¿Cómo guío las Preguntas para compartir?

Inmediatamente después de la primera lectura, cuando todos todavía se acuerdan bien del cuento, anime a los estudiantes a que pregunten lo que quieran sobre la selección, como por qué motivo ocurrió un hecho de una manera determinada o por qué uno de los personajes hizo o dijo algo en particular. También puede preguntarles cuáles fueron las partes del cuento que más les gustaron o les sorprendieron y por qué motivo. A medida que los estudiantes hagan preguntas, escríbalas en el tablero o en papel gráfico. Procure utilizar, tanto como sea posible, las mismas palabras de los estudiantes cuando les ayude a formar las preguntas.

Después de que usted haya reunido de seis a ocho preguntas, haga que la clase considere brevemente las respuestas correspondientes. Asegúrese de que la clase conteste todas las preguntas apremiantes relacionadas con el vocabulario o con los hechos considerados. Procure dejar aparte algunas de las preguntas de los estudiantes sobre interpretación para la Discusión colectiva (vea el prototipo Red de preguntas en el apéndice B, pág. 389). Si es posible, conserve la lista de preguntas que la clase hizo durante el tiempo en que trabajaron en el cuento. Para obtener ideas más específicas sobre cómo guiar esta actividad, vea Adaptar las actividades, en la página siguiente. Para un repaso de los distintos tipos de preguntas que se presentan en la Indagación colectiva, vea Sobre Indagación colectiva, pág. ix.

¿En qué se diferencian las Preguntas para compartir de la Discusión colectiva?

El énfasis de las Preguntas para compartir debe estar en la identificación de los puntos que motivan la curiosidad en la selección y en las respuestas a preguntas sobre hechos y vocabulario. Los estudiantes se encontrarán mejor preparados para discutir a fondo las preguntas interpretativas una vez que se hayan familiarizado más con la selección. Indíqueles que este es un buen momento para aclarar aquellas preguntas que requieran respuesta inmediata y para darse cuenta de las cuestiones que quieran observar más adelante. Si bien usted querrá hacer preguntas de seguimiento para aclarar lo que un estudiante quiera saber, no pregunte mucho sobre las respuestas iniciales de los estudiantes a alguna pregunta. Si una pregunta interesante motiva en la clase una discusión de envergadura, recuérdeles a los estudiantes que tendrán tiempo para hablar de la selección detalladamente después de la segunda lectura.

¿Qué ocurre si mis estudiantes no hacen preguntas después de la primera lectura?

Al principio, sus estudiantes pueden ser tímidos o mostrarse reacios a hacer preguntas. Después de todo, hacer una pregunta seria es algo riesgoso, ¡pues es admitir que no se entiende algo! Tal vez los estudiantes no sepan cómo manifestar lo que les despierta la curiosidad; quizás les preocupe que la pregunta no sea "buena" o no se sientan seguros de qué preguntar. Probablemente ayude preguntarles cuáles fueron las partes del cuento que les sorprendieron o que más les gustaron y por qué, o probar con alguna actividad artística. Usted también puede darles ejemplos de cómo hacer preguntas relacionadas con el cuento al hablarles de algo que motivó su interés y al anotar la pregunta sobre el asunto en el tablero o en papel gráfico.

¿Cómo debo tratar las preguntas de los estudiantes sobre hechos o sobre el vocabulario?

Siempre que sea posible, haga que los estudiantes se ayuden mutuamente a responder a preguntas sobre hechos o sobre el vocabulario, en lugar de ser usted quien las conteste. Si la clase no puede responder correctamente a una pregunta sobre hechos ni puede ubicar los pasajes pertinentes del texto, refiera a los estudiantes a los pasajes que correspondan y vuelva a leerlos para que la clase pueda responder. Si la clase no está segura del significado de una palabra, indíquele que la busque en el cuento y que haga lo posible por determinar el significado según el contexto. Cuando haya preguntas acerca de palabras, también puede indicarles a los estudiantes que usen un diccionario.

¿Qué hago si mis estudiantes tienen muchas preguntas después de la primera lectura?

¡Qué "problema"! Recuerde que puede utilizar las preguntas de los estudiantes más adelante, sobre todo para ayudarse a formular una pregunta de enfoque y preguntas relacionadas para la Discusión colectiva.

Primero que todo, resuelva con la clase el problema apremiante de las preguntas sobre hechos o sobre el vocabulario y, luego, proceda con una de las siguientes posibilidades:

* Haga que los estudiantes escriban sus nombres y sus preguntas en fichas. Elija de seis a ocho preguntas al azar para que la clase las tenga en cuenta brevemente.

* Indique a los estudiantes que trabajen en grupos, en pares, o individualmente para dar respuestas adecuadas a las preguntas que quedan.

* Haga que los estudiantes elijan una o más preguntas para contestarlas por escrito o con una ilustración.

* Indique a los estudiantes que compartan las preguntas en grupos pequeños. Cada uno de los estudiantes puede aportar una pregunta a la lista de un grupo o el grupo puede generar varias preguntas mientras se trabaja en conjunto.

Ya sea que usted les pida que trabajen en grupos, en pares, o individualmente, asegúrese de permitirles a los estudiantes que compartan sus preguntas y respuestas favoritas con toda la clase poniéndolas en el tablero, en una hoja, o en papel gráfico.

¿Debo animar a mis estudiantes a que hagan solamente preguntas interpretativas durante las Preguntas para compartir?

No es del todo necesario. Después de la primera lectura, todas las preguntas son valiosas. Los estudiantes deben tener la libertad de preguntar lo que les preocupe después de la primera lectura. Usted no querrá matar la curiosidad de sus estudiantes al ignorar o restarle importancia a las preguntas que no sean interpretativas. Sin embargo, puede utilizar las Preguntas para compartir para señalarles a los estudiantes que una pregunta interpretativa tiene más de una respuesta que puede ser apoyada con evidencia tomada del texto. A medida que sus estudiantes adquieran más experiencia con *Conversaciones*, tenderán a contestar más rápidamente las preguntas sobre hechos, harán menos preguntas no relacionadas con el texto, y formularán más preguntas interpretativas.

ADAPTAR LAS ACTIVIDADES

Principiante

Generalmente, los estudiantes

- Serán tímidos o reacios a hacer preguntas
- Harán preguntas no relacionadas con la selección
- No sabrán qué preguntar

Déles ejemplos de preguntas al compartir su reacción ante algo del texto y, luego, convertir su reacción en una pregunta que anotará en el tablero o en papel gráfico. Pídales a los estudiantes que expresen algunas de las reacciones que les haya motivado el cuento y ayúdeles a formar las preguntas relacionadas con esas reacciones.

Pregúnteles a los estudiantes qué les gustó y qué les disgustó del cuento, o pídales que identifiquen partes del cuento que les sorprendieron, que les causaron confusión o que los dejaron perplejos, o que les parecieron importantes. Procure que los estudiantes expliquen las reacciones motivadas por el cuento para que algunos de los comentarios puedan convertirse en preguntas que se anotarán en el tablero o en papel gráfico.

Anime a los estudiantes a que tengan una lluvia de ideas que motive preguntas con *quién, qué, dónde, por qué, cuándo,* y *cómo*. Después de poner estas palabras en el tablero o en papel gráfico, pregúnteles a los estudiantes si pueden pensar en preguntas relacionadas al cuento utilizando cada una de las palabras de la lista.

Intermedio

Generalmente, los estudiantes

- Harán demasiadas preguntas en muy poco tiempo para que la clase las conteste
- Harán preguntas diferentes, incluyendo preguntas sobre hechos, preguntas interpretativas, y preguntas evaluativas
- No tendrán reparo en pensar en voz alta para hacer preguntas

Elija un personaje principal o un hecho importante del cuento y pídales a los estudiantes que tengan una lluvia de ideas con todas las preguntas que puedan hacer relativas al personaje o al hecho.

Seleccione un pasaje desconcertante o interesante para leerlo de nuevo. Al leerlo en voz alta, haga pausas y pídales a los estudiantes que tengan una lluvia de ideas sobre el lenguaje y los hechos del pasaje.

Ayude a los estudiantes a considerar respuestas y evidencia cuando examinen sus preguntas. A medida que la clase responda brevemente a algunas de las preguntas, anote las respuestas y pregúnteles a los estudiantes qué motivos tuvieron para pensar en eso. Igualmente, apunte toda evidencia que los estudiantes mencionen (un número de página o algunas palabras del texto). Tras varias respuestas, usted puede hacer que los estudiantes identifiquen las preguntas interpretativas y que las reserven para la Discusión colectiva o puede pedirles a los estudiantes que seleccionen una de las preguntas restantes para responderla por escrito.

Avanzado

Los estudiantes

- Harán muchas preguntas específicas sobre el texto
- Harán muchas preguntas interpretativas y sugerirán posibles respuestas
- Responderán bien a las preguntas sobre hechos y sobre el vocabulario utilizando el texto, el diccionario, y las respuestas de los compañeros de clase

Haga que grupos pequeños de estudiantes comprueben las preguntas para saber si tienen más de una respuesta posible con base en la evidencia del texto. Esto ayudará a los estudiantes a responder a las preguntas sobre hechos, a desechar las preguntas que no tienen relación con el texto, y a identificar las preguntas interpretativas. Permita que los grupos compartan con la clase las preguntas favoritas que tengan al ponerlas en lista en el tablero o en papel gráfico. Dígale a la clase que, como las preguntas interpretativas motivan tantas ideas y opiniones diferentes, usted tratará de usarlas en la Discusión colectiva.

Indíqueles a los estudiantes que identifiquen a un personaje o un hecho principal que deseen investigar. Motívelos a que planteen tantas preguntas interpretativas como puedan sobre el personaje o el hecho.

Divida la selección en secciones y pídales a los grupos pequeños o a los pares de estudiantes que presenten preguntas acerca de su sección. Haga que los grupos respondan a las preguntas sobre hechos y sobre el vocabulario, y que consideren brevemente las respuestas posibles a sus preguntas interpretativas. Invite a cada uno de los grupos a hacer una lista de sus preguntas interpretativas favoritas en el tablero o en papel gráfico.

SEGUNDA LECTURA CON PREGUNTAS DE PAUSA Y REFLEXIÓN

¿Para qué leer el cuento dos veces?

La idea de leer un cuento dos veces es a menudo algo nuevo para los estudiantes. Además de explicar el procedimiento de la Indagación colectiva (vea la Discusión colectiva, pág. 327), quizás usted quiera indicarles específicamente a los estudiantes por qué es importante releer:

- Una segunda lectura puede aclarar puntos que fueron confusos la primera vez. Esto asegura que cada uno entienda bien los elementos básicos de la selección antes de discutirla.

- Una segunda lectura le permite al lector observar lo que no observó la primera vez. En la primera lectura, el lector disfruta del cuento y de lo que ocurre, por lo que es difícil observar detalles. Una segunda lectura le permite prestar atención a la conformación de la selección y motiva más ideas y preguntas.

¿Qué son las preguntas de pausa y reflexión?

En cada uno de los cuentos de *Conversaciones 2* hay dos o tres preguntas interpretativas impresas en los márgenes del libro del estudiante, creadas para ayudarle a pensar inicialmente en las reacciones que le motive el cuento. Estas preguntas tienen la misma intención que las sugerencias para tomar apuntes dirigidas a los estudiantes de cursos superiores.

¿Qué sentido tiene hacer que los estudiantes reflexionen sobre las preguntas interpretativas durante la segunda lectura?

Responder a las preguntas de pausa y reflexión es una parte importante de la preparación para la Discusión colectiva. Cuando los estudiantes adquieren la costumbre de hacer pausas para reflexionar al leer, verifican mejor lo que entienden, identifican con más claridad lo que quieren saber, y vuelven sin dificultad a la selección en busca de respuestas. En caso de que sus estudiantes no estén acostumbrados a oír cuentos ni a leerlos más de una vez ni a responder a las preguntas interpretativas, enfatíceles que la segunda lectura es la oportunidad que tienen de detenerse y pensar en las reacciones que el cuento les ha motivado, comprender mejor sus ideas, y oír algunas nuevas ideas.

¿Cuál es la mejor forma de utilizar las preguntas de pausa y reflexión?

Esto depende de lo familiarizados que sus estudiantes estén con el hecho de responder a los cuentos que oigan o lean. En la sección que sigue, Adaptar las actividades, presentamos un amplio espectro de posibilidades. No obstante, deben aplicarse ciertas normas básicas cuando se usen las preguntas de pausa y reflexión con todos los estudiantes: La primera vez que trabaje con sus estudiantes en la unidad de un cuento, pídales que les presten atención a las preguntas de pausa y reflexión antes de empezar la segunda lectura, explíqueles que se detendrá para preguntarles lo que opinan cuando usted llegue a cada una de las preguntas, y recuérdeles que hay muchas respuestas razonables a estas preguntas. Los estudiantes deben esperar ideas diferentes acerca de las preguntas y considerarlas.

¿Pueden los estudiantes hacer la segunda lectura en casa?

Sí, si son capaces de leer el cuento independientemente o si hay un adulto que se los lea; esta es una buena forma de crear una relación fuerte entre la escuela y el hogar, y de estimular el hábito de la lectura en casa. Si usted asigna la segunda lectura como tarea, haga que los estudiantes (o un adulto) escriban las respuestas a cada una de las preguntas de pausa y reflexión. Déles tiempo para discutir en clase las respuestas que den y considere la posibilidad de pedirles que también entreguen sus respuestas por escrito.

ADAPTAR LAS ACTIVIDADES

Principiante

Generalmente, los estudiantes

- Mostrarán escepticismo o pondrán resistencia a leer dos veces

- No estarán familiarizados con el procedimiento de responder a preguntas sobre lo que leen

- No sabrán responder a una pregunta acerca de un cuento

Déles un ejemplo del procedimiento de pausa y reflexión al leerles el cuento en voz alta y detenerse cuando se presente la primera pregunta de pausa y reflexión. Pídales a los estudiantes que tengan una lluvia de ideas sobre posibles respuestas y anótelas en el tablero o en papel gráfico. Haga que elijan la respuesta con la que están de acuerdo (asegurándose de que los estudiantes entiendan que no tienen que estar de acuerdo en una sola respuesta ni decidir en grupo cuál es la "mejor"). Utilice preguntas de seguimiento para ayudarles a explicar sus ideas y repita el procedimiento con las preguntas de pausa y reflexión restantes de la selección.

Si los estudiantes no saben qué hacer cuando les pida que tengan una lluvia de ideas sobre posibles respuestas, ponga dos o tres posibilidades en el tablero o en papel gráfico para que ellos las consideren. (Asegúrese de decirles que también pueden presentar sus propias respuestas.) Pídales que elijan la respuesta con la que estén de acuerdo y ayúdeles a ampliar sus ideas con preguntas de seguimiento.

Póngalos a trabajar en parejas o en grupos para que contesten las preguntas de pausa y reflexión durante la segunda lectura mientras usted se pasea por el salón y les ayuda cuando lo necesiten. Cuando todos hayan dado las respuestas, cada pareja o grupo puede compartir brevemente con la clase las respuestas que más le interesaron. Alternativamente, cada pareja o grupo puede escribir sus preguntas favoritas y presentarlas.

Intermedio

Generalmente, los estudiantes

- Responderán a las preguntas acerca de un cuento

- Explicarán por qué eligieron una respuesta determinada

Guíe la segunda lectura en voz alta, deteniéndose en cada una de las preguntas de pausa y reflexión para dirigir una discusión breve sobre las respuestas de los estudiantes.

Antes de la segunda lectura, haga que cada uno de los estudiantes elija la pregunta de pausa y reflexión que más le interese. Durante la segunda lectura, pídales que les pongan mucha atención a las respuestas de los demás cuando se discuta la pregunta que escogieron. Después de esto, haga que los estudiantes anoten e indiquen su acuerdo o desacuerdo con las respuestas a las preguntas que escogieron, junto con los motivos que tienen para hacerlo. Se pueden presentar las respuestas de los estudiantes.

Haga que los estudiantes trabajen en parejas o en grupos pequeños para responder a las preguntas de pausa y reflexión, escribiendo la respuesta o las respuestas que le den a cada pregunta. Después de esto, pídale a cada pareja o grupo que comparta las respuestas a las preguntas que más le interesaron y que explique los motivos que tuvo para responder de tal manera.

Avanzado

Generalmente, los estudiantes

- Responderán con entusiasmo a las preguntas acerca del cuento

- Explicarán detalladamente los motivos que tuvieron para responder así

Indíqueles a los estudiantes que lleven a cabo la segunda lectura independientemente, escribiendo sus respuestas a cada una de las preguntas de pausa y reflexión a medida que se presenten. Cuando los estudiantes hayan completado la lectura, dirija una discusión breve sobre las respuestas a cada una de las preguntas.

Haga que los estudiantes trabajen en parejas o grupos pequeños, eligiendo la pregunta en la que estén más interesados antes de la segunda lectura. Tras la segunda lectura, pídales que seleccionen la pregunta en la que están más interesados y que tengan una lluvia de ideas con tantas respuestas como puedan. Luego, indíquele a cada pareja o grupo que elija dos respuestas para explicarlas en forma más detallada (puede ser que elija la respuesta con la que está más de acuerdo y la respuesta con la que está más en desacuerdo). Pídale que explique en voz alta las respuestas o que escriba algunas frases para explicarlas. Si escribe las respuestas, considere presentarlas.

Antes de la segunda lectura, indíqueles que lean las preguntas de pausa y reflexión. Hágalos mirar otra vez las preguntas que hicieron durante las Preguntas para compartir y elija dos o tres a que quieran responder (que no sean una de las preguntas que usted intenta usar en la discusión). Reemplace las preguntas de pausa y reflexión impresas en los márgenes del cuento por las de los estudiantes. Después de esto, dirija una discusión breve sobre lo que significó para los estudiantes el responder de esta manera a sus propias preguntas.

Dígales a los estudiantes que lleven a cabo la segunda lectura independientemente, ya sea en clase o como tarea. Pídales que elijan la pregunta de pausa y reflexión que más les interese y que escriban algunas frases para explicar la respuesta que han dado. Se pueden presentar las respuestas de los estudiantes.

DISCUSIÓN COLECTIVA

¿Qué distingue la Discusión colectiva de otros tipos de discusión?

En la Discusión colectiva, los papeles que desempeñan el director y el texto son distintos de los otros tipos de discusión. El director de una Discusión colectiva se une al grupo como un aprendiz que no se ha decidido por una respuesta a la pregunta que hace acerca de la selección. En lugar de explicar el texto al grupo o conducirlo hacia una respuesta, el director de la Indagación colectiva hace preguntas con el fin de ayudar a los miembros del grupo a que desarrollen una manera propia de pensar en las ideas que se discuten.

En Discusión colectiva el texto es el único centro de atención del grupo. Puesto que la finalidad de la Discusión colectiva es hacer que cada uno de los miembros del grupo entienda mejor el texto que se discute, el director hace preguntas que estimulen a los miembros del grupo a pensar más cuidadosamente en las ideas de la selección y a comparar y analizar las respuestas. En este tipo de discusión, las anécdotas personales y las referencias a otros libros, películas, y demás no tienen mucha importancia.

¿Cómo debo elegir una pregunta o unas preguntas para la discusión?

En su papel de director de Indagación colectiva, usted se une a sus estudiantes en un proceso de descubrimiento y los guía con preguntas cuidadosas. Una parte importante del papel del director es escoger las preguntas interpretativas sobre las que la clase va a discutir. Las preguntas pueden proceder de sus propios apuntes del cuento, de las preguntas que sus estudiantes hagan en la actividad Preguntas para compartir después de la primera lectura, y de las preguntas sugeridas en la Guía del director.

Tal vez usted quiera dirigir una discusión sobre tres o cuatro preguntas interpretativas, pasando a una nueva pregunta una vez que la clase haya considerado varias respuestas posibles a una pregunta determinada y haya sopesado la evidencia a favor de cada una de ellas. Generalmente recomendamos que dirija la discusión basándose en una pregunta central, o pregunta de enfoque, para que los estudiantes se familiaricen con el análisis profundo de las ideas.

¿Cuáles son las preguntas de enfoque y las relacionadas?

En general, la discusión es más productiva cuando se concentra en una pregunta interpretativa principal. Esta pregunta, a la que llamaremos *pregunta de enfoque,* trata de un problema fundamental de significado de la selección. Para contestar satisfactoriamente una pregunta de enfoque es necesario examinar muchos pasajes del cuento. A menudo, usted y sus estudiantes notarán que una pregunta de enfoque salta a la vista: esa es la pregunta a la que usted más quiere responder.

Una vez que haya identificado la pregunta de enfoque, encontrará que es una buena idea hallar algunas preguntas interpretativas que ayuden a los estudiantes a pensar en esa pregunta; las llamamos *preguntas relacionadas* porque nos hacen volver a la pregunta de enfoque. Estas preguntas pueden tratar de diferentes partes del problema al que alude la pregunta de enfoque o mencionar partes del cuento relacionadas con el problema. En nuestras preguntas sugeridas para discusión de cada unidad, las preguntas de enfoque aparecen en negrillas y las preguntas relacionadas están bajo la pregunta de enfoque a que aluden.

El prototipo Red de preguntas (vea el apéndice B, pág. 389) está diseñado para ayudarle a organizar sus preguntas y facilitarle la referencia a las mismas durante la discusión. La lista de control de las preguntas de enfoque puede ayudarle a seleccionar la pregunta de enfoque que le llevará a una discusión provechosa y animada.

LISTA DE CONTROL DE LAS PREGUNTAS DE ENFOQUE

☐ La pregunta es interpretativa; hay más de una respuesta razonable que puede respaldarse con evidencia tomada del cuento.

☐ La pregunta es acerca de un tema principal del cuento; da mucho de que hablar.

☐ Puedo pensar en dos o tres formas de responder a la pregunta y no prefiero una respuesta más que otro.

☐ Probablemente mis estudiantes estén interesados en hablar de la pregunta.

☐ La pregunta es clara y el tema al que alude tendrá sentido para mis estudiantes.

¿Cómo puedo crear un buen medio para la discusión?

Crear una atmósfera que promueva la discusión implica preparar el salón de clase y hasta a los mismos estudiantes.

Arreglo del salón de clase. Procure arreglar el salón para que todos puedan verse y oírse. Los estudiantes han de tener una superficie adecuada para poner los libros y abrirlos completamente. Lo ideal es que los estudiantes se sienten alrededor de una mesa o que sus escritorios formen un círculo o un cuadrado. Si esto no es posible, hasta puede permitirles que se siente en el suelo. Este tipo de arreglo estimula la discusión y ayuda a los estudiantes a darse cuenta de que las ideas de sus compañeros de clase pueden ser una fuente importante para la comprensión de una selección determinada; también ayuda a reforzar su papel de compañero en la Indagación colectiva.

Explicación del procedimiento de discusión a los estudiantes. Además de explicar cómo funciona la Discusión colectiva, es primordial que usted ayude a los estudiantes a entender las normas y los motivos que las justifican, pues la clase las seguirá durante la discusión.

NORMAS PARA LA DISCUSIÓN COLECTIVA

1. **Todos deben leer el cuento o escucharlo antes de la discusión.** Puesto que la finalidad de la discusión es compartir ideas sobre un cuento determinado, todos deben leerlo o escucharlo antes de discutirlo.

2. **Habla únicamente del cuento que todos han leído o escuchado.** En la discusión, el grupo trabaja para entender un cuento que todos han tenido la oportunidad de considerar. No es ni justo ni provechoso utilizar este tiempo para hablar de asuntos que el grupo tal vez no comparta (por ejemplo, otros libros, películas, o experiencias personales).

3. **Explica cuál parte o cuáles partes del cuento le ayudaron a formar su respuesta.** Todos entienden mejor las ideas en discusión cuando oyen la evidencia que respalda diferentes respuestas; esto también les ayuda a decidir cuál es la respuesta con la que están de acuerdo.

4. **Espera del director que haga preguntas, no que las responda.** El director no tiene la respuesta "correcta" o "mejor" a una pregunta. En la Discusión colectiva, cada persona debe decidir lo que piensa de la pregunta.

¿Puede mi clase tener también sus propias directrices para la discusión?

Sí. Aunque las normas mencionadas antes son las únicas que recomendamos encarecidamente, usted puede decidir que su clase siga reglas adicionales relacionadas con el comportamiento durante la discusión. A continuación se presentan algunas de las directrices más comunes usadas en el salón de clase:

• Habla con los otros estudiantes e indícales si estás de acuerdo o no con algo y házles preguntas. No le hables al director a todo momento.

• Cuando alguien hable, préstale atención tal y como desearías que te la prestasen a ti.

• No hay problema si no estás de acuerdo con lo que alguien diga, pero manifiesta tu desacuerdo con cortesía.

• Pregunta cuando no entiendes algo. Puedes pedirle a quien habla que te aclare lo que quiere decir o que explique más detalladamente una idea.

¿Qué número de estudiantes es el más recomendado para un grupo de discusión?

Nos hemos dado cuenta de que se requieren por lo menos 10 participantes para poder exponer varias ideas en una discusión.

Idealmente, cada estudiante debería tener varias oportunidades de participar y los asuntos relativos al control del comportamiento no deberían dominar su tiempo de discusión. Si halla que en su grupo es más bien difícil darles a los estudiantes la oportunidad de hablar durante la discusión o que usted debe dedicarle mucho tiempo a los problemas del comportamiento, entonces es mejor que divida el grupo para la discusión. Por lo general, recomendamos que se divida una clase para la discusión cuando tiene más de 20 estudiantes.

¿Cómo puedo dividir mi clase para la discusión?

Ya que una de las finalidades de la Discusión colectiva es oír las ideas de todos los estudiantes, usted probablemente querrá que su grupo no sea demasiado grande. La mayoría de los directores con más de 20 estudiantes utilizan una de las siguientes estrategias para crear grupos de discusión más pequeños:

Coordine con otro director para que se haga cargo de la mitad del grupo. Esta es una manera ideal de darles participación a los voluntarios en su clase; contemple la posibilidad de pedirle a la escuela que solicite la participación de voluntarios. Otra posibilidad es que su escuela designe un coordinador para que dirija semanalmente las discusiones en varios salones de clase. Personal de apoyo, bibliotecarios, profesores adjuntos, consejeros pedagógicos, y rectores adjuntos han desempeñado satisfactoriamente este papel. Recomendamos encarecidamente que quienquiera que vaya a dirigir una discusión asista a uno de los talleres instructivos de Great Books (vea la pág. viii para obtener mayor información sobre los talleres).

Envíe la mitad de la clase a otro salón. Siempre que sea posible, empareje su tiempo de discusión con otras actividades de media clase, tales como laboratorio de computadoras o biblioteca, o haga un trueque de horario con otro profesor; uno o varios colegas que enseñen en el mismo grado pueden acordar un horario beneficioso para todos.

Haga que la mitad de la clase participe como observadora de la discusión. Si elige esta opción, es importante encomendarles a los observadores una tarea verdadera. Un profesor de tercer año les solicita a los observadores que escriban las preguntas que querrían hacerles a los participantes. En la mitad del tiempo de discusión y al final del mismo, los observadores pueden hacer preguntas en un período designado para tal fin. Otro profesor les pide a los observadores que se preparen para "echar una mano" con ideas que les plazcan presentando evidencia adicional y motivos cuando se aproxime el final de la discusión. Para que la observación salga bien, arregle a los estudiantes en dos círculos: uno interno de participantes en la discusión y otro externo de observadores, de forma que puedan verse unos a otros.

Asígnele a la mitad de la clase una actividad independiente o de grupo reducido. Las actividades independientes o en parejas pueden mantener ocupados provechosamente a los estudiantes mientras usted dirige a los demás en la discusión.

¿Cómo puedo dirigir con más eficiencia la discusión?

Dirigir una discusión es un proceso con el que se sentirá más a gusto con el tiempo. Si dirige discusiones a menudo, tanto usted como su clase adquirirán más confianza en sus habilidades y se sentirán más cómodos al discutir. Los siguientes recordatorios le ayudarán a acostumbrarse al proceso de discusión.

Comparta su curiosidad y su entusiasmo. Cuando usted realmente quiere saber la respuesta a una pregunta y oír las ideas de sus estudiantes al respecto, su curiosidad y respeto por los estudiantes vigorizarán la discusión. Al compartir su curiosidad y admitir lo que desconoce, usted ejemplifica la actitud que les pide adoptar a los estudiantes.

Siga la participación de los estudiantes utilizando una gráfica de participación. Utilizando una gráfica que usted mismo haya elaborado o el prototipo de la gráfica de participación (vea el apéndice B, pág. 391), señale cuáles son los estudiantes que participan en la discusión y cómo lo hacen. Una marca puede indicar que un estudiante dio una respuesta, la anotación "NR" puede indicar que un estudiante no respondió cuando se le pidió hablar, y así sucesivamente. Es una buena idea anotar las palabras o frases claves de las respuestas de los estudiantes para que pueda usarlas como base de las preguntas de seguimiento. La gráfica puede ayudarle a identificar pautas de participación en su clase y servirle para evaluar las contribuciones de los estudiantes, en caso de que necesite calificarles la participación.

Haga a menudo preguntas de seguimiento. Las preguntas de seguimiento—preguntas espontáneas motivadas directamente por los comentarios de los estudiantes—encauzan y sostienen una discusión eficaz; ayudan a los estudiantes a desarrollar un razonamiento profundo y a pensar más cuidadosamente en las relaciones existentes entre distintas respuestas. Escuchar atenta y cuidadosamente es la aptitud más importante que un director de Indagación colectiva puede cultivar.

La mejor pregunta de seguimiento es la que se haría usted mismo: aquella cuya respuesta usted desea saber. Puede ser una pregunta tan simple como *¿Qué dijiste?* o *¿Por qué crees eso?* Las preguntas de seguimiento pueden

- **Aclarar comentarios:** *¿Qué quieres decir con esa palabra? ¿Puedes explicarnos lo que significas?*
- **Obtener evidencia:** *¿Qué parte del cuento te motivó esa idea? ¿Qué hizo o dijo el personaje para que pienses así?*
- **Poner a prueba:** *Según tu respuesta, ¿cómo explicarías esta parte del cuento? ¿Hay algo en el cuento que no encaje con tu respuesta?*
- **Lograr opiniones adicionales:** *¿Qué piensas de lo que ella acaba de decir? ¿Tiene alguien alguna idea que no hayamos oído aún?*

Pídales a los estudiantes que vuelvan al cuento con frecuencia. Pedirles a los estudiantes que encuentren pasajes y los lean en voz alta ayuda a que todos piensen en los puntos específicos del cuento y mantiene la discusión encarrilada. Volver al texto también puede aclarar malentendidos y motivar a los estudiantes a considerar nuevas preguntas e interpretaciones.

LISTA DE CONTROL DE LA DISCUSIÓN COLECTIVA

☐ Arregle el salón de clase de manera que todos puedan verse y oírse con facilidad.

☐ Pídales a los estudiantes que asistan a la discusión con sus libros, un lápiz o un bolígrafo, y un cuaderno.

☐ Elabore una gráfica de participación o utilice el prototipo de la gráfica de participación (vea la pág. 391) para que pueda seguir la participación de los estudiantes en la discusión.

☐ Recuérdeles a los estudiantes, tantas veces como sea necesario, las normas de la Discusión colectiva (vea la pág. 397). Asegúrese de que los estudiantes entiendan que hay más de una buena respuesta a la pregunta de enfoque que usted les hará y que usted no ha decidido una respuesta determinada a esa pregunta.

☐ Después de hacer la pregunta de enfoque, déles a los estudiantes cinco minutos para escribir las respuestas— y para encontrar en el texto los pasajes que las respalden—antes de que empiece la discusión.

☐ Use las preguntas de seguimiento para ayudarles a aclarar sus propias respuestas, encontrar evidencia que respalde sus respuestas, y responder a las preguntas de los demás.

☐ Utilice las preguntas relacionadas para ayudarles a pensar en diferentes partes del cuento y en los aspectos de la pregunta de enfoque.

☐ Al final de la discusión, pídales a los estudiantes que vuelvan a ver sus respuestas originales en la página de Elaborar su respuesta. Pregúnteles cuáles ideas nuevas han escuchado y si cambiarían su respuesta original.

☐ Después de cada tercera o cuarta discusión, indíqueles que evalúen su progreso. Ayude a la clase a establecer metas de superación.

Vuelva a menudo a la pregunta de enfoque. Especialmente si siente que la discusión va por mal camino, pregúnteles a los estudiantes de qué forma se relaciona lo que piensan con la pregunta de enfoque. Esto sirve para recordarles el problema que el grupo trata de solucionar y asegurarse así de que lo consideraren detalladamente.

Cree un espacio que permita que los estudiantes más callados se manifiesten. Es fácil que los estudiantes parlanchines dominen la discusión, mientras que los más callados se quedan por fuera. Usted puede alertarse de esta situación al señalar en una gráfica de participación la participación estudiantil; si esto ocurre en su grupo, procure preguntarles a los estudiantes más callados si han oído una respuesta con la que estén de acuerdo o qué respuesta escribieron en la página de Elaborar tu respuesta.

Anime a los estudiantes a que se hablen directamente. Al llamar a los estudiantes por su nombre y pedirles que se expliquen unos a otros sus ideas, usted crea un ambiente respetuoso y de consultas abiertas.

¿Cómo se sabe cuándo es el momento de dar fin a la discusión?

A causa de la naturaleza reflexiva de la Discusión colectiva, usted probablemente querrá programar por lo menos 30 minutos para esta actividad. Esta cantidad de tiempo permitirá la participación de todos cuando se trabaje con un grupo de 15 a 20 estudiantes. Algunas veces, usted debe darle fin a la discusión simplemente porque se le acabó el tiempo; pero, en casos ideales, se debe cerrar la discusión cuando

• El grupo haya oído y discutido varias respuestas a la pregunta de enfoque

• La mayoría de los estudiantes haya dado la "mejor respuesta" que pueda, si se le pregunta

Dígales que la "mejor respuesta" que puedan dar es la que a ellos les guste, la que razonablemente les inspire más confianza y la que puedan respaldar con evidencia tomada del cuento. Ordinariamente, usted puede sentir que su grupo ha alcanzado este punto, pero siempre puede comprobarlo con preguntas: *¿Tienen todos una respuesta con la que estén satisfechos? ¿Tiene alguien alguna idea diferente que no hayamos escuchado todavía? ¿Hay alguna parte del cuento que debamos considerar antes de dar por terminada la discusión?* No se preocupe si no hay consenso en una respuesta; los cuentos de *Conversaciones* se escogieron porque permiten interpretaciones múltiples, y los miembros de su grupo van a darle, al final, opiniones diferentes.

MUESTRA DE DISCUSIÓN COLECTIVA

La siguiente transcripción tomada de partes de una Discusión colectiva de "Jack y el tallo de frijol" incluye apuntes al margen que demuestran cómo se usaron las preguntas de seguimiento para motivar un razonamiento más profundo en los participantes. A medida que lee la transcripción, piense en la forma en que les respondería a los participantes. En cada caso, es posible formular varias preguntas de seguimiento diferentes.

Pregunta de enfoque:

¿Por qué decide Jack treparse por el tallo de frijol por tercera vez?

Preguntas relacionadas:

¿Por qué no estaba Jack "satisfecho" todavía aun cuando la maravillosa gallina le suministraba oro a granel?

¿Regresa Jack por tercera vez porque se divierte saliéndole adelante al ogro?

¿Por qué no teme Jack que el ogro se lo coma?

¿Por qué arriesga Jack la vida al apoderarse del arpa de oro que canta?

Directora:	*[luego de hacer la pregunta de enfoque y pedirle al grupo que escriba las respuestas]* Alejandro, ¿por qué decide Jack treparse por el tallo de frijol por tercera vez?	
Alejandro:	Se volvió avaricioso.	
Directora:	¿Qué quieres decir con "se volvió avaricioso"?	Pide aclaración.
Alejandro:	Bueno, no fue avaricioso las dos primeras veces, pero en la tercera tenía la gallina que ponía los huevos de oro; no tenía que treparse al tallo mientras la gallina estuviera viva.	
Directora:	Si no fue avaricioso al principio, ¿por qué crees que se volvió así después?	Prosigue una consecuencia de la respuesta de Alejandro.

Directora: Si no fue avaricioso al principio, ¿por qué crees que se volvió así después?

Prosigue una consecuencia de la respuesta de Alejandro.

Al continuar la discusión, la directora se da cuenta de que el grupo considera casi unánimemente que la avaricia fue el motivo principal de Jack y que actuó como un egoísta al arriesgarse de esa forma. Puesto que la directora no habría hecho la pregunta de enfoque de haber pensado que sólo habría una contestación razonable, debe hacer preguntas de seguimiento para poner de manifiesto la complejidad del asunto en discusión.

❖ ❖ ❖

Directora: María, ¿también crees que Jack no se volvió avaricioso sino después de treparse al tallo por tercera vez?

Solicita una opinión adicional. Cuando la directora investiga la respuesta de María, surge una definición distinta de avaricia.

María: No. Él siempre fue avaricioso como antes cuando la vaca ya no daba leche y él no quería que la mamá volviera a preocuparse por dinero.

Directora: ¿Crees que Jack es avaricioso cuando quiere cuidar a la madre?

La directora prosigue la definición que María da de avaricia.

María: Bueno, tal vez no sea tan avaricioso sino que tiene miedo.

Directora: ¿Miedo de qué?

Pide aclaración.

María: ¿Miedo de lo que vaya a pasar después?

Directora: María, ¿entonces Jack se trepa al tallo por tercera vez porque le teme al futuro?

Vuelve a la pregunta de enfoque incorporando el nuevo punto de vista de María; prosigue una consecuencia de su idea.

María: Tal vez. Tal vez él creyó que la gallina dejaría de poner huevos así como la vaca dejó de dar leche.

Luis: Yo sigo creyendo que él era avaricioso desde el principio. Seguro que no pensaba en nadie sino en él mismo cuando hizo ese cambio estúpido y egoísta por los frijoles.

Directora: Luis, ¿por qué crees que Jack fue un estúpido cuando cambió la vaca que no daba leche por los frijoles mágicos?

Pide evidencia.

Luis: Bueno, Jack no sabía con seguridad que los frijoles eran mágicos. Él simplemente hizo el cambio sin pensar en lo que la mamá diría ni en lo que pasaría después. Además, es estúpido confiar en viejos extraños. Todavía no creo que el viejo estuviera de parte de Jack. En la página 13, él dice que Jack es "listo", pero Jack no lo es. Eso prueba que el viejo no es honesto.

Carla: No estoy de acuerdo. El viejo es sincero cuando dice que Jack es listo. Después de todo, Jack le contestó bien una pregunta rara: "¿cuántos frijoles hacen cinco?" Y además, el viejo dijo la verdad: los frijoles eran mágicos y le ayudaron a Jack a volverse rico.

Directora: Carla, ¿entonces Jack fue estúpido e impulsivo al confiar en el viejo o se arriesgó más de la cuenta?

La directora hace una pregunta combinando los puntos de vista opuestos de Luis y Carla. Al hacerlo, la directora le facilita al grupo el proseguimiento de las consecuencias de las acciones riesgosas de Jack, ideas que tienen mucho que ver con la pregunta de enfoque.

◆ ◆ ◆

Directora: Volvamos ahora a nuestra pregunta de apertura y oigamos lo que los otros tienen que decir. Sara, ¿por qué crees que Jack se trepó en el tallo por tercera vez?

Le pide al grupo que reconsidere la pregunta de enfoque en vista de las nuevas ideas sobre el carácter de Jack; pide opiniones adicionales.

Sara: Creo que lo hizo más que todo por avaricia. Se dio cuenta de que era fácil subir por el tallo y apoderarse de la riqueza del gigante. Pero también le atraía la aventura. Otra vez, quería ser más vivo que el gigante... pero cuando más lo pienso, creo que hasta en eso fue egoísta.

Antonio: Yo también creo que Jack es egoísta y que lo fue siempre. Al principio del cuento, no tiene trabajo probablemente porque sólo pensaba en sí mismo y porque era perezoso.

Directora: Antonio, si Jack era perezoso, ¿cómo explicas que, según nos dice el cuento en la primera página, todas las mañanas él y la madre llevaban a vender leche al mercado?

Pone a prueba la opinión de Antonio sobre la pereza de Jack al preguntar si es consistente con otras muestras de evidencia del texto. Esto le abre la puerta a otras interpretaciones de Jack.

Antonio: Tendré que pensar en eso.

Claudio: Llevar leche todos los días al mercado me parece que es trabajo. Y Jack no es perezoso simplemente porque no podía conseguir un puesto. Tal vez era muy joven. Además, él es el que se ofrece a trabajar; la mamá no le pide que lo haga; ella se limita a retorcerse las manos y a quejarse como loca.

Paula: No puede ser perezoso, Antonio, porque cada vez que se sube por el tallo de frijol el cuento dice que trepó y trepó y trepó y trepó. Una persona perezosa no se habría esforzado tanto.

Directora: Eso nos vuelve a llevar a lo que Sara dijo antes. Sara, cuando dijiste que para Jack era "fácil" subir por el tallo por tercera vez, ¿quisiste decir que no era peligroso... que Jack no tenía que ser valiente ni astuto?

Vuelve al comentario anterior de Sara para examinarlo a la luz de la respuesta de Paula en donde indica que Jack no era perezoso. Al pedirle a Sara que reconsidere lo que piensa de Jack, la directora prosigue la línea de preguntas iniciada por Paula y Claudio.

Sara: No... Yo creo que Jack tenía que ser astuto para escaparse la tercera vez... De verdad, creo que se volvía más y más astuto cada vez que iba donde el gigante.

Directora:	En el cuento, ¿qué es lo que te hace creer que Jack se vuelve más astuto?	Pide evidencia.
Sara:	Empezando en la página 24, el cuento dice: "Pero esta vez se guardó bien de ir directamente a la casa del ogro. Cuando llegó cerca de la casa esperó detrás de un arbusto hasta que vio a la mujer del gigante, que salía con un cubo en busca de agua; entonces entró sigilosamente en la casa y se metió en la caldera".	
Directora:	¿Cómo muestra ese pasaje que Jack se vuelve más astuto?	Pregunta cómo la evidencia citada respalda la opinión de Sara.
Sara:	Demuestra lo que planea: "Pero esta vez se guardó bien de ir directamente a la casa del ogro". Él supone que esta vez, la esposa del ogro no va a ser amable. Y por eso espera y se esconde hasta que ella sale. Luego, escoge otro escondite, la caldera en vez del horno.	
Vanessa:	Yo también creo que se está volviendo más astuto. Y parece que se está divirtiendo—hace que el gigante y su esposa queden como unos tontos, les quita el arpa delante de sus propias narices—le parece que todo es un juego.	

◆ ◆ ◆

Directora:	Amelia, ¿por qué hace el autor que Jack se apodere de un arpa que canta la tercera vez que se trepa por el tallo de frijol?	Tras explorar las complejidades de Jack como personaje, el grupo está listo para examinar lo que significó el tercer viaje de Jack desde el punto de vista del autor.
Amelia:	No sé.	
Directora:	Bien, ¿por qué arriesga Jack la vida al apoderarse del arpa que canta?	Plantea una pregunta relacionada que simplifica la anterior hecha a Amelia.
Amelia:	Creo que se apoderó del arpa porque era divertido tomar cosas que al gigante le gustaban mucho… y parece que el arpa era algo muy especial para el gigante.	
Directora:	¿Por qué crees que el arpa era muy especial para el gigante?	Pide evidencia.
Amelia:	Porque tocaba música muy linda… y hasta lo hacía dormir con su canto. Cuando Jack se apoderó del arpa, ésta gritó llamando al gigante: "¡Mi amo! ¡Mi amo!"	
Directora:	Amelia, ¿el apoderarse del arpa que canta de manera tan hermosa demuestra que Jack ya no queda satisfecho sólo con cosas materiales?	Al incorporar una de las ideas de Amelia, la directora vuelve al problema de por qué se apoderó Jack del arpa.
Amelia:	No lo sé con seguridad…	
Alejandro:	Nooo… Jack siempre se apoderó de lo que el gigante tenía a la vista en ese momento. Se habría apoderado de cualquier cosa.	
Directora:	Pero en el tercer viaje, ¿por qué hace el autor que Jack se apodere del arpa que canta, en vez de tomar cualquier otro objeto de valor?	Formula otra vez la pregunta para dar pie a una posible intención del autor.
Amelia:	Para demostrar que Jack no quería sólo dinero… él quería algo que fuera hermoso y mágico… tener plata no era suficiente para darle felicidad a Jack.	
Alejandro:	Pero, al final del cuento, se dice que Jack hizo demostraciones del arpa para conseguir mucha plata.	
Amelia:	*[a Alejandro]* Pero por lo menos la comparte; no como el gigante que se la guarda. Jack les demuestra a todos que conquistó al gigante y que tiene la magia de él. Y por eso merece casarse con la princesa.	

Debido al interés marcado de la directora y a su participación constante, los estudiantes se sumergieron en la discusión esforzándose por dar respuestas; examinaron el texto, empezaron a intercambiar palabras, formaron sus propias ideas, y lograron una interpretación más completa del cuento.

USO DE LA PÁGINA DE ELABORAR SU RESPUESTA

La página de Elaborar tu respuesta (vea el apéndice B, pág. 393) está diseñada para ayudar a los estudiantes a registrar las ideas que tengan acerca de la pregunta de enfoque que usted les hace y para reflexionar en la respuesta de ellos a la discusión. Aquí tiene algunas sugerencias específicas para usar esta página con eficacia durante la discusión:

- Haga que la página de Elaborar tu respuesta forme parte constante del procedimiento de discusión.

- Considere fotocopiar la página de Elaborar tu respuesta luego de haber imprimido su pregunta de enfoque en la parte superior.

- Déles a los estudiantes tiempo (cuatro o cinco minutos en silencio) para escribir una respuesta antes de la discusión.

- Durante la discusión, pídales frecuentemente que compartan las respuestas que han escrito.

- Cierre la discusión al pedirles que reconsideren sus respuestas iniciales.

- Use la página de Elaborar tu respuesta como parte de la calificación dada a los estudiantes por su participación.

- Después de la discusión, presente la página de Elaborar tu respuesta de la clase.

- Use la página de Elaborar tu respuesta como base de una tarea de escritura (para sugerencias más específicas, vea la pág. 343).

ADAPTAR LAS ACTIVIDADES

Principiante

Generalmente, los estudiantes

- Tratarán de responder sin entender realmente la naturaleza interpretativa de la pregunta

- Escribirán comentarios breves o volverán a contar los hechos del cuento

- Escribirán una respuesta totalmente literal

- Se concentrarán únicamente en su respuesta sin comentar las ideas de los demás

Durante la escritura y a medida que usted circula por el salón, concéntrese en lo que los estudiantes *han* podido escribir y haga preguntas de seguimiento para ayudarles a entrar en más detalles. También puede hacer esto antes de que los estudiantes escriban al pedirles que ensayen sus respuestas oralmente.

Escriba una respuesta como grupo concentrándose en una respuesta sensata que haya sido producto de la discusión. Pídales a los estudiantes que le mencionen una o dos cosas que ocurrieron en el cuento para respaldar la respuesta y úselas en la respuesta del grupo.

Con la ayuda de los estudiantes, ponga en lista varias de las respuestas que surgieron de la discusión de la clase. Dé un ejemplo al convertir algunas de esas respuestas en frases completas que respondan a la pregunta de enfoque.

Cuando planee su pregunta para la próxima discusión, escríbala en forma tal que pueda presentar dos de las respuestas posibles que usted ha considerado: *¿Se escondió Rosalinda porque tenía miedo o porque estaba confusa?*.

En la siguiente discusión, concéntrese en hacer preguntas de seguimiento que ayuden a los estudiantes a conectar sus ideas con la pregunta de enfoque *(Entonces, ¿de qué manera te ayuda eso a pensar en nuestra pregunta?)*, que respondan a los otros estudiantes *(¿Estás de acuerdo con eso?)*, y que utilicen el texto para respaldar las respuestas que los estudiantes den *(¿Qué parte del cuento te hizo pensar en eso?)*.

Intermedio

Generalmente, los estudiantes

- Escribirán una respuesta simple para responder a la pregunta

- Se darán cuenta de que algunas partes del cuento se relacionan con su idea

- Identificarán una idea con la que están de acuerdo o en desacuerdo

Antes de empezar la discusión, hágales saber a los estudiantes que deben escuchar para captar una idea que sea diferente de la de ellos. Durante la discusión, pueden escribirla en la página de Elaborar su respuesta. En su propia escritura, déles ejemplos de cómo incluir las ideas de otra persona y comentarlas.

Indíqueles que doblen una hoja de papel por la mitad y que titulen la columna izquierda "Lo que leí" y la derecha "Lo que pensé". Dígales que seleccionen dos pasajes que respalden la respuesta final que dieron, y que escriban los números de las páginas y las primeras frases de los pasajes a la izquierda y las conclusiones que tuvieron a la derecha.

De cada escrito de un estudiante, seleccione una frase bien escrita y escríbala en papel gráfico. Haga que la clase lea las frases una a una y que considere qué las hace buenas.

Durante la discusión, use preguntas de seguimiento para explicarles a los estudiantes la evidencia que eligieron. Pregúnteles: *¿De qué manera muestra esa parte que _____? ¿Qué te llevó a creer _____ cuando leíste esa parte?*

Avanzado

Generalmente, los estudiantes

- Escribirán una respuesta clara y simple

- Proporcionarán evidencia, pero tendrán que explicar cómo respalda la respuesta que dan

- Explicarán por qué están de acuerdo o no con otras respuestas

Durante la discusión y antes de la escritura, pídales a los estudiantes que traten específicamente partes o frases de la pregunta para que vean las distintas implicaciones que ofrece.

Déles ejemplos de cómo reunir evidencia y sopesarla para decidir una respuesta. En el tablero, escriba tres ideas que surgieron durante la discusión e indíqueles que sugieran partes del texto que respalden cada una de las ideas. Considere en voz alta una idea y la evidencia que parece respaldarla mejor. Déles ejemplos de cómo escribir un párrafo con la idea como tesis, evidencia que respalde la tesis, y una frase de cierre.

Haga que los estudiantes tracen un círculo alrededor de las respuestas en la sección Después de la discusión. Para "¿Cambiaste de opinión?" hágales escribir un párrafo que indique la idea original que tuvieron, la evidencia, y los comentarios que influyeron en ellos y la nueva idea. Para "¿Sigues con la misma respuesta?" pídales que indiquen la idea y que expliquen por qué no están de acuerdo con por lo menos dos respuestas adicionales.

DIRECCIÓN DE LAS ACTIVIDADES ADICIONALES

VOCABULARIO

¿Por qué motivo tienen los cuentos un vocabulario tan amplio?

No se han simplificado los cuentos de *Conversaciones* para que se ajusten a un vocabulario controlado: las palabras aparecen exactamente como el autor o el traductor las escribió. Uno de los criterios que se aplican al juzgar un "gran" cuento es el lenguaje rico e interesante, y los lectores se sienten más motivados a aprender un vocabulario nuevo cuando lo encuentran en el contexto de un relato significativo.

¿Cómo puedo ayudar a mis estudiantes con el vocabulario difícil?

En general, esfuércese por crear un ambiente en el que las preguntas sobre las palabras se vean como oportunidades bienvenidas para que todos resuelvan problemas y desarrollen capacidades idiomáticas. Las siguientes sugerencias ayudarán a los estudiantes a enriquecer su vocabulario y aprender estrategias para entender nuevas palabras:

Anime a los estudiantes a que hagan preguntas sobre palabras difíciles inmediatamente después de la primera lectura. Uno de los momentos más oportunos para que los estudiantes formulen preguntas relativas al vocabulario es después de la primera lectura, durante Preguntas para compartir. Como motivación, recuérdeles que indiquen cualquier cosa que no entiendan, ya sean frases o palabras, durante la primera lectura. En el transcurso de Preguntas para compartir, pídale al grupo que responda a las preguntas sobre palabras, tal y como contestaría otros tipos de preguntas: *¿Tiene alguien la respuesta a esta pregunta? ¿Qué significa* conciencia? Por lo general, sirve más pedirle al grupo que defina la palabra basándose en lo que sepa o en las pistas del contexto, antes de buscarla en el diccionario; luego, utilice el diccionario para confirmar o refinar la definición inicial del grupo.

Piense en voz alta sobre cómo desarrollar una definición basada en las pistas del contexto. Esto tiene que ver especialmente con las palabras extranjeras, para las que ordinariamente no hay diccionarios disponibles. Dése ejemplos de palabras poco comunes, pregúntese los significados posibles de un término, produzca una definición que sirva, compruébela en una frase, busque claves en el texto y, luego, compruebe la definición acabada. De ser posible, compare su definición con la de un diccionario. Finalmente, tal vez usted desee establecer una forma de recordar la palabra (por ejemplo, creando una imagen mental, usando la palabra en una frase divertida).

Anime a los estudiantes a que busquen palabras usadas fuera del contexto del cuento. La investigación nos indica que la gente aprende muchas palabras por casualidad—ya sea al oír un programa radial, al ver un documental, al escuchar casualmente una discusión—más que por instrucción directa. Anime a los estudiantes a que busquen fuera de la escuela palabras de las actividades del vocabulario de la unidad o del diccionario de Mis palabras favoritas (vea el apéndice B, pág. 403). Igualmente, al trabajar con una nueva palabra, pregúnteles si la han leído u oído antes y en cuál contexto. El pensar en el contexto puede ayudar a desarrollar una definición.

Ayude a los estudiantes a entender cuáles son las palabras que necesitan saber para comprender el texto. Todos hemos pasado por la experiencia de entender un pasaje de un texto sin saber la definición de cada una de las palabras. Los lectores competentes hacen una pausa al encontrar palabras que interfieran con la comprensión y buscan su significado, piden ayuda, o consideran un significado aproximado y siguen leyendo. Usted puede usar este procedimiento como modelo al seleccionar un pasaje con varias palabras difíciles y preguntarles a los estudiantes cuál palabra buscarían en el diccionario si tuvieran que elegir una. Haga que los estudiantes compartan sus elecciones y razonamientos, guiándolos para que se den cuenta de que algunas palabras tienen un papel más importante en la comprensión que otras.

¿Por qué diferentes cuentos ofrecen diferentes clases de actividades de vocabulario?

Cada uno de las unidades de un cuento sugiere actividades de vocabulario adicionales. La cantidad y el tipo de las mismas dependen del lenguaje usado en cada cuento. Algunos cuentos exigen más atención a ciertas palabras que otros.

La actividad Interpretación de las palabras les pide a los estudiantes que examinen las palabras importantes del cuento y que trabajen con ellas. La observación detallada de tales palabras puede llevar a los estudiantes a examinar temas, significados múltiples, relaciones con otras palabras y conceptos, o rasgos y comportamiento de los personajes. Las otras actividades del vocabulario animan a los estudiantes a recurrir a las palabras que ya conocen o a considerar la relación existente entre palabras por buscar sinónimos o antónimos o por definir una palabra según el contexto. Algo que no encontrará en las actividades de la unidad es una lista preseleccionada de palabras para que los estudiantes la consulten y memoricen. En este programa, se pone énfasis en aprender bien pocas palabras, por medio de ideas críticas y creativas, más que en aprender superficialmente muchas palabras.

¿Cuántas actividades del vocabulario debo poner a hacer a mis estudiantes?

Algunos directores ponen a los estudiantes a hacer todas las actividades sugeridas; otros crean sus propias actividades y no faltan los que omiten el trabajo relacionado con el vocabulario y dedican ese tiempo a otras Actividades adicionales, si consideran que los estudiantes dominan el vocabulario del cuento.

¿Qué hago si los estudiantes tienen interés en otras palabras que yo no esperaba?

En situaciones ideales, el desarrollo del vocabulario debe ser autodirigido y los estudiantes identifican las palabras que hayan interferido con su comprensión o que ellos consideren personalmente desconcertantes o intrigantes. En el apéndice B hay dos prototipos que ayudan a los estudiantes a formar definiciones de las palabras que les interesen o que los desconcierten: el diccionario de Mis palabras favoritas (pág. 403) y Pistas del contexto (pág. 405).

¿Debo llevar a cabo las actividades del vocabulario como una actividad completa de la clase?

Muchos directores desean trabajar en el vocabulario como una clase completa. Las actividades descritas en la sección de vocabulario de cada uno de las unidades del cuento, funcionan bien como una clase completa o como actividades para un grupo pequeño. La mayoría de las actividades debe realizarse con cierta ayuda del director. Los directores pueden hacer preguntas prácticas, sugerir otras fuentes de ideas, o, simplemente, compartir lo que saben de las palabras. Si bien muchas de las actividades ofrecen sugerencias para examinar palabras específicas, es imposible predecir cuáles palabras van a ser desconocidas o interesantes para cada grupo particular de estudiantes. En consecuencia, los directores deben sentirse libres de cambiar las palabras que consideren más adecuadas para el grupo. Si en realidad va a considerar la asignación de una actividad para que los estudiantes trabajen independientemente, revísela con cuidado para asegurarse de que pueden hacerla con éxito por sí mismos.

¿Cómo puedo dirigir la actividad Exploración de las palabras?

Exploración de las palabras: Los estudiantes tienen una lluvia de ideas sobre palabras relacionadas con una palabra o un concepto clave y organizan las palabras en categorías y grupos en un "mapa".

Exploración de las palabras aumenta el vocabulario y hace que los estudiantes comprendan mejor el significado de una palabra. Si se hace antes de la primera lectura, esta actividad estimulará el conocimiento adquirido y preparará a los estudiantes para el vocabulario que puedan encontrar en un cuento. Exploración de las palabras resulta más provechosa cuando un director guía a un grupo en la elaboración del mapa que cuando le pide que elabore los mapas independientemente. Un director puede orquestar un juego entretenido de ideas, y la colaboración estimula a menudo a los estudiantes a producir una rica variedad de palabras.

Empiece la actividad por escribir en el centro del tablero o en una hoja de papel gráfico una palabra o un concepto clave tomado del cuento. Por ejemplo, para "La Cenicienta", un concepto clave puede ser baile de gala. Déles a los estudiantes un momento para que reflexionen en la palabra o frase; luego, invítelos a que compartan las palabras que se les ocurran. Cuando los estudiantes participan en esta actividad por primera vez, es útil rotular varios de los rayos del mapa con las categorías en las que podrían agruparse las palabras relacionadas, tales como *entretenimiento*, *asistentes*, o *ropa*. Cuando un estudiante sugiere una palabra, tal como *vestido*, pregúntele en cuál categoría la pondría y por qué. Una pregunta de seguimiento del tipo *¿Por qué se llevaría un vestido a un baile de gala?*, puede suscitar más vocabulario. Si un estudiante responde "Porque es importante llevarse en algo bien lujoso", la palabra *lujoso* puede conectarse con *vestido*.

Una forma más avanzada de dirigir esta actividad consiste en que los estudiantes tengan primero una lluvia de ideas sobre las palabras y, luego, las agrupen en categorías. Para poder mover las palabras de un lugar a otro, escríbalas en notas autoadhesivas en vez de hacerlo directamente en el tablero.

Concluir esta actividad puede ser algo tan simple como felicitar al grupo por la colección de palabras que produjeron. Si quiere que los estudiantes practiquen con algunas de las palabras del mapa, pídales que escriban una respuesta corta a una pregunta acerca del concepto central del mapa o un poema simple utilizando el concepto central como título.

¿Cómo puedo usar los prototipos de vocabulario del apéndice B?

En el apéndice B hay cuatro prototipos de vocabulario: Mis tiras cómicas (pág. 399), El desafío del abecé (pág. 401), Mis palabras favoritas (pág. 403), y Pistas del contexto (pág. 405).

Mis tiras cómicas: Al crear una tira cómica, los estudiantes demuestran su habilidad para usar en contexto palabras tomadas del cuento.

Haga que los estudiantes elijan un número designado de palabras que utilizarán para crear una tira cómica. Las palabras pueden aparecer en el título, como globitos de texto o de ideas, o como palabras de acción en el cuadro. Aunque sugerimos una lista de posibles palabras para que los estudiantes elijan, piense en hacer su propia lista basada en las preguntas de vocabulario que los estudiantes hagan surgir durante Preguntas para compartir y en su conocimiento de las habilidades y necesidades del grupo. Discuta o revise los significados y usos de las palabras antes de que los estudiantes empiecen a trabajar.

Para apoyar a los estudiantes que van a realizar esta actividad por primera vez, familiarícelos con las características de las tiras cómicas presentándoles varios ejemplos. Luego, haga una tira cómica con la clase completa, utilizando una versión ampliada del prototipo dibujado en el tablero, un proyector, o papel gráfico. Primero, programe un guión haciendo que los estudiantes tengan una lluvia de ideas sobre cómo usar varias palabras juntas; después, invite a varios estudiantes a bosquejar los cuadros y a agregar las palabras. Al desarrollar su habilidad en esta actividad, los estudiantes pueden trabajar en parejas or independientemente.

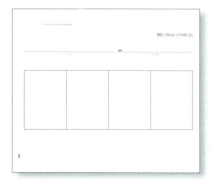

El desafío del abecé: Los estudiantes reúnen por lo menos una palabra por cada letra del alfabeto para describir a un personaje o un concepto relacionado con el cuento. Las palabras pueden proceder de la selección, de los vocabularios de los estudiantes, de los diccionarios, o de otras fuentes.

Usted puede elegir un tema para la lista del abecé, tal como un concepto tomado del cuento (por ejemplo, las cualidades de un buen amigo) o el nombre de un personaje, o utilizar el tema sugerido en la unidad del cuento.

Los estudiantes escriben el tema en la parte superior del prototipo de la actividad y procuran pensar en palabras que describan el tema. El asunto es encontrar por lo menos una palabra por cada letra del alfabeto. Por supuesto, algunas letras como la *ñ* o la *k* no son muy comunes al principio de una palabra en español. Después de que su clase se dé cuenta de esto, pídale que sugiera excepciones a las reglas, tales como permitir palabras que simplemente contengan esas letras o permitir palabras de otros idiomas.

Esta actividad puede realizarse individualmente, pero hacerla con un grupo grande o con toda la clase ofrece más oportunidades de ampliar el vocabulario. La lista del grupo o de la clase puede hacerse en papel gráfico. Si una letra determinada detiene al grupo, usted puede sugerir una palabra y profundizar en ella por un momento. En otras ocasiones, deje en blanco los espacios que lo estén, presente la lista, y anime a los estudiantes a reunir palabras durante varios días. Las palabras pueden proceder de diferentes fuentes—incluso de la familia y de los medios informativos. ¡Usted se dará cuenta de que los estudiantes hasta *leen* el diccionario!

Mis palabras favoritas y Pistas del contexto: Los estudiantes seleccionan palabras y usan el contexto para definirlas.

La investigación nos indica que los estudiantes aprenden y retienen nuevas palabras con mayor éxito cuando ellos mismos las seleccionan para estudiarlas. La primera lectura es uno de los momentos ideales para que los estudiantes elijan palabras. Cuando dirija una de estas actividades de vocabulario, deje cierto tiempo aparte para que la clase trabaje en las definiciones y luego haga que los estudiantes compartan sus palabras con la clase o en grupos pequeños.

Si planea que los estudiantes seleccionen regularmente sus propias palabras para trabajar en el vocabulario, pídales que cada uno haga un diccionario de Mis palabras favoritas, doblando y grapando dentro de la cubierta copias de las páginas en las que anotaron las palabras. Muchos directores hacen que los estudiantes agreguen por lo menos una nueva palabra al diccionario personal cada vez que lean otro cuento. La actividad Pistas del contexto resulta más apropiada si usted no planea que los estudiantes mantengan una colección en curso de palabras y, en lugar de eso, hace que trabajen ocasionalmente en la definición de las palabras usando el contexto.

Estas actividades fueron elaboradas para que los estudiantes las usen independientemente. Sin embargo, las primeras veces que su clase las use, es probable que usted quiera seleccionar su propia palabra y demostrar el procedimiento para considerar el significado sobre la base del contexto y de las otras claves del texto. Explique que tratar de suponer el significado de una palabra ayudará a menudo al lector a entender la definición que da el diccionario, pero que sin suficiente información sobre el contexto, hasta las mejores conjeturas pueden fallar algunas veces.

ACTIVIDADES CREATIVAS: ARTE

¿Cómo ayuda el dibujo a que los estudiantes interpreten la literatura?

Cuando los estudiantes leen y oyen cuentos, crean imágenes visuales que son la interpretación de las palabras de un texto; dibujar esas imágenes les ayuda a menudo a expresar sus ideas. Al darles la oportunidad de responder a preguntas relacionadas con los dibujos que han hecho, los estudiantes pueden expresar a menudo ideas complejas y abstractas sobre el cuento, utilizando sus ilustraciones como un trampolín para manifestarse.

¿Por qué los cuentos van acompañados tan sólo de algunas ilustraciones en blanco y negro?

Cada uno de los cuentos tiene sólo algunas ilustraciones en blanco y negro para estimular a los estudiantes a que se concentren en las palabras del relato y para darles la oportunidad de inferir y valerse de la imaginación. Al leer con los estudiantes, tal vez usted quiera detener algunas veces la lectura y pedirles que se imaginen a uno de los personajes, un lugar, o una escena. Puede que sea necesario volver a leer un pasaje y analizar el significado de palabras poco claras. Haga que los estudiantes describan algunas de las imágenes en las que han pensado.

¿Cómo puedo usar el prototipo de arte?

Los estudiantes pueden usar el prototipo de arte (vea el apéndice B, pág. 407) para expresar la forma en que interpretan a un personaje, una escena, o una ambientación; el prototipo fue creado para usarlo con los cuentos. Algunos directores ofrecen varios temas o frases para el dibujo; otros fotocopian el prototipo de arte con una frase escrita de antemano, y hay quienes permiten que los estudiantes dibujen lo que les guste del cuento con las frases que ellos escriban. Las Actividades creativas sugieren a menudo pasajes del texto con descripciones particularmente elaboradas o intrigantes de personajes, escenas, o ambientaciones que sirven de inspiración a los dibujantes.

¿Cuándo les debo ofrecer a mis estudiantes la oportunidad de dibujar?

Permítales dibujar en todo momento en que desee que compartan y comparen ideas que les causen dificultad, cuando desee apreciar perspectivas distintas, o estimularlos a pensar más. Un buen momento para dibujar es después de la primera lectura y de Preguntas para compartir: usted se beneficiará del entusiasmo inicial de los estudiantes por un cuento y captará sus primeras impresiones. Al hablar de la forma en que describen a un personaje o una escena, los estudiantes revelan ideas en ebullición sobre el cuento, puntos de interés, y las relaciones que hacen con su propia experiencia. Cuando los estudiantes hablan de sus ilustraciones, usted puede detectar ciertos elementos del cuento que los confundieron o ciertas palabras que no entendieron (los estudiantes evitan interpretar esas palabras en sus dibujos). Uno de los beneficios de asignar ilustraciones después de las Preguntas para compartir es poder aclarar cualquier malentendido que haya antes de la segunda lectura. No obstante, puede conectarse con la capacidad creativa de sus estudiantes en cualquier momento del módulo de un cuento; por ejemplo, puede ser interesante hacer que los estudiantes dibujen *después* de la Discusión colectiva, cuando tienen una interpretación del cuento más profunda y quizás más elaborada.

¿Por qué es importante que los estudiantes comparen sus ilustraciones y hablen de ellas?

Hablar con los estudiantes de las ilustraciones que dibujan aumentará el valor y el disfrute de este tipo de actividad. Muchos directores hacen que los estudiantes se reúnan después de una sesión de dibujo para pedirles uno a uno que le muestren los dibujos al grupo mientras que el director hace preguntas.

Las preguntas más provechosas son las que aluden a lo que realmente se ve, no a lo que uno cree que una forma o un color indica. Por ejemplo, pregunte *¿Por qué le dibujaste la boca hacia abajo?* en vez de *¿Por qué lo dibujaste enojado?* Igualmente, *¿Cuáles son esas formas negras encima de la cabeza?* en lugar de *¿Por qué dibujaste nubarrones en el cielo?* Tal y como en un intercambio, haga preguntas de seguimiento para aclarar puntos confusos.

¿Se permite que los estudiantes hagan preguntas sobre sus dibujos?

¡Por supuesto! A medida que los estudiantes notan que sus preguntas les abren las puertas del cuento y les revelan la forma de pensar especial de cada artista, empezarán a hacer preguntas con entusiasmo y competirán por la oportunidad de hablar de la ilustración que han dibujado. Explíqueles que las preguntas que usted les hace aluden a lo que ve en la hoja de dibujos y no a lo que usted supone. Dígales que la intención es saber lo que el artista piensa, no lo que supone él que hace las preguntas.

¿Puedo usar el mismo enfoque con otras manifestaciones artísticas?

Naturalmente. Sus estudiantes sacarán mucho provecho al ver otras formas artísticas ya sea pintura, escultura, o colage. Anote leyendas en fichas que se adherirán a la ilustración o se pondrán junto a ella.

DISCUSIÓN EJEMPLAR SOBRE LAS ILUSTRACIONES

A continuación se presenta una deliberación modélica sobre la interpretación gráfica que una estudiante hace de la frase *Se encontró con un viejo de aspecto extraño*, de "Jack y el tallo de frijol".

Director: ¿Qué nos dices de la boca del hombre?

Cecilia: La dibujé con una sonrisa a medias.

Director: ¿Qué quieres decir con eso de "una sonrisa a medias"?

Cecilia: Es la sonrisa que se muestra cuando uno es tramposo, pero quiere aparecer simpático. No es fácil sonreír de verdad cuando uno va a hacer trampa.

Director: ¿Por qué crees que él iba a hacer trampa?

Cecilia: Creo que cuando le dice a Jack que los frijoles crecerán hasta el cielo, él sabe lo que hay allá arriba. Yo creo que es amigo del ogro y que anda por ahí dándoles frijoles a los niños para que trepen hasta llegar al cielo.

Director: ¿Y esa ropa? ¿Qué nos dices de lo que tiene en la ropa?

Cecilia: Son agujeros. Lleva ropa vieja y se ve pobre.

Director: ¿Por qué crees que es pobre?

Cecilia: *No es pobre*, sino que quiere *aparecer* pobre para hacerle trampa a Jack. Si se ve pobre, Jack puede tenerle pesar y darle la vaca en lugar de pensar que el tipo ese le hace trampa.

Director: ¿Qué dice en el globito que le dibujaste encima de la cabeza?

Cecilia: Dice: "Éste es listo; ojalá acepte los frijoles".

Director: ¿Dijo Jack algo que te hizo pensar que era listo?

Cecilia: Me gustó lo que contestó: "Dos en cada mano y uno en la boca".

¿Qué ocurre si los estudiantes tienen dificultades para empezar?

Algunos estudiantes vacilan porque no confían en su capacidad artística. En tal caso, permítales experimentar con diferentes técnicas de dibujo; por ejemplo, usando la punta y el lado ancho de un crayón, usando pintura o marcadores, o llenando toda la página. Recuérdeles que lo verdaderamente importante son las ideas que tengan. Por otro lado, si los estudiantes no reaccionan porque no saben dibujar, pruebe una o varias de las siguientes sugerencias:

- Vuelva a leer el pasaje que describe lo que los estudiantes van a ilustrar y pídales que señalen detalles, explícitos o inferidos, que podrían incluir en los dibujos.

- Antes de empezar a dibujar, dirija una visualización: dígales a los estudiantes que cierren los ojos, y hágales preguntas que les ayuden a imaginar detalles de lo que van a dibujar. Por ejemplo, si van a dibujar a un hombre de aspecto extraño, pregúnteles *¿Qué tiene de extraño su apariencia? ¿Cómo es su cara? ¿Qué tiene puesto? ¿Cómo se para? ¿Lleva algo consigo?*

- Haga que los estudiantes trabajen en pares en el papel gráfico para colaborar en la creación de un dibujo. Asegúrese de darles tiempo para que expresen sus ideas antes de que empiecen a dibujar.

¿Cómo puedo ayudar a los estudiantes a que piensen más cuidadosamente en sus dibujos?

- Anímelos a que expliquen de dónde sacaron las ideas para los dibujos. Si una estudiante dice: "Dibujé a la esposa del ogro con el ceño muy fruncido", aliéntela a apoyar esta decisión preguntándole: "¿Qué parte del cuento te hizo pensar que tendría el ceño fruncido?"

- Haga preguntas basándose en alguno de los dibujos de un estudiante; luego, motívelos para que hagan preguntas sobre las ilustraciones que han dibujado.

- Cuando los estudiantes terminen de dibujar, pídales que piensen en cómo contestarían esta pregunta: *¿Qué te gustaría preguntarle al autor para que tu dibujo resulte más detallado?* Los estudiantes pueden compartir las respuestas por escrito o cuando hablen de sus ilustraciones.

¿Cómo puedo valerme de las ilustraciones para hacer que mis estudiantes piensen más en el cuento?

- Haga que los estudiantes critiquen las ilustraciones del cuento. Guíelos con preguntas como éstas: *¿Qué se puede decir de las ideas que este artista tiene del cuento? ¿Te gustan algunos de los detalles de la ilustración y estás de acuerdo o no con ellos? ¿Te gustaría cambiar alguna cosa?*

- Haga que los estudiantes se imaginen el cuento publicado como si fuera un libro producido por ellos. Pídales que dibujen en la tapa del libro la imagen o escena más representativa del cuento.

ACTIVIDADES CREATIVAS: DRAMA

¿Cómo ayuda el drama a que los estudiantes interpreten la literatura?

La representación dramática realza el disfrute y la comprensión crítica de una selección literaria, ayudando a los estudiantes a identificarse con los personajes, a analizar escenas importantes, a captar la secuencia de los acontecimientos, y a interpretar las sutilezas de palabras y frases. Representar un cuento es una forma inmediata y creativa para que los estudiantes de distintas edades se relacionen con el texto.

¿Cómo selecciono escenas adecuadas para la dramatización de los estudiantes?

La mayoría de las unidades de los cuentos tienen una lista de sugerencias de escenas apropiadas—las que prometan más—pero usted puede elegir otras si se asegures de que la escena tenga potencial dramática. La escena debe ser más bien independiente, destacar algún tipo de confrontación o conflicto entre los personajes, y contener diálogos (una escena humorosa casi siempre ofrece también posibilidades dramáticas). Elija pasajes o escenas que permitan diferentes interpretaciones para que la clase pueda reflexionar sobre la interpretación de los actores y hablar de sus decisiones.

¿Cuál es el mejor momento para la dramatización?

Hay buenos motivos para la dramatización en diferentes momentos de la unidad de un cuento.

Antes de la discusión. Cuando los estudiantes comparten preguntas después de la primera lectura, usted puede darse cuenta de que es útil concentrarse en un pasaje particularmente confuso o ambiguo. Los estudiantes se beneficiarán más al representar una escena si tienen la oportunidad de observar el pasaje, discutiendo juntos las palabras y varias interpretaciones.

Después de la discusión. Después de la Discusión colectiva, la representación dramática les permite a los estudiantes utilizar las ideas e interpretaciones que han desarrollado y considerar las ideas de los compañeros de clase. La representación dramática después de la discusión puede servir de cierre si los estudiantes se concentran en una escena final significativa o representan en orden varias escenas claves, haciendo una dramatización simple de toda la selección.

Con escritura. Los estudiantes pueden adquirir experiencia en la redacción de diálogos al escribir guiones basados en la selección y al representar sus escenas.

¿Puedo simplemente pedirles a los estudiantes que representen todo el cuento?

Muchos directores se dan cuenta de que este enfoque es caótico. Puesto que la representación dramática debe aumentar la comprensión del cuento y apelar a la capacidad interpretativa de los estudiantes, lo mejor es darles alguna estructura que incluya la concentración en una escena o pasaje prometedor.

¿Qué debemos hacer después de la actuación?

A los estudiantes les encanta hablar de sus actuaciones. Luego de una representación dramática, tómese el tiempo necesario para hablar con el grupo de lo que se ha visto y experimentado. El hablar de las presentaciones desde el punto de vista de las decisiones hechas por los actores ayudará a los estudiantes a entender que el drama es una forma artística que enfoca en la interpretación.

¿Cómo puedo ayudar a que los estudiantes tímidos o con menos confianza en sí mismos disfruten del drama?

- Pídales a los estudiantes que hagan mímicas de las acciones de los personajes cuando usted lea los pasajes en voz alta.

- Forme grupos pequeños e indíqueles que lean en coro escenas selectas con un tono de voz que exprese los sentimientos e intenciones de los personajes. Antes de que lean, haga que cada uno de los grupos converse y se ponga de acuerdo sobre la interpretación que desea manifestar.

- Haga que los estudiantes utilicen marionetas, que ellos mismos pueden crear, para describir hechos del cuento en el orden en que ocurrieron. Pueden representar las escenas sin leerlas en los libros; así, tendrán una buena manera de repasar la trama.

¿Cómo puedo estimular a los estudiantes seguros de sí mismos en cuanto a la actuación y la improvisación?

- Prepare una versión del juego de charadas. Déles a los grupos de estudiantes una frase o un pasaje del cuento en una papeleta y pídales que representen la frase o el pasaje únicamente con acciones, sin palabras. La audiencia puede adivinar qué parte del cuento ve en ese momento.

- Haga que los estudiantes creen "escenas inmóviles", o cuadros en vivo de las escenas del cuento. Asigne una escena o un pasaje a cada uno de los grupos. El grupo decide las posturas, las expresiones, y los gestos que utilizarán para representar la escena. Apague la luz cuando cada uno de los grupos monte su escena y préndala cuando el narrador empiece la lectura. Represente los cuadros en vivo en orden secuencial para repasar la trama.

- Haga que los estudiantes representen varios pasajes del cuento. No deben leer líneas del libro ni memorizar exactamente lo que los personajes dicen, sino más bien hacer un papel como cuando juegan con personajes imaginarios en el recreo.

¿Cómo puedo usar el drama para aumentar, más allá de lo que está escrito, la comprensión que los estudiantes tengan del cuento?

- Organice un juego de teatro improvisado llamado "Asiento caliente". Elija a uno de los personajes del cuento y haga que los estudiantes escriban algunas preguntas que les gustaría hacerle al personaje. Las preguntas pueden estar relacionadas específicamente con el cuento o ser hipotéticas. Uno de los estudiantes voluntarios se sienta en el "Asiento caliente", un asiento al frente de la clase, y representa al personaje. La clase hace preguntas y el voluntario procura responderlas en forma tal que corresponda con su interpretación del personaje. Los estudiantes también pueden hacer el papel de un objeto inanimado, por ejemplo, el sombrero en "El sombrero del tío Nacho".

- Haga que los estudiantes trabajen en grupos pequeños para escribir los guiones de las escenas a que alude el autor, pero que no describe explícitamente. Por ejemplo, en "Jack y el tallo de frijol", se nos cuenta que el ogro le pregunta a su esposa por la bolsa de oro que le falta, pero el cuento no incluye esa escena.

ESCRITURA

¿Cuál es la finalidad de escribir en *Conversaciones*?

La finalidad de las sugerencias para la escritura y de las páginas de actividades que aparecen en *Conversaciones* es desarrollar el pensamiento crítico y creativo de los estudiantes. Las actividades de escritura fueron diseñadas para ayudar a los estudiantes a articular ideas sistemáticamente, apoyarlas y desarrollarlas, y para estimular formas de pensar originales y motivar a los estudiantes a que se relacionen personalmente con la literatura.

La capacidad de los estudiantes para escribir, explicar, y respaldar una respuesta está conectada estrechamente con lo que ocurre en la discusión. Todas las Actividades interpretativas básicas y muchas de las Actividades adicionales ofrecen posibilidades para la escritura, aunque también es posible llevarlas a cabo en voz alta o que el director se las escriba al grupo. Le recomendamos que piense en los beneficios que los estudiantes pueden derivar de la escritura en relación con el procedimiento de la Indagación colectiva, en especial la Discusión colectiva, y que incorpore la escritura a las actividades seleccionadas.

¿De qué forma puedo animar a mis estudiantes a escribir durante todo el curso de su trabajo en un cuento?

Los estudiantes tienen oportunidades de usar la escritura para desarrollar y ampliar la manera de pensar a medida que trabajen en un cuento. La escritura puede ser desde apuntes breves hasta narraciones extensas.

Antes de la discusión	Inicio/Fin de la discusión*	Después de la discusión
Para ayudar a los estudiantes a que sigan el tren de ideas y empiecen a desarrollar sus propias interpretaciones, indíqueles que	Para ayudar a los estudiantes a refinar sus interpretaciones y sintetizar sus ideas en un solo tema, pídales que	Para ayudar a los estudiantes a ampliar el proceso de reflexión y aplicar su forma de pensar a otras situaciones, haga que ellos
• Tomen apuntes durante la primera y/o segunda lectura	• Escriban las respuestas antes de la discusión en la página de Elaborar tu respuesta	• Desarrollen ideas en la página de Elaborar tu respuesta conformando un texto de opinión o un ensayo persuasivo
• Escriban sus reacciones a y sus preguntas sobre el cuento después de la primera lectura	• Registren las ideas de los condiscípulos en la página de Elaborar tu respuesta al final de la discusión	• Escriban piezas expositoras relacionadas con ideas del cuento o el oficio de autor
• Escriban las respuestas a las preguntas de sus compañeros	• Escriban sus respuestas después de la discusión en la página de Elaborar tu respuesta	• Usen la escritura creativa para expresar sus pensamientos e ideas de forma única y personal
• Escriban acerca de la interpretación que le den a una palabra con varios significados	• Hagan una lista de la evidencia que respalde sus ideas en la página de Elaborar tu respuesta al final de la discusión	
• Escriban frases para ilustraciones y guiones para obras dramáticas		

* Durante la discusión, los estudiantes concentran su atención en escucharse unos a otros. Sin embargo, si ellos lo encuentran útil, pueden anotar ocasionalmente las ideas que deseen recordar.

¿Cómo debo usar las actividades de escritura adicionales?

Cada unidad comprende páginas de actividades de escritura diseñadas para utilizarse en tareas de escritura de respuestas breves o de primeros borradores para piezas más elaboradas. Animamos a los directores o a los estudiantes a seleccionar la actividad de escritura que mejor amplíe su manera de pensar sobre un cuento, ya sea al escribir poemas, una carta, un cuento, una entrevista, o un ensayo.

¿De qué manera puedo ayudar a los estudiantes a desarrollar sus destrezas redactivas?

En la forma actual de enseñar la escritura se enfatiza el *proceso* de composición de un texto, en contraposición al producto final escrito. La investigación indica que los estudiantes se benefician de la instrucción en la que se presta atención a las ideas necesarias para escribir un texto más que al aspecto mecánico. Los estudiantes también obtienen más éxito al escribir cuando tienen el tiempo suficiente para releer, reconsiderar, y volver a escribir. Además, deben escribir con frecuencia si van a adquirir maestría en el complejo proceso de la comunicación de ideas por medio de la escritura.

Teniendo todo esto en cuenta, tal vez usted desee asignar regularmente a sus estudiantes tareas de escritura y darles todas las oportunidades del caso para que reconsideren y revisen sus ideas. Puede utilizar lo que los mismos estudiantes escriban con éxito como ejemplos de lo que usted trata de enseñar. A menudo se describe el proceso de la escritura comprendiendo los siguientes pasos: ensayo, borrador, revisión, corrección, y publicación. Incluso cuando usted no intenta que los estudiantes trabajen por extenso en un escrito, se beneficiarán con una actividad de pre-escritura (conversación, lluvia de ideas, mapas de palabras, ilustraciones) antes de escribir el primer borrador.

¿Cuál es la intención de las preguntas impresas en los márgenes de la mayoría de las páginas de actividades de escritura?

Las llamamos preguntas guías y ayudan a los estudiantes a generar ideas y a organizarlas. Con el respaldo de las preguntas guías, los estudiantes con capacidades diferentes a menudo pueden considerar más profundamente el tema y, de esa forma, transmitir más detalles que de ordinario. Bajo ningún punto de vista deben los estudiantes confinar sus ideas a las líneas al lado de las preguntas guías o ver las preguntas como las únicas posibles. Los que tengan más experiencia en escribir pueden no necesitar la página de actividades en absoluto y preferir que escriban en el tablero la sugerencia y las preguntas guías, con la opción de utilizarlas según lo consideren apropiado.

¿Debo hacer que los estudiantes revisen y refinan todo lo escrito?

Usted puede incorporar tantas revisiones como los estudiantes requieran, pero el tiempo es un factor limitante para la mayoría de los directores. Si los estudiantes están a punto de completar una actividad de escritura por cada cuento, la mayor parte de los directores no hacen que sus grupos pulan cada pieza a nivel de borrador final. Los estudiantes pueden conservar sus primeros borradores en una carpeta de *Conversaciones,* seleccionando una pieza a intervalos regulares—como cada cuatro semanas, por ejemplo—para revisar y pulir. Cuando los estudiantes pulan un escrito de verdad, deben comprender que esa revisión no es simplemente una corrección ortográfica, de puntuación, o de errores gramaticales, sino un esfuerzo a expresar el significado de sus ideas con el lenguaje.

¿Y qué se indica en cuanto a la labor de escribir?

Como el énfasis de *Conversaciones* está en desarrollar ideas, no incluimos sugerencias para instrucciones sobre gramática, puntuación, uso, u ortografía en esta Guía del director. Naturalmente, todos los aspectos del arte de escribir son importantes. Una forma eficaz de incorporar la instrucción de la labor de escribir es determinar las necesidades de los estudiantes en este campo, a medida que usted observa los escritos de ellos y elabora lecciones breves basadas en lo que necesitan. De esta manera, les enseñará los aspectos mecánicos y estilísticos como parte de un esfuerzo en curso para expresar significado.

¿Cómo puedo utilizar la página de Elaborar tu respuesta para desarrollar la escritura de los estudiantes?

La página de Elaborar tu respuesta es un elemento para ayudar a los estudiantes a comunicar sus ideas por escrito; es el lugar donde pueden registrar la respuesta inicial a su pregunta de enfoque y la respuesta final—o "mejor respuesta personal"—al final de la discusión. Además de darles a los estudiantes tiempo para escribir sus respuestas finales, un director puede guiarlos en la escritura de diferentes tipos de frases, párrafos, o ensayos que reflejen las ideas que se les ocurrieron durante la discusión. Por ejemplo, usted podría cerrar la discusión haciendo que los estudiantes escriban la mejor respuesta que tengan, se tomen un descanso, y, luego, vuelvan para una lección breve sobre cómo escribir un párrafo con evidencia que respalde la declaración de una tésis.

Cuando usted considera la capacidad de sus estudiantes para comunicar ideas por escrito, es importante distinguir entre la capacidad de escribir palabras en una frase, algo que muchos estudiantes harán fácilmente, y la capacidad de escribir una respuesta o una explicación con sentido que demuestre una secuencia de ideas y que trate específicamente la pregunta que usted hizo. Uno de los prototipos de Elaborar tu respuesta del apéndice B se ha dejado en blanco para que usted lo llene con sus propias sugerencias para después de la discusión. Si usted les hace saber a los estudiantes lo que espera que escriban después de la discusión, ellos pueden practicar las habilidades indicadas durante la discusión. Aquí tiene ejemplos de sugerencias que tratan de las necesidades específicas de los estudiantes:

- *¿Cuál fue la idea que más te gustó?* (para estudiantes con dificultades en escribir una respuesta clara)

- *¿Cuál fue la idea que más te sorprendió?* o *¿Con cuál idea no estás de acuerdo?* (para estudiantes que más requieran escucharse unos a otros)

- *¿Cuál es la pregunta que todavía querrías hacerle al grupo (o al autor)?* (para estimular la curiosidad y motivar preguntas adicionales)

¿Se pueden usar los escritos de los estudiantes para evaluar el desarrollo de sus habilidades críticas y pensamentales?

Sí. Los escritos relacionados con la Discusión colectiva, tales como un párrafo basado en la página de Elaborar tu respuesta, reflejarán la capacidad creciente de los estudiantes para desarrollar ideas, respaldarlas con evidencia del texto, y responder a las ideas de los demás.

LEADER'S TOOLBOX

SAMPLE UNIT PLANS

Leaders plan how to conduct Core Interpretive Activities and select Supplemental Activities to fit their classroom schedule and students' needs. Here are three examples of schedules different leaders might create for "Uncle Nacho's Hat." The Core Interpretive Activities are shown in bold.

2-DAY PLAN

Tuesday, 9–10 a.m.

- Building Context

- **First Reading**

- **Sharing Questions** To conclude, students record one of the class's questions to explore for homework.

- Homework: **Second Reading** Students look for answers to selected question. Write one answer and evidence.

Wednesday, 9–10 a.m.

- Review homework. Students share answers.

- **Shared Inquiry Discussion** To conclude, students write one idea they heard that was different from theirs.

3-DAY PLAN

Monday, 9–10 a.m.

- **First Reading**

- **Sharing Questions** Save list.

- Creative Endeavors: Art—Students draw a scene and share it with the class.

Tuesday, 9–10 a.m.

- Vocabulary: Word Workshop—Preview activity page for words to look for during reading. Complete with class after all have read story.

- **Second Reading** Partners read aloud, stopping to discuss pause-and-reflect questions.

- Homework: Students record one question from class list. Write two possible answers.

Wednesday, 9–10 a.m.

- **Shared Inquiry Discussion** Use Building Your Answer page with students.

- Creative Endeavors: Drama—Students in groups of four act out Uncle Nacho taking his new hat to meet his friends.

4-DAY PLAN

Monday, 9–10 a.m.

- Building Context

- **First Reading**

- **Sharing Questions**

Tuesday, 9–10 a.m.

- Vocabulary: Word Mapping of *reconocer*.

- **Second Reading** Partners read independently and write their answers to the last pause-and-reflect question.

- Creative Endeavors: Art—Students draw interpretation of Uncle Nacho, depicting features/characteristics brought out in Word Mapping.

Wednesday, 9–10 a.m.

- **Shared Inquiry Discussion** To conclude, each student shares a question he or she would still like to ask the author.

- Creative Writing: Students brainstorm ideas for dialogue between Uncle Nacho and the old hat.

- Homework: Students write rough draft of dialogue.

Thursday, 10:30–11:15 a.m.

- Creative Writing: Students choose partners and read each other's dialogue together, taking parts.

CONDUCTING THE CORE INTERPRETIVE ACTIVITIES

FIRST READING FOLLOWED BY SHARING QUESTIONS

How should I introduce the story?

Shared Inquiry focuses on interpretation, so we encourage you to get to the reading as soon as possible. We believe students can enjoy reading and discussing our stories and can think about the issues the stories present without much background information about the history, author, or setting of the story. Do not introduce a story by asking students to predict what the story is about based on the title. However, you might want to conduct the story-specific Building Context activity included in each unit before the first reading. This popular Supplemental Activity draws on students' own experience and knowledge to stimulate their interest and to prepare them to better understand the story and identify with its characters.

Should I read the story aloud or should students read independently?

Even if your students are proficient readers, we recommend you read the selection aloud to them the first time so that they concentrate on the language and ideas of the story rather than on the mechanics of reading. Listening to the story read aloud by a fluent and expressive reader helps students with comprehension and prepares them to explore the pause-and-reflect questions on the second reading. Reading aloud to your students will allow the class to finish the reading at the same time and leads naturally into Sharing Questions. Ideally, readings should be intimate, with students sitting in a group around you so that all can hear the story clearly.

Should students just listen or should they follow along in their books?

That depends on the story and your students. We usually encourage students to follow along in their books while you read the story aloud to them in order to promote fluency in reading. Following along fosters a connection between the words, pictures, and ideas of the story and promotes reading readiness in children who aren't yet reading independently. In *Conversaciones,* students work closely with the text and practice active reading skills. However, at times you may want students just to listen closely while you read the story aloud, pausing to show them the pictures.

Do I have to read the whole story in one sitting?

If your students are restless or the selection is fairly long, you may want to find a natural stopping point within the selection to break up the reading. Conduct Sharing Questions after students have heard the entire selection.

Should I ask questions during the first reading?

Students will have a chance to ask questions when you are finished, so keep interruptions during your first reading to a minimum. You may, for example, quickly supply definitions of unfamiliar words that are important to comprehension. Do not ask prediction questions as these lead students to guess what the author will say next; in Shared Inquiry, readers are encouraged not to speculate, but to base their opinions on the text.

What is Sharing Questions?

Sharing Questions is a session after the first reading in which students are free to ask any questions they have. It is a way to help students engage the story and address problems of comprehension.

Why should I do Sharing Questions with my students?

At its simplest level, Sharing Questions allows students to clear up misunderstandings and factual errors, get help with vocabulary, and set the selection more firmly in their minds. More important, Sharing Questions sets the tone for the whole process of Shared Inquiry by

- Promoting an atmosphere of openness and cooperation in which it is safe to wonder aloud

- Developing the habit of reflecting and wondering after reading

- Teaching students that their curiosity and desire to know are good starting points for exploration

- Encouraging an appreciation of different opinions and reactions

Sharing Questions can also help you, the leader, tailor a story unit that will address and incorporate your students' interests. By paying careful attention to your students' curiosity about the story, you can gather questions for Shared Inquiry Discussion and develop note-taking prompts, prompts for writing and art activities, and ideas for further research.

How do I conduct Sharing Questions?

Immediately after the first reading, while the story is fresh in everyone's mind, encourage students to ask about anything in the selection that they wondered about, such as why an event happened as it did or why a character did or said a particular thing. You might also ask what parts of the story they liked best or found surprising and why. As students pose questions, write them on the board or chart paper. As much as possible, try to use the students' own wording when helping them phrase questions.

After you have collected six to eight questions, have the class briefly consider answers to each one. Be sure the class answers any pressing vocabulary or factual questions. Try to reserve some of their interpretive questions to use in Shared Inquiry Discussion (see the Question Web master in appendix B, p. 389). If possible, keep the class's list of questions posted during their work on the story. For more specific ideas about conducting this activity, see Meeting Students' Needs, p. 350. For a review of the different types of questions that arise in Shared Inquiry, see About Shared Inquiry, p. xiii.

How is Sharing Questions different from Shared Inquiry Discussion?

The emphasis in Sharing Questions should be on identifying points of curiosity about the selection and resolving factual questions and questions about vocabulary. Students will be far better prepared to discuss interpretive questions in depth after they are more familiar with the reading selection. Let students know that this is a time to clear up questions that need to be answered right away and to discover questions they want to explore further. While you may want to ask a follow-up question to help clarify what a student is asking, do not ask many follow-up questions about students' initial answers to a question. If an interesting question seems to be leading the class into a full-scale discussion, remind students that they will have time to discuss the selection fully after the second reading.

What if my students don't have any questions after the first reading?

At first, your students may be shy or reluctant to raise questions. After all, asking a genuine question is risky; you're admitting you don't understand something! Students may not know how to articulate what they are curious about. They may be worried a question isn't a "good" one, or they may simply be unsure of what to ask. It may help to ask students what parts of the story surprised them or what they especially liked and why, or to try an art activity. You can also model for your students how to ask a question about the story by telling them something you wondered about and writing a question about it on the board or chart paper.

How do I handle students' factual questions or questions about vocabulary?

When at all possible, have students help one another answer factual questions or questions about vocabulary instead of answering them yourself. If the class is unable to answer a factual question correctly and cannot locate the relevant passages from the text, refer students to the relevant passages and reread them so that the class can resolve the question. If the class is unsure of the meaning of a word, have them find the word in the story and try to determine the meaning from context. You may also send students to a dictionary for questions about words.

What if my students have too many questions after the first reading?

This is a wonderful "problem" to have! Remember that you can use their questions later, especially to help you develop a focus question and related questions for Shared Inquiry Discussion.

First, though, resolve the pressing factual or vocabulary questions as a class. Then do any one of the following:

- Have students write their name and questions on index cards. At random, pick six to eight questions for the class to consider briefly.

- Have students work in groups, pairs, or individually to come up with possible answers to the remaining questions.

- Have students choose one or two questions to answer in writing or through art.

- Have students share questions in small groups. Each student can contribute one question to a group list or the group can generate several questions while working together.

Whether you ask students to work individually, in pairs, or in groups, be sure to allow them to share their favorite questions and answers with the whole class by posting them on a bulletin board, handout, or chart paper.

Should I encourage my students to ask interpretive questions during Sharing Questions?

Not necessarily. All questions after the first reading are valuable. Students should feel free to ask whatever they are wondering about after the first reading. You don't want to stifle your students' curiosity by dismissing or diminishing any questions that are not interpretive. You may use Sharing Questions, however, to point out to your students that an interpretive question has more than one answer that can be supported with evidence from the text. As your students gain more experience with *Conversaciones*, they will tend to resolve factual questions more quickly, ask fewer questions unrelated to the text, and ask more interpretive questions.

MEETING STUDENTS' NEEDS

Beginning

Students will sometimes

- Be shy or reluctant to ask questions

- Ask questions unrelated to the selection

- Not know what to ask about

Model how to ask questions by sharing your reaction to something in the text, then turning your reaction into a question and recording it on the board or chart paper. Ask students for some of their reactions to the story and help them phrase questions about those reactions.

Ask students what they liked about the story and what they did not like. Or, ask students to identify parts of the story that surprised them, confused or puzzled them, or seemed important. In order to turn some of their reactions into questions to list on the board or chart paper, try to get students to explain their reactions.

Have students brainstorm words that begin questions, such as *who, what, where, why, when,* and *how*. After listing several of these words on the board or chart paper, ask students if they can think of questions about the story using each of the words on the list.

Intermediate

Students will sometimes

- Ask too many questions for the whole class to consider or for the time allotted

- Ask a variety of questions, including factual, interpretive, and evaluative

- Be comfortable thinking out loud in order to pose questions

Select a central character or major event in the story, and ask students to brainstorm as many questions as they can about the character or event.

Select a puzzling or interesting passage to reread. As the passage is read aloud, pause and ask students to brainstorm questions about the language and events in the passage.

Help students consider answers and evidence when exploring their questions. As the class briefly answers some of the questions, record their answers, asking students what made them think that. Also jot down any evidence the students mention (a page number or a few words from the text). After several questions have been answered, you may want students to identify the interpretive questions and reserve them for Shared Inquiry Discussion. Or, you might ask students to select one of the remaining questions to answer in writing.

Advanced

Students will

- Pose many specific questions about the text

- Ask many interpretive questions and suggest possible answers

- Resolve factual questions and questions about vocabulary effectively by using the text, the dictionary, and their classmates' responses

Have small groups of students test questions to see if they have more than one possible answer based on evidence in the text. This will help students answer the factual questions, discard questions unrelated to the text, and identify interpretive questions. Allow the groups to share their favorite question with the class by listing those questions on the board or chart paper. Tell the class that because their interpretive questions raise so many different ideas and opinions, you will try to use them in Shared Inquiry Discussion.

Have students identify a central character or event that they would like to explore. Challenge them to come up with as many interpretive questions as they can about the character or event.

Divide the selection into sections, and ask small groups or pairs to develop questions about their section. Have groups resolve factual and vocabulary questions and briefly consider possible answers to their interpretive questions. Invite each group to list their favorite interpretive question on the board or chart paper.

SECOND READING WITH PAUSE-AND-REFLECT QUESTIONS

Why read the story twice?

The idea of reading a story twice is often new to students. In addition to explaining the Shared Inquiry process (see Shared Inquiry Discussion, p. 353), you may also wish to give students specific reasons why rereading is important:

• A second reading can clear up things that were confusing the first time. This ensures that everyone has a good understanding of the basics of the selection before discussing it.

• A second reading allows readers to notice things they didn't the first time. During the first reading a reader enjoys the story and finding out what happens, so it's hard to notice details. During a second reading, a reader can pay attention to the way a story is put together and come up with more ideas and questions about it.

What are pause-and-reflect questions?

In each story in *Conversaciones 2*, two or three interpretive questions are printed in the margins of the student book. They are designed to help students begin thinking about their reactions to the story, and serve the same purpose as the note-taking prompts for students in upper grades.

Why have students reflect on interpretive questions during the second reading?

Answering pause-and-reflect questions is an important part of preparing for Shared Inquiry Discussion. As students get in the habit of pausing to reflect as they read, they will become better at checking their own comprehension, identifying what they want to know more about, and going back to the selection to look for answers. Especially if your students are not used to hearing or reading stories more than once or to answering interpretive questions, emphasize that the second reading is their chance to stop and think about their reactions to the story, understand their own ideas better, and hear some new ideas.

What's the best way to use the pause-and-reflect questions?

This depends on your students' familiarity with answering questions about the stories they listen to or read. We present a range of options in the Meeting Students' Needs section that follows. However, some basic guidelines apply to using pause-and-reflect questions with all students: The first time you do a story unit with your students, draw their attention to the pause-and-reflect questions before beginning the second reading. Explain that you will be stopping to ask what they think when you reach each question, and remind students that there are many reasonable answers to these questions. They should expect to hear, and to think about, different ideas about the questions.

May students do the second reading at home?

Yes, if an adult is available to read the story to them or if they are able to read it independently; this is an effective way to build a strong home–school connection and to encourage a habit of reading at home. If you assign the second reading as homework, have students (or an adult) write down their answers to each of the pause-and-reflect questions. Give students some time in class to discuss their answers to the questions, and consider having students turn in their written answers as well.

MEETING STUDENTS' NEEDS

Beginning

Students will sometimes

- Be skeptical about or resistant to reading twice

- Be unfamiliar with answering questions about what they read

- Not know how to respond to a question about a story

Model the pause-and-reflect process for students, reading the story aloud and stopping when you come to the first pause-and-reflect question. Ask students to brainstorm possible answers, and write them on the board or chart paper. Have students choose the answer they agree with (making sure students understand that they don't need to agree on one answer or decide as a group which is "best"). Use follow-up questions to help students explain their thinking, and repeat the process with the rest of the pause-and-reflect questions for the selection.

If students are stumped when you ask them to brainstorm possible answers, post two or three possibilities on the board or chart paper for students to consider. (Be sure to tell students that they can come up with their own answers as well). Ask students to choose the answer they agree with, and use follow-up questions to help them expand their thinking.

Have students work in pairs or groups to answer the pause-and-reflect questions during the second reading, while you circulate and help as needed. When everyone has finished answering the questions, each pair or group can briefly share with the class their answers to the question they were most interested in. Alternatively, each pair or group can write down their favorite question and answer and post it.

Intermediate

Students will sometimes

- Answer questions about a story

- Explain why they chose the answer they did

Conduct the second reading aloud, stopping at each pause-and-reflect question to lead a brief discussion of students' answers.

Before the second reading, have each student choose the pause-and-reflect question that most interests him or her. During the second reading, ask students to pay special attention to others' responses when the question they have chosen is being discussed. Afterward, have students write down the answers they most agreed with and most disagreed with for the question they chose, along with their reasons for thinking so. Students' responses can then be posted.

Have students work in pairs or small groups to answer the pause-and-reflect questions, writing down the answer or answers they gave to each. Afterward, ask each pair or group to share their responses to the question they were most interested in and to explain the reasons behind each answer.

Advanced

Students will

- Answer questions about the story eagerly

- Explain the reasons for their answers in some detail

Have students do the second reading independently, writing down their answers to each of the pause-and-reflect questions as they go. After students have completed the reading, lead a brief discussion of their answers to each of the questions.

Have students work in pairs or small groups, choosing the question they are most interested in before the second reading. After the second reading, ask students to take the question they were most interested in and brainstorm as many answers as possible. Then ask each pair or group to choose two answers to explain in more detail (they may want to choose the answer they most agreed with and the one they most disagreed with). Have students explain the answers aloud or write a few sentences explaining them. If students write their responses, consider posting them.

Before the second reading, ask students to read the pause-and-reflect questions. Have students look back at the questions they asked during Sharing Questions and choose two or three they are interested in answering (not a question you are planning to use in discussion). Substitute the students' questions for the pause-and-reflect questions printed in the margins of the story. Afterward, lead a brief discussion of what it was like for students to answer their own questions this way.

Have students do the second reading independently, in class, or as homework. Ask each student to choose the pause-and-reflect question that interests him or her most and write a few sentences explaining the answer he or she gave. Students' responses can then be posted.

SHARED INQUIRY DISCUSSION

What distinguishes Shared Inquiry Discussion from other types of discussion?

In Shared Inquiry Discussion, the roles of the leader and the text are different than in many types of discussion. The leader of a Shared Inquiry Discussion joins the group as a fellow learner who has not decided on an answer to the question he or she is asking about the selection. Rather than explaining the text to the group or leading the group to an answer, the Shared Inquiry leader asks questions intended to help each group member develop his or her own thinking about the ideas being discussed.

The text in a Shared Inquiry Discussion is the sole focus of the group's attention. Because the aim of a Shared Inquiry Discussion is for each group member to achieve a better understanding of the text under discussion, the leader asks questions that encourage group members to think more deeply about the ideas in the selection and to compare and weigh answers. Personal anecdotes and references to other books, movies, and so on are of limited value in such a discussion.

How should I choose a question or questions for discussion?

As a Shared Inquiry leader, you join with your students in a process of discovery, providing guidance by careful questioning. An important part of the leader's role is choosing the interpretive questions the class will discuss. Questions can come from your own notes about the story, from the questions your students ask in the Sharing Questions session after the first reading, and from the suggested questions in this Leader's Edition.

You may wish to lead discussion on three or four interpretive questions, moving to a new question when the class has had an opportunity to consider several possible answers to a question and to weigh evidence for each. We usually recommend that you lead discussion on one central question, or focus question, so students become familiar with considering an idea in depth.

What are focus questions and related questions?

In general, a discussion is most effective when it centers on one major interpretive question. This question, which we call a *focus question*, addresses a central problem of meaning in the selection. Answering a focus question satisfactorily requires examining many passages in the story. Often a focus question will jump out at you and your students—it's the one you most want to find answers to.

Once you've identified the focus question you want to ask, it's a good idea to find a few interpretive questions that will help your students think about that question. We call these *related questions*, because they lead back to the focus question. These questions may deal with different parts of the problem that the focus question is about or bring up parts of the story that bear on the problem. In the Suggested Questions for Discussion for each unit, focus questions appear in bold and related questions appear under the focus question they support.

The Question Web master (see appendix B, p. 389) is designed to help you organize your questions and to make it easy to refer to them during discussion. The focus question checklist can help you select the focus question that will lead to a fruitful and lively discussion.

FOCUS QUESTION CHECKLIST

☐ The question is interpretive—it has more than one reasonable answer that can be supported with evidence from the story.

☐ The question is about a major issue in the story. It suggests a lot to talk about.

☐ I can think of two or more ways to answer the question and have not decided on an answer myself.

☐ My students are likely to be interested in talking about the question.

☐ The question is worded clearly, and the issue it addresses will make sense to my students.

How can I create a good environment for discussion?

Establishing an atmosphere that promotes discussion involves preparing both the classroom and the students themselves.

Setting up the classroom. Try to arrange the room so that everyone can see and hear one another. Your students should have a convenient surface on which to place their books and open them up. Ideally, have students sit around a table or arrange their desks in a circle or square. If this isn't possible, you can even have students sit on the floor. This type of arrangement stimulates discussion and helps students realize that the ideas offered by their classmates can be a major source of insight into a selection. It also helps reinforce your role as a partner in Shared Inquiry.

Explaining the discussion process to students. In addition to explaining how Shared Inquiry Discussion works, it is vital that you help your students understand the guidelines the class will follow during discussion and the reasons for those guidelines.

GUIDELINES FOR SHARED INQUIRY DISCUSSION

1. **Everyone needs to read or listen to the story before the discussion.** Because the purpose of discussion is to share ideas about a particular story, everyone needs to read or listen to it before joining in.

2. **Talk about only the story that everyone has read or listened to.** In discussion, the group works to understand a story that everyone has had a chance to think about. It's not fair or productive to use this time to talk about things the group may not share (for example, other books, movies, or personal experiences).

3. **Explain what part or parts of the story helped you come up with your answer.** Hearing the evidence for different answers helps everyone better understand the ideas being discussed. It also helps everyone decide which answer he or she agrees with.

4. **Expect the leader to ask questions, not answer them.** The leader doesn't have the "right" or "best" answer to the question. In Shared Inquiry Discussion, each person should decide what he or she thinks about the question.

Can my class also have its own ground rules for discussion?

Yes. Although the guidelines listed above are the only ones we strongly recommend, you may wish to have your class follow additional rules concerning behavior in discussion. Below are some of the most common ground rules classrooms use:

- Talk to other students, telling them you agree or disagree and asking them questions. Don't talk to the leader all the time.

- When someone else is speaking, listen to him or her as you would like others to listen to you.

- It's fine to disagree with what someone else says, but disagree in a polite way.

- Ask questions when you don't understand something. You can ask someone what he or she meant, or ask the person to explain an idea more fully.

What's the best number of students for a discussion group?

We find it takes at least 10 participants in order to hear a variety of ideas in discussion. Ideally, every student should have several opportunities to participate, and behavior management issues should not dominate your discussion time. If you find that in your group it is difficult to give all students a chance to speak during discussion or that you must spend a great deal of time dealing with behavior problems, try dividing your group for discussion. Generally, we recommend dividing a class for discussion when it is larger than 20 students.

How can I divide my class for discussion?

Because one goal of a Shared Inquiry Discussion is to hear every student's ideas, you will want to make sure that your group is not too large. Most leaders with more than 20 students use one of the following strategies to create smaller discussion groups:

Arrange for another leader to take half the group. This is an ideal way to involve volunteers in your classroom; consider having your school make a call for volunteers. Alternatively, your school can designate a site coordinator to lead discussions in several classrooms weekly. This role has been filled successfully by resource teachers, librarians, teacher aides, guidance counselors, and assistant principals. We strongly recommend that anyone who will be leading discussion take a Great Books workshop (see p. viii for more information about workshops).

Send half the class to another room. When possible, pair your discussion time with other half-class activities such as computer lab or library period. Or arrange with another teacher to trade times; one or more colleagues teaching the same grade can work out a mutually helpful schedule.

Involve half the class as observers of the discussion. If you choose this option, it's important to give the observers a real job to do. One third-grade teacher has observers write questions they would like to ask participants. Halfway through and at the end of discussion, observers can bring up their questions during a time set aside for this purpose. Another teacher asks observers to prepare to "help out" ideas they like by bringing up additional evidence and reasons near the end of discussion. To make observation work, arrange students in an inner circle of discussion participants and an outer circle of observers, where everyone can see one another.

Assign half the class to an independent or small-group activity. Independent seat work or paired activities can keep students productively occupied while you lead others in discussion.

How can I lead discussion most effectively?

Leading discussion is a process you can expect to be more at ease with over time. If you lead discussion regularly, both you and your class will grow more confident and comfortable with it. The following reminders should help you as you grow accustomed to the process of discussion.

Share your curiosity and enthusiasm. When you genuinely want to know the answer to a question and want to hear your students' ideas about it, your curiosity and respect for your students will energize discussion. By sharing what you are curious about and admitting what you don't know, you model the attitude you are asking students to adopt.

Track student participation with a seating chart. Using either a chart you make yourself or the seating chart master (see appendix B, p. 391) mark which students participate in discussion and how. A check mark can indicate that a student offered an answer, the notation "NA" can indicate that a student had no answer when asked to speak, and so on. It's a good idea to write down key words or phrases from students' answers so that you can use them as the basis of follow-up questions. The chart can help you identify patterns of participation in your class and evaluate students' contributions, if you need to give a grade for participation.

Ask follow-up questions often. Follow-up questions—spontaneous questions that respond directly to students' comments—drive and sustain an effective discussion. They help students develop their ideas in depth and help everyone think more carefully about the relationships between different answers. Careful, attentive listening is the most important skill a Shared Inquiry leader can cultivate.

The best follow-up question to ask is the one you think of yourself—the one you want to know the answer to. It can be as simple as *What did you say?* or *What made you think so?* Follow-up questions can

- **Clarify comments.** *What do you mean by that word? Could you say that again?*

- **Get evidence.** *What in the story gave you that idea? What did the character do or say that made you think so?*

- **Test ideas.** *How would you explain this part of the story, given your answer? Is there anything in the story that doesn't seem to go with your answer?*

- **Get additional opinions.** *What do you think about what she just said? Does anyone have an idea we haven't heard yet?*

Ask students to look back at the story frequently. Asking students to find passages and read them aloud helps everyone think about the specifics of the story and keeps discussion on track. Revisiting the text can also clear up misunderstandings and prompt students to think of new questions and interpretations.

SHARED INQUIRY DISCUSSION CHECKLIST

☐ Set up the room so that everyone can see and hear one another easily.

☐ Ask students to come to discussion with their books, a pen or pencil, and a notebook.

☐ Create a seating chart or use the seating chart master (see appendix B, p. 391) so you can track students' participation in discussion.

☐ Remind students, as needed, of the guidelines of Shared Inquiry Discussion (see appendix B, p. 397). Be sure that students understand that there is more than one good answer to the focus question you will ask and that you have not decided on an answer to it.

☐ After posing your focus question, give students five minutes to write down their answers—and to find passages in the text that support their answers—before discussion begins.

☐ Use follow-up questions to help students clarify their own answers, find evidence to support their answers, and respond to others' answers.

☐ Use related questions to help students think about different parts of the story and aspects of the focus question.

☐ At the end of the discussion, ask students to look back at their original answers on the Building Your Answer page. Ask what new ideas they have heard and whether they would change their original answer.

☐ After every third or fourth discussion, ask students to evaluate their progress. Help the class set goals for improvement.

Return often to the focus question. Especially if you feel that the discussion is wandering, ask students how their thoughts relate to the focus question. This reminds everyone of the problem the group is trying to solve and ensures that it will be considered in depth.

Create space for quieter students to speak. It's easy for discussion to be dominated by talkative students, with quieter ones getting shut out. Marking participation on a seating chart can help alert you to this pattern; if it happens in your group, try asking quieter students if they've heard an answer they would agree with or what answer they wrote down on the Building Your Answer page.

Encourage students to speak directly to one another. By using students' names and asking them to explain their ideas to one another, you foster an environment of open inquiry and respect.

How do I know when it's time to wrap up discussion?

Because of the reflective nature of Shared Inquiry Discussion, you'll probably want to schedule at least 30 minutes for this activity. With a group of 15–20 students, this amount of time will allow everyone to participate. Sometimes you must wrap up a discussion simply because you've run out of time, but ideally you want to close discussion when

- The group has heard and discussed a number of answers to the focus question

- Most students could, if asked, provide their "own best answer" to the question

Tell your students that their "own best answer" is one that they like, one that they feel reasonably confident in, and one that they can support with evidence from the story. You can usually sense when your group has arrived at this point, but you can always check by asking, *Does everyone have an answer they're satisfied with? Are there any different ideas we haven't heard yet? Is there any part of the story that we should look at before wrapping up?* Don't worry about reaching consensus on an answer; the stories in *Conversaciones* are chosen for their ability to support multiple interpretations, and members of your group will likely end up with different opinions.

SAMPLE SHARED INQUIRY DISCUSSION

The following transcript from parts of a Shared Inquiry Discussion of "Jack and the Beanstalk" includes marginal notes to show how follow-up questions were used to deepen participants' thinking. As you read the transcript, think about how you would respond to what the participants say. In each instance, several different follow-up questions are possible.

Focus Question:

Why does Jack climb the beanstalk a third time?

Related Questions:

Why isn't Jack "content" even though he has a limitless supply of gold from the magic hen?

Does Jack return a third time because he enjoys outsmarting the ogre?

Why isn't Jack afraid of being eaten by the ogre?

Why does Jack risk his life by taking the singing harp?

Leader:	*[after asking the focus question and having the group write down answers]* Alejandro, why does Jack climb the beanstalk a third time?	
Alejandro:	He got greedy.	
Leader:	What do you mean by "got greedy"?	Asks for clarification.
Alejandro:	Well, he wasn't greedy the first two times. But by the third time he had the hen that would lay golden eggs. He wouldn't have to climb the stalk as long as the hen lived.	
Leader:	If he wasn't greedy at first, why do you think he became greedy?	Pursues an implication of Alejandro's response.
		As discussion continues, the leader discovers that the group almost unanimously views Jack's primary motivation as greed and his risk taking as selfish. Since the leader would not have asked the focus question if she had thought that it had only one reasonable answer, she must use follow-up questions to bring out the complexities of the matter under discussion.

◆ ◆ ◆

Leader:	Maria, do you also agree that Jack didn't become greedy until his third trip up the beanstalk?	Solicits an additional opinion. When the leader probes Maria's response, a different definition of greed emerges.
Maria:	No. He was always greedy, like earlier when the cow went dry and he didn't want to have his mother worry about money anymore.	
Leader:	Do you think Jack is being greedy when he wants to take care of his mother?	The leader pursues how Maria defines greed.
Maria:	Well, maybe it's not so much greedy as being afraid.	
Leader:	Afraid of what?	Asks for clarification.
Maria:	Afraid of what the future might hold?	
Leader:	Then, Maria, does Jack climb the beanstalk for the third time because he is afraid of the future?	Returns to focus question, incorporating Maria's new insight; pursues an implication of her idea.

Maria:	Maybe. Maybe he thought the hen would stop laying just like the cow went dry.	
Luis:	I still think he was greedy from the very beginning. He sure wasn't thinking about anyone but himself when he made that stupid, selfish trade for the beans.	
Leader:	Luis, why do you think Jack was stupid to trade the dry cow for the magic beans?	Asks for evidence.
Luis:	Well, Jack didn't know for sure that the beans were magic. He just made the trade without thinking about what his mother would say or what would happen next. Besides it's stupid to trust strange old men. I still don't think he's on Jack's side. On page 13, he says Jack is "sharp" but Jack really isn't at all. That proves the old man isn't honest.	
Carla:	I disagree. The old man means it when he says Jack is sharp. After all, Jack just gave a smart answer to that weird question "How many beans make five?" And besides, the old man told the truth: the beans really were magic and they helped Jack become rich.	
Leader:	So, Carla, was Jack being stupid and impulsive in trusting the old man or was he taking a pretty good risk?	The leader formulates a question combining Luis's and Carla's opposing points of view. In so doing, the leader makes it easier for the group to pursue the implications of Jack's risk taking, ideas that are relevant to the focus question.

◆ ◆ ◆

Leader:	Let's return now to our opening question and see what some other people have to say. Sara, why do you think Jack went up the third time?	Asks the group to reconsider the focus question in light of the new thinking about Jack's character; solicits additional opinions.
Sara:	I think it was mostly out of greed. He realized it was easy to just go up and help himself to the giant's riches. But he also had a little bit of a sense of adventure. He wanted to outsmart the giant again . . . but the more I think about it, even that was selfish.	
Antonio:	I think Jack is selfish, too, and always was. In the beginning of the story he doesn't have a job probably because he only thought about himself and was lazy.	
Leader:	Antonio, if Jack was lazy, how do you account for the fact that we are told on the first page of the story that both Jack and his mother carried milk to the market every day?	Tests Antonio's opinion that Jack was lazy by asking whether it is consistent with other evidence in the text. This opens the door to other interpretations of Jack.
Antonio:	I'll have to think about that.	
Claudio:	Carrying milk every day seems like work to me. And just because Jack couldn't get a job doesn't mean he was lazy. He was probably too young. Besides, he's the one who volunteers to get work; his mother doesn't tell him to, she just wrings her hands and complains a lot.	
Paula:	He can't be lazy, Antonio, because every time he goes up the beanstalk it says that he climbed and he climbed and he climbed and he climbed. A lazy person wouldn't have tried so hard.	
Leader:	That brings us back to what Sara was saying earlier. Sara, when you said it was "easy" for Jack to go up the third time, did you mean it wasn't dangerous . . . that Jack didn't need to be courageous and cunning?	Returns to Sara's earlier comment to examine it in light of Paula's answer that Jack was not lazy. In asking Sara to reconsider her thoughts about Jack, the leader pursues the line of inquiry opened up by Paula and Claudio.
Sara:	No . . . I think he had to be smart to get away the third time . . . In fact, I think he got smarter each time he went to the giant's.	
Leader:	What in the story makes you think Jack gets smarter?	Asks for evidence.

Sara:	It says, starting on page 24, that "this time he know better than to go straight to the ogre's house. And when he got near it he waited behind a bush till he saw the ogre's wife come out with a pail to get some water, and then he crept into the house and got into the copper."	
Leader:	How does that passage show that Jack is getting smarter?	Asks how the cited evidence supports Sara's opinion.
Sara:	It shows he's planning. "He knew better than to go straight to the ogre's house." He figures the wife wouldn't be nice to him this time. And so he waits and hides until she comes out. Then he chooses a different hiding place, the copper instead of the oven.	
Vanessa:	I think he's getting smarter, too. And it seems like he's enjoying himself— fooling the giant and his wife, taking the harp right from under their noses— it's like a game for him.	

◆ ◆ ◆

Leader:	Amelia, why does the author have Jack take a singing harp on his third trip up the beanstalk?	Having explored the complexities of Jack's character, the group is ready to examine the meaning of Jack's third trip from the author's perspective.
Amelia:	I don't know.	
Leader:	Well, why does Jack risk his life by taking the singing harp?	Poses a related question that simplifies the previous question for Amelia.
Amelia:	I thought he took it because it was fun to take things that the giant really liked . . . and it seemed that the harp was extra special to the giant.	
Leader:	What made you think the harp was extra special to the giant?	Asks for evidence.
Amelia:	Because it made beautiful music . . . it even sang him to sleep. When Jack took the harp, it called out to the giant, "Master! Master!"	
Leader:	Amelia, does taking a harp that makes beautiful music show that Jack is no longer satisfied with material comforts alone?	Incorporating one of Amelia's ideas, the leader returns to the problem of why Jack took the harp.
Amelia:	I'm not sure . . .	
Alejandro:	Nah . . . Jack always took whatever the giant had out at the time. He would have taken anything.	
Leader:	But on the third trip, why does the author have Jack take a singing harp— rather than some other kind of valuable object?	Reformulates the question to raise a possible intention of the author.
Amelia:	To show that Jack didn't just want money . . . he wanted something that was beautiful *and* magical . . . having money wasn't enough to make Jack happy.	
Alejandro:	But it says at the end of the story that Jack showed the harp to get more money.	
Amelia:	[to Alejandro] But at least he's sharing it, not like the giant who kept it to himself. He's showing everyone that he conquered the giant and has his magic. And that's why Jack deserves to marry a princess.	

Because of the leader's close interest and steady involvement, the participants in this discussion get caught up in striving for answers. They examine the text, begin to talk to one another, build their own ideas, and come to more comprehensive interpretations of the story.

USING THE BUILDING YOUR ANSWER PAGE

The Building Your Answer page (see appendix B, p. 393) is designed to help students record their thoughts about your focus question and to reflect on their response to discussion. Here are some specific suggestions for using it effectively during discussion:

- Make the Building Your Answer page an expected part of the discussion process.

- Consider photocopying the Building Your Answer page after printing your focus question at the top.

- Give students time (four or five minutes of silence) to write down an answer before discussion.

- During discussion, frequently ask students to share the answers they wrote.

- Close discussion by asking students to reconsider their original answers.

- Use the Building Your Answer page as part of students' participation grade.

- Post the class's Building Your Answer page after discussion.

- Use the Building Your Answer page as the the basis for a writing assignment (see p. 369 for specific suggestions).

MEETING STUDENTS' NEEDS

Beginning

Students will sometimes

- Try to answer but not really understand the interpretive nature of the question

- Write brief comments or retell story events

- Write an answer that is purely literal

- Focus on their own answer only, without remarking on others' ideas

As you circulate during writing time, focus on what students *have* been able to write and ask follow-up questions to help them elaborate further. You can also do this before students write by having them rehearse their answers orally.

Write an answer as a group by focusing on one sensible answer that came out of discussion. Ask students to tell you one or two things that happened in the story that support the answer, and use them in the group's answer.

With students' help, list several answers that came out of the class discussion. Model turning a few of those answers into complete sentences that answer the focus question.

When you plan your question for the next discussion, write it so that you present two of the possible answers you've considered (*Did Rosalinda hide because she was afraid or because she was confused?*).

In your next discussion, concentrate on asking follow-up questions that help students tie their ideas to the focus question (*So how does that help you think about our question?*), respond to other students (*Would you agree with that?*), and use the text to support their answers (*What in the story made you think that?*).

Intermediate

Students will sometimes

- Write a simple answer that responds to the question

- Note a few places in the story that relate to their idea

- Identify an idea with which they agree or disagree

Let students know, before discussion begins, that they should listen for one idea that is different from their own. They may write it on their Building Your Answer page during discussion. Model how to include and comment on another person's idea in your own writing.

Have students fold a piece of paper in half. Label the left side "What I Read" and the right side "What I Thought." Have them choose two passages that support their final answer and write the page numbers and first sentences of the passages on the left and the inferences they made on the right.

Select one well-written sentence from each student's writing, and write it on chart paper. Have the class read the sentences one at a time and discuss what makes them strong.

During discussion, use follow-up questions to push students to explain their choice of evidence. Ask *How does that part show that _____? What made you think _____ when you read that part?*

Advanced

Students will sometimes

- Write an answer that is clear and distinct

- Provide evidence, but need to explain how it supports their answer

- Explain why they agree or disagree with other responses

During discussion and before writing, ask students to specifically address different parts or phrases of the question to get at its various implications.

Model gathering and weighing evidence to decide on an answer. On the board write three ideas that came up during discussion, and have students suggest places in the text that support each idea. Think aloud about one idea and which evidence seems to support it most strongly. Model writing a paragraph with the idea as the thesis, evidence supporting the thesis, and a concluding sentence.

Have students circle one of the responses in the After Discussion section. For "Change your mind?" have them write a paragraph stating their original idea, the evidence and comments that influenced them, and their new idea. For "Keep the same answer?" have them state their idea and explain why they disagree with at least two other answers.

CONDUCTING THE SUPPLEMENTAL ACTIVITIES

VOCABULARY

Why do the stories contain such a broad range of vocabulary?

The stories in *Conversaciones* have not been simplified to meet a controlled vocabulary—the words appear exactly as the author or translator wrote them. One of the criteria for what makes a story "great" is its rich and interesting language, and readers are most motivated to learn new vocabulary when they encounter it in the context of a meaningful story.

How can I help my students with challenging vocabulary?

In general, strive for an atmosphere in which questions about words are seen as welcome opportunities for everyone to solve problems and develop language skills. The following suggestions will help students enrich their vocabularies and learn strategies for understanding words that are new to them:

Encourage students to ask about difficult words right after the first reading. One of the best times for students to bring up vocabulary questions is after the first reading, during Sharing Questions. To encourage this, remind students to listen for anything that they don't understand, including words or phrases, during the first reading. During Sharing Questions, ask the group for answers to questions about words, just as you would other types of questions—*Does anyone have an answer to this question? What does* conciencia *mean?* It is generally most helpful to have the group try to define the word based on prior knowledge or context clues before turning to a dictionary, then use the dictionary to confirm or refine the group's rough definition.

Think aloud about how to develop a definition based on context clues. This is especially applicable to foreign words, for which a dictionary usually isn't available. Model thinking about an unfamiliar word yourself, asking yourself questions about possible meanings, coming up with a working definition, trying it out in the sentence, searching the text for clues, then testing out a refined definition. Check your definition against a dictionary, if possible. Last, you may want to model a helpful way to remember the word (for example, creating a mental image, using the word in a funny phrase).

Challenge students to listen for words being used in contexts outside the story. Research suggests that people learn many words incidentally—by listening to a radio show, watching a documentary, overhearing a discussion—rather than from direct instruction. Challenge students to listen and look for the words from the unit's vocabulary activities or their My Favorite Words dictionary (see appendix B, p. 403) outside of school. Also, when working with a new word, ask students if they have read or heard it before and what the context was. Thinking about context can help develop a definition.

Help students understand which words they need to know for comprehension. We've all had the experience of understanding a passage of text without knowing the definition of each and every word. Proficient readers pause over the words that interfere with their comprehension and look them up, ask for help, or figure out an approximate meaning and move on. You can model this process by selecting a passage with several difficult words and asking students which word they'd look up if they could choose any one. Have students share their choices and reasoning, guiding them to the realization that some words play a more important role in comprehension than others.

Why do different stories offer different types of vocabulary activities?

Each story unit suggests supplemental vocabulary activities. The number and type of activities depends on the language used in each story. Some stories call for greater attention to specific words than others.

The Interpreting Words activity asks students to examine and work with words that are significant to the story. Looking closer at such words might lead students to explore themes, multiple meanings, relationships with other words and concepts, or traits and behaviors of characters. The other vocabulary activities challenge students to draw on words they already know or to consider relationships among words by finding synonyms or antonyms or defining a word based on its context. One thing you won't find in the unit activities is a preselected list of words for your students to look up and memorize. In this program the emphasis is on learning fewer words well, through critical and creative thinking, rather than many words superficially.

How many vocabulary activities should I have my students do?

Some leaders have students do all of the suggested activities; others create their own activities. Still others skip vocabulary work and devote that time to other Supplemental Activities if they feel their students have mastery of the story's vocabulary.

What if my students are interested in words that I didn't expect?

Ideally, vocabulary development should be self-directed, with students identifying words that have interfered with their own comprehension or that they found personally puzzling or intriguing. Two masters in appendix B help students work out definitions of words that interest or puzzle them— My Favorite Words dictionary (p. 403) and Context Clues (p. 405).

Should I do the vocabulary activities as a whole class activity?

Many leaders want to work on vocabulary in a whole class setting. The activities described in the vocabulary section of each story unit work well as whole class or small-group activities. Most of the activities are intended to be done with some leader assistance. Leaders can ask helpful questions, suggest different avenues of thinking, or simply share their own word knowledge. While many of the activities provide suggestions of specific words to explore, it is impossible to predict which words will be unfamiliar or of interest to each particular group of students. Therefore, leaders should feel free to substitute words they feel are more appropriate for their group. If you do consider assigning an activity for independent work, look it over carefully to make sure your students can complete it successfully on their own.

How do I conduct the Word Mapping activity?

Word Mapping: Students brainstorm words related to a key word or concept and organize the words into categories and groups.

Word Mapping develops vocabulary and increases students' understanding of word meaning. If done before the first reading, this activity will activate prior knowledge and prepare students for vocabulary they may encounter in a story. Word Mapping is most effective when a leader guides a group in the creation of the map, rather than having students make maps independently. A leader can orchestrate a lively interplay of ideas, and collaboration often motivates students to generate a rich variety of words.

Begin the activity by writing a key word or concept from the story in the center of the board or a sheet of chart paper. For "Cinderella," for example, a key concept could be "ball." Give students a moment to reflect on the word or phrase, then invite them to share words that come to mind. When students participate in this activity for the first time, it is helpful to label several of the map's spokes with categories that related words might be grouped into, such as "entertainment, "people who would attend," or "clothing you would wear." When a student suggests a word, such as *dress,* ask which category it would fall under and why. A follow-up question, such as *Why would you wear a dress to a ball?,* may elicit more vocabulary. If a student responds, "Because it's important to wear something fancy," the word *fancy* could be connected to *dress.*

A more advanced way to conduct this activity is for students to brainstorm words first, then group them into categories. To make it easier to move words from place to place, you can write them on self-adhesive notes instead of directly on the board.

Concluding this activity can be as simple as congratulating the group on the collection of words they generated. If you want to give students practice using some of the words on the map, have them write a short answer to a question about the map's central concept or a simple poem using the central concept as the title.

How do I use the vocabulary masters in appendix B?

There are four vocabulary masters in appendix B: My Comic Strip (p. 399), ABC Challenge (p. 401), My Favorite Words (p. 403), and Context Clues (p. 405).

My Comic Strip: Students demonstrate their ability to use words from the story in context by creating a comic strip.

Have students choose a designated number of words that they will use to create a comic strip. The words can appear in the title, as speech or thought balloons, or as action words in the frame. While we suggest a list of possible words for students to choose from, consider making your own list based on the vocabulary questions students raised during Sharing Questions and your knowledge of the group's skills and needs. Discuss or review the meanings and uses of the words before students begin working.

To support students approaching this activity for the first time, familiarize them with the features of comic strips by bringing in several examples. Then create a group comic strip using an enlarged version of the master drawn on the board, an overhead projector, or on chart paper. First, plan a story line by having students brainstorm ways to use various words together. Then invite several students to sketch in the frames and add the words. As students develop their proficiency in this activity, they may work with partners or individually.

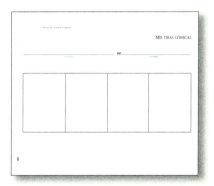

ABC Challenge: Students collect at least one word for each letter of the alphabet to describe a character or concept related to the story. Words can come from the selection, students' own vocabularies, dictionaries, or other sources.

You may choose a topic for the ABC list, such as a concept from the story (e.g., qualities of a good friend) or a character's name, or use the topic suggested in the story unit.

Students write the topic at the top of the activity master and try to think of words that describe the topic. The challenge is to find at least one word for each letter of the alphabet. Of course, some letters, such as *ñ* or *k*, almost never begin words in Spanish. After your class discovers this, ask them to suggest exceptions to the rules, such as allowing words that simply contain those letters or allowing foreign words.

This activity can be done individually, but doing it with a large group or the whole class offers more opportunities to expand vocabularies. The group or class list can be made on chart paper. If a certain letter stumps the group, you may suggest a word and spend a moment elaborating on it. Other times, leave any unfilled spaces blank, post the list, and challenge students to collect words over the course of several days. Words can come from a range of sources, including families and the media—you may find that students even *read* the dictionary!

My Favorite Words and Context Clues: Students select words to define from context.

Research shows that students learn and retain new words most successfully when they select their own words for study. An ideal time for students to choose words is after the first reading. When conducting either of these vocabulary activities, allow class time for students to work out the definitions and then have them share their words with the class or in small groups.

If you plan for students to regularly select their own words for vocabulary work, have each student make a My Favorite Words dictionary by folding and stapling copies of the word entry pages inside the cover. Many leaders have students add at least one new word to their personal dictionary each time they read a new story. The Context Clues activity is more suitable if you do not plan for students to keep an ongoing collection of words but would rather work occasionally on defining words in context.

These activities are designed for students to use independently. However, the first few times your class does them, you may want to select your own word and model the process of thinking about its meaning based on context and other clues in the text. Explain that making an informed guess about a word's meaning will often help a reader understand the dictionary definition, but without enough context information, even reasonable guesses can sometimes be off.

CREATIVE ENDEAVORS: ART

How does drawing help students interpret literature?

When children read and listen to stories, they create visual images in their minds. These images are their interpretations of a text's words, and drawing these images often helps students express their ideas. When students are given the opportunity to respond to questions about their drawings, they can often articulate complex and abstract ideas about the story, using their artwork as a springboard.

Why are the stories accompanied by only a few black-and-white illustrations?

To encourage students to focus on the words in each story, and to give them opportunities to make inferences and use their imaginations, each story has just a few black-and-white illustrations. As you read with students, you may want to stop periodically and ask them to imagine what a character, place, or scene looks like. It may be necessary to reread a passage and discuss the meaning of confusing words. Have students describe some of the images they picture in their minds.

How do I use the art master?

Students can use the art master (see appendix B, p. 407) page to express their interpretations of characters, scenes, and settings. It is designed for use with any of the stories. Some leaders offer choices of several topics or captions for drawing, some photocopy the art master with a prewritten caption, and others have their students draw whatever they like from the story, writing their own caption. The Creative Endeavors activities often suggest places in the text with especially rich or intriguing descriptions of characters, scenes, or settings as inspiration for drawing.

When should I have students draw?

Have students draw whenever you want them to share and compare ideas they might have trouble articulating, appreciate different perspectives, or move forward in their thinking. A good time to draw is after the first reading and Sharing Questions—you will capitalize on students' initial enthusiasm for a story and capture their first impressions. In discussing their depictions of a character or scene, students reveal their developing ideas about the story, points of interest, and the connections they are making to their own experiences. Discussing their artwork may also alert you to certain elements of the story that confused students or certain words they didn't understand (students avoid interpreting those words in their pictures). A benefit of assigning artwork after Sharing Questions is that any misunderstandings can be cleared up before the second reading. However, you can tap into your students' creative abilities at any time during the course of a story unit. It can be interesting, for example, to have students draw *after* Shared Inquiry Discussion, when they have a deeper, and perhaps more developed, interpretation of the story.

Why is it important for students to compare and discuss their artwork?

Discussing the students' artwork with them will increase the value and enjoyment of this type of drawing activity. Many leaders have students gather together after a drawing period, then ask them one at a time to show their drawing to the group while the leader asks questions.

The most effective questions are ones that ask about what you actually see, not what you assume a shape to be or a color to mean. For example, ask *Why did you make the character's mouth turning down?* instead of *Why did you make the character angry?*, and *What are the black shapes above his head?* instead of *Why did you put thunder clouds in the sky?* Ask follow-up questions for clarification and evidence as you would in discussion.

Can students ask questions about each other's drawings?

Definitely! As children experience how your questions open up the world of the story and reveal the unique thinking of each artist, they will enthusiastically initiate questioning and vie for the chance for their artwork to be discussed. Help them notice that your questions ask about what you see on the page and not about your assumptions. Tell them that the goal is to learn what the artist thinks, not what the questioner thinks.

Can I use the same approach with other art forms?

Certainly. Your students will benefit from exposure to other art forms such as painting, sculpture, and collage. Write captions on index cards to attach or stand next to the artwork.

SAMPLE DISCUSSION ABOUT ARTWORK

Following is a sample discussion of a student's interpretive drawing of the phrase *He met an odd-looking man,* from "Jack and the Beanstalk."

Leader: Can you tell us about the man's mouth?

Cecilia: I made him have a half-and-half smile.

Leader: What do you mean, "a half-and-half smile"?

Cecilia: It's the kind of smile you wear when you know you're being tricky, but you want someone to think you're nice. It's hard to make your smile real when you're going to play a trick.

Leader: What made you think the man was going to play a trick?

Cecilia: I think when he tells Jack that the beans will grow up to the sky, he knows what's up there. I think he is friends with the ogre and goes around giving beans to boys so they'll climb up there.

Leader: What about his clothes? Can you tell us what's on his clothes?

Cecilia: Those are holes. He's wearing old clothes so he looks poor.

Leader: What made you think he's poor?

Cecilia: He *isn't* poor—he wants to *look* poor. That's so he can trick Jack better. If he looks poor, Jack might feel sorry for him and trade him the cow instead of thinking the guy is tricking him.

Leader: What does it say inside the thought bubble you drew over his head?

Cecilia: It says, "This one is smart. I hope he takes the beans."

Leader: Was there something Jack said that made you think he was smart?

Cecilia: I liked his answer, "Two in each hand and one in your mouth."

What if students have a hard time getting started?

One reason some students hesitate is a lack of confidence in their artistic abilities. In this case, let them experiment with different drawing techniques—for example, using the point and the broad side of a crayon, using paints or markers, or filling up the whole page. Remind them that their ideas are what matters. On the other hand, if students seem stuck because they don't know what to draw, try one or more of the following suggestions:

- Reread the passage that describes what the students will be illustrating, and ask them to point out details, either explicit or inferred, that they might include in their drawings.

- Lead a predrawing visualization. Tell students to close their eyes, and ask them questions to help them imagine details about what they will be drawing. For example, if they are to draw a funny-looking man, ask them *What is funny about the way he looks? What is his face like? What is he wearing? How is he standing? Is he carrying anything?*

- Have students work in pairs on chart paper to create a collaborative drawing. Make sure to give partners time to talk about their ideas before they begin drawing.

How can I help students think more carefully about their drawings?

- Encourage students to explain the sources of their ideas for drawing. If a student says, "I made the ogre's wife have a big frown," encourage her to support this decision by asking, "What in the story made you think she'd be frowning?"

- Model asking questions about one of the students' drawings, then have students ask questions about each other's artwork.

- After students draw, ask them to think about how they'd answer this question: *What question would you like to ask the author in order to make your drawing more detailed?* Students can share answers in writing or as they discuss their pictures.

How can I use the illustrations to extend my students' thinking about the story?

- Have students critique the illustrations that accompany the story. Guide them by asking questions like *What can we tell about this artist's ideas about the story? Are there details in the artwork that you like or agree with? Is there anything you would change?*

- Have students imagine the story published as its own book. Ask them to draw the image or scene for the book cover that would best represent the story.

CREATIVE ENDEAVORS: DRAMA

How does drama help students interpret literature?

Dramatic play enhances the enjoyment and critical understanding of a literature selection, helping students empathize with characters, analyze important scenes, grasp the sequence of events, and interpret the subtle meanings of words and phrases. Acting out a story is an immediate, creative way for students of all ages and abilities to engage with the text.

How do I select passages that are suitable for students to dramatize?

Most story units list suggestions for suitable passages, but you can select others by making sure that the passage has dramatic potential. The scene should be fairly self-contained, emphasize some kind of confrontation or conflict between characters, and contain dialogue (a humorous scene is also a good bet for dramatic play). Choose passages or scenes that can be interpreted in different ways so that the class can reflect on and discuss the actors' choices afterward.

When is the best time to use dramatization?

There are good reasons to use dramatic play at various points in a story unit.

Before discussion. When students share questions after the first reading, you may see that it would be helpful to focus on a particularly confusing or ambiguous passage. Students will get more from acting out a scene if they first have a chance to look closely at the passage, discussing words and various interpretations together.

After discussion. After Shared Inquiry Discussion, dramatic play allows students to use the ideas and interpretations they have developed and to think further about ideas raised by classmates. Doing dramatic play after discussion can provide closure if students focus on a significant final scene or perform several key scenes in order, making a simple dramatization of the whole selection.

With writing. Students can gain experience writing dialogue by composing scripts based on the selection and performing their scenes.

Can I just ask students to act out the whole story?

Many leaders find that this approach chaotic. Because dramatic play should enhance understanding of a story and call on students' interpretive thinking skills, it is best to give students some structure, which includes focusing them on a promising scene or passage.

What should we do after the performance?

Students enjoy talking about their performances. Always take time after a dramatic play activity to discuss what the group has seen and experienced. Discussing the presentations in terms of the choices that were made by the actors will help students understand that drama is an art form that focuses on interpretation.

How can I help self-conscious or less confident students enjoy drama?

- Have students mime the actions of characters as you read passages aloud.

- Have small groups do choral readings of selected scenes, using tone of voice to convey characters' feelings and intentions. Before they read, have each group talk together to agree on the interpretations they want to convey.

- Have students use puppets, which they can make, to depict events from the story in the order that they occurred. They can enact the scenes without reading them from their books. This is a good way to review the plot.

How can I challenge students who are confident performing and improvising?

- Play a version of charades. Give student groups a sentence or passage from the story on a slip of paper, and have them act out the sentence or passage using only actions, no words. The audience must guess which part of the story they're seeing.

- Have students create "frozen pictures," or tableaus of the story's scenes. Assign one scene or passage to each group. The group decides which postures, expressions, and gestures they will use to depict the scene. Turn off the lights as each group arranges its scene, then turn the lights on as a narrator begins reading. Perform tableaus in sequential order to review the plot.

- Have students act out various passages of the story. They should not read their lines from the book or memorize exactly what their characters say, but rather play the role as they do when they play imaginary games at recess.

How can I use drama to extend students' understanding of a story beyond what is written?

- Play a role-playing game called Hot Seat. Choose a character from the story and have students write questions they'd like to ask the character. The questions can be story-specific or hypothetical. Have a student volunteer take the "hot seat," a chair in front of the class, and play the character. The class asks questions, and the volunteer tries to answer them in a way that is true to her understanding of the character. Students can also take the role of an inanimate object, such as the hat in "Uncle Nacho's Hat."

- Have students work in small groups to write scripts for scenes the author refers to but does not specifically describe. For example, in "Jack and the Beanstalk," we are told that the ogre asked his wife about the missing bag of gold, but the story does not include that scene.

WRITING

What is the purpose of writing in *Conversaciones*?

The goal of the writing suggestions and activity pages provided in *Conversaciones* is to develop students' critical and creative thinking. The writing activities are designed to help students systematically articulate, support, and develop their own ideas, and stimulate original thought and prompt students to connect personally with literature.

Students' ability to write, explain, and support an answer is closely tied to what happens in discussion. All of the Core Interpretive Activities and many of the Supplemental Activities present possibilities for writing, though they can also be conducted aloud or with the leader writing for the group. We encourage you to think about the benefits your students can derive from writing in connection with the Shared Inquiry process, especially the Shared Inquiry Discussion, and to incorporate writing into selected activities.

How can I encourage my students to write throughout the course of their work on a story?

Students have opportunities to use writing to develop and extend their thinking as they work on a story. Writing can range from short notes to lengthier narratives.

Before Discussion	Beginning/End of Discussion*	After Discussion
To help students keep track of their thoughts and begin developing their own interpretations, have them	To help students refine their interpretations and synthesize ideas around a single issue, have them	To help students extend the process of reflection and apply their thinking to other situations, have them
• Take notes during their first and/or second reading	• Write their answers before discussion on the Building Your Answer page	• Develop the ideas on the Building Your Answer page into an opinion piece or persuasive essay
• Write their reactions to and questions about the story after the first reading	• Record classmates' ideas on the Building Your Answer page at the end of discussion	• Write expository pieces related to a story's ideas or the author's craft
• Write answers to peers' questions	• Write their answers after discussion on the Building Your Answer page	• Use creative writing to express thoughts and ideas in unique, personal ways
• Write about their interpretation of a word with multiple meanings	• List evidence that supports their ideas on the Building Your Answer page at the end of discussion	
• Write captions for artwork and scripts for dramatic plays		

* During discussion, students usually direct their attention to listening to one another. However, if students find it helpful, they can occasionally jot down ideas they want to remember.

How should I use the supplemental writing activities?

Each unit includes writing activity pages designed to be used as short-answer writing assignments or rough drafts for more developed pieces. We encourage leaders or students to select the writing activity that best provides them with an avenue for extending their thinking about a story, whether it be writing poetry, a letter, a story, an interview, or an essay.

How can I help students develop their writing skills?

The current thinking about how writing should be taught places the emphasis on the *process* of composing a text, as opposed to the final written product. Research shows that students benefit from instruction that places attention on the thinking required by a piece of writing rather than on mechanics. Students are also more successful at writing when they have ample time for rereading, rethinking, and rewriting. In addition, students need to write frequently if they are to master the complex processes of communicating ideas in writing.

With these findings in mind, you will want to give your students writing assignments on a regular basis and provide plenty of opportunities to rethink and revise their ideas. You can use students' own successful writing products as examples of what you're trying to teach. The writing process is often described in the following steps: rehearse, draft, revise, edit, and publish. Even when you do not plan for students to do extended work on a piece of writing, they will benefit from a prewriting activity (talking, brainstorming, mapping, drawing) before writing a first draft.

What's the purpose of the questions printed in the margins of most writing activity pages?

We call these guiding questions, and they help students generate ideas and organize them. With the support of the guiding questions, students of varying abilities often think more deeply about the topic and convey more details than they might otherwise. By no means do students have to confine their ideas to the lines beside the guiding questions or view the questions as the only ones possible. More experienced writers may not need the activity page at all and may prefer to see the prompt and guiding questions written on the board, with the option of using the guiding questions as they see fit.

Should I have students revise and polish every piece of writing?

You can build in as much revision as you think your students need, but time is a constraining factor for most leaders. If students are completing one writing activity for each story they work on, most leaders do not have their groups polish each piece to final draft standards. Students can keep their rough drafts in a *Conversaciones* writing portfolio, selecting one piece at a regular interval—such as every four weeks—to revise and rework. When students do rework a piece, they should understand that revision isn't simply correcting spelling, punctuation, and grammatical errors, but making their meaning clear with language.

What about teaching the mechanics of writing?

Because the emphasis in *Conversaciones* is on the development of ideas, we are not including suggestions for instruction in grammar, punctuation, usage, and spelling in this Leader's Edition. Of course, all aspects of the craft of writing are important. One effective way to incorporate instruction in mechanics is to determine your students' needs in this area as you observe their writing and to develop short lessons based on these needs. In this way, you'll be teaching mechanics and style as part of an ongoing effort to express meaning.

How can I use the Building Your Answer page to develop students' writing?

The Building Your Answer page is a tool for helping students learn to communicate their thoughts in writing. It is the place where students can record their initial response to your focus question and their final, or "personal best," answer at the end of discussion. In addition to giving students a time to write their final answers, a leader can provide guidance in writing different types of sentences, paragraphs, or essays that reflect the thinking that occurred in discussion. You might, for example, close discussion by having students write their best answers, take a break, then return for a short lesson on writing a paragraph with evidence that supports a thesis statement.

When you look at your students' ability to communicate thoughts in writing, it is important to distinguish between the ability to write down words in a sentence, which many children will readily do, and the ability to write a response or explanation that makes sense, conveys a sequence of thought, and truly addresses the question you asked. One of the Building Your Answer masters in appendix B (see p. 395) has been left blank for you to fill in your own After Discussion prompts. If you let your students know what they will be expected to write after discussion, they can practice the targeted skills during discussion. The following are examples of prompts that address specific student needs:

- *Which idea did you like best?* (for students who have difficulty writing a clear answer)

- *What idea surprised you?* or *What was one idea you disagreed with?* (for students who need to listen to one another more)

- *What is one question you'd still like to ask the group (or the author)?* (to encourage curiosity and further questioning)

Can students' writing be used to assess the development of their critical-thinking skills?

Yes. Pieces of writing related to Shared Inquiry Discussion, such as a paragraph based on the Building Your Answer page or evaluative writing, will reflect your students' growing abilities to develop ideas, support them with textual evidence, and respond to the ideas of others.

APÉNDICE A
APPENDIX A

EVALUACIÓN DEL PROGRESO EN LA INDAGACIÓN COLECTIVA

Ya sea que usted califique o no la participación de los estudiantes en Great Books, la evaluación le ayudará a establecer objetivos para los logros individuales de los estudiantes y la satisfacción del grupo. El compartir sus objetivos con los estudiantes les da una idea clara sobre la dirección del trabajo emprendido o de lo que se espera de ellos, lo que los ayudará a desempeñarse mejor. La evaluación del progreso de los estudiantes y de su propio desempeño también puede ayudarle a ser un mejor director, puesto que hay una relación directa entre lo que usted hace y la calidad de la discusión. Su elección de las preguntas de seguimiento y su voluntad de escuchar animarán a los estudiantes a desarrollar ideas, a respaldarlas con evidencia tomada del texto, y a trabajar como un grupo para explorar la selección.

En la Indagación colectiva se cultivan ampliamente las capacidades de lectura, opinión crítica, escucha, y conversación, en las que usted no sólo puede esperar mejoras mensurables usando los elementos corrientes de evaluación, sino que también le ofrecen recompensas intrínsecas. No hay dos discusiones iguales y, no obstante el nivel de nuestra capacidad de directores y participantes, leer y discutir literatura excepcional constituye una valiosa experiencia de aprendizaje.

¿En qué forma puedo alentar a mis estudiantes a evaluar y mejorar el desempeño de su grupo en la discusión?

Considere las preguntas siguientes para ayudar a los estudiantes a evaluar informalmente la discusión y la calidad de su participación en ella: *¿Se concentró en el cuento o perdió el hilo en algunas ocasiones? ¿Se prestaron mucha o poca atención? ¿Respaldaron mutuamente sus ideas con evidencia tomada del cuento? ¿Qué les gustó o disgustó de la discusión?* También podría pedirles que identifiquen algo que el grupo hizo bien y una habilidad que el grupo deba mejorar, y que den ejemplos del comportamiento que el grupo desearía tener durante la discusión.

¿En qué forma puedo evaluar y mejorar mi desempeño como director?

La participación de sus estudiantes en la Indagación colectiva lo refleja claramente. A medida que identifica áreas en las que los estudiantes necesitan mejorar, piense en qué forma podría mejorar sus estrategias de dirección para reafirmar el progreso de los estudiantes. Cada una de las preguntas de seguimiento que usted haga le dan al grupo la oportunidad de demostrar lo que sabe y de elaborar poco a poco una mejor interpretación del cuento.

Es difícil observar y evaluar su desempeño cuando dirige al mismo tiempo una discusión. Podría solicitar la ayuda de un colega familiarizado con la Indagación colectiva o grabar la discusión para analizarla después. Considere las siguientes preguntas: ¿Empecé la discusión con una pregunta de enfoque bien definida? (Vea la lista de control de las preguntas de enfoque, pág. 328.) ¿Hasta qué punto tuve una actitud abierta y evité llevar a los estudiantes a que me dieran las respuestas que quería oír? ¿Aceptamos e investigamos las respuestas en las que yo no había pensado? ¿Con qué frecuencia les pedí a los estudiantes que se valieran de la evidencia tomada del cuento para respaldar sus respuestas? ¿Hasta qué punto animé a los estudiantes a hablar directamente entre ellos, a considerar las ideas de los demás y a indicar los motivos que tuvieron al estar de acuerdo o en desacuerdo con sus compañeros de clase? ¿Cuán bien ayudé a los participantes a desarrollar sus ideas? ¿Tuvieron todos la oportunidad de participar? ¿Cuán satisfecho quedé con la discusión? ¿Cuán satisfechos quedaron los estudiantes? Luego, identifique algo en lo que usted ayudó al grupo y una habilidad en la que desearía que el grupo mejorara.

¿Cuáles son los elementos que puedo usar para evaluar el desarollamiento de los estudiantes?

Con la práctica de la Discusión colectiva, los estudiantes desarrollarán capacidades en tres campos primordiales:

- Idea—la capacidad de entender y generar una respuesta a una pregunta interpretativa
- Evidencia—la capacidad de respaldar la pregunta con evidencia del texto
- Respuesta—la capacidad de responder a los comentarios e ideas de los demás y aprender de ellos

Aunque la Discusión colectiva es donde la mayoría de los directores observan las mejores ideas de los estudiantes, evaluar esta compleja actividad grupal puede ser un verdadero reto para el director que ya hace todo lo posible por escuchar, pensar y responderle al grupo. A continuación, encontrará algunas formas prácticas de evaluar el rendimiento de los estudiantes y el progreso que muestren en la Indagación colectiva.

La gráfica de participación. Su gráfica de participación le proporciona un registro de la participación de los estudiantes y de las ideas que expresen en la discusión (vea la pág. 329). La comparación de estas notas de una semana a otra, le ayudará a calificar a los estudiantes o a informarles del progreso individual o grupal.

Observación. Para medir el progreso individual de los estudiantes, usted u otro observador puede concentrarse en varios alumnos por discusión. Si se mantiene el grupo reducido (de 12 a 15 personas), los estudiantes tendrán más oportunidades de participar.

Tareas de escritura. Las tareas de escritura permiten que las ideas interpretativas "se conserven" para la evaluación y, por lo tanto, son la forma más fácil y confiable de evaluar el desempeño de los estudiantes. Lo más apropiado es hacer que respondan las preguntas interpretativas *después* de la discusión, cuando hayan tenido la oportunidad de considerar otras opiniones y afirmar sus ideas. Vea la sección sobre el uso de la página de Elaborar tu respuesta (pág. 334).

La capacidad de expresión del estudiante en la escritura no es siempre igual a la que manifiesta en una discusión. Concéntrese en el contenido de lo que el estudiante ha escrito, más que en la forma en que lo ha hecho. Siempre es posible hacer que los estudiantes trabajen en la forma de escribir durante la revisión.

Carpeta. Una carpeta con el trabajo de los estudiantes durante un período extenso es algo que puede ayudarle y ayudar a los estudiantes a tomar nota de los logros y el progreso alcanzados. La carpeta puede contener muestras de muchos tipos de trabajo: preguntas de los estudiantes, páginas de actividades, páginas de Elaborar tu respuesta, ilustraciones, y tareas de escritura creativa. Puede hacer comparaciones entre los primeros y los últimos cuentos que los estudiantes hayan completado, o dejarles que identifiquen varias piezas que reflejen lo mejor que han producido, y que expliquen por qué se sienten orgullosos de ellas.

¿Ofrece la Great Books Foundation elementos de evaluación formales y capacitación?

Los días de consulta y la capacitación adicional sobre estrategias y evaluación de la Indagación colectiva, que puede conseguir por intermedio de la Great Books Foundation, son formas excelentes de continuar su progreso como director. Para más información, llame al 1-800-222-5870 o visite el sitio www.greatbooks.org.

INCORPORAR OTRAS ACTIVIDADES DE LENGUAJE A *CONVERSACIONES*

Reconocemos que los profesores tienen la responsabilidad de ayudar a los estudiantes a alcanzar una amplia variedad de objetivos de lectura y de actividades de lenguaje. Las lecturas y actividades interpretativas de *Conversaciones* tratan de muchos de los mismos objetivos que otras actividades de lenguaje y también desarrollan habilidades de análisis crítico. Como las actividades de *Conversaciones* amplían la capacidad intelectual y creativa de los estudiantes, a menudo disfrutan y aprenden más con estas actividades que con otras. Tenga presente que cuando los estudiantes empiezan la Discusión colectiva, aún deben estar intrigados y animados por las posibilidades del cuento. Demasiadas actividades o actividades que riñan con los objetivos de la Indagación colectiva pueden desanimar a los estudiantes y convertir la feliz exploración de un cuento atractivo en un ejercicio aburrido.

¿Qué clase de actividades de lenguaje se pueden combinar bien con *Conversaciones*?

Las actividades que no interfieran con el enfoque interpretativo ni con el método de la Indagación colectiva son compatibles con los cuentos y actividades de *Conversaciones*.

Antes de la Discusión colectiva, usted puede combinar las actividades sobre el cuento con

• Minilecciones sobre temas de escritura, tales como lenguaje descriptivo, comillas, o sintaxis, con ejemplos tomados de uno de los cuentos de *Conversaciones*

• Organizadores gráficos que les sirvan a los estudiantes para anotar y compartir ideas relacionadas con el cuento

Después de la Discusión colectiva, usted podría pedirles a los estudiantes que amplíen sus ideas con

• Organizadores gráficos que les sirvan para anotar y comparar ideas derivadas de la discusión

• Debates, dramatizaciones, o elocuciones basados en temas motivados por un cuento

• Tareas de escritura que exploren las ideas suscitadas en la discusión

• Deberes que les hagan comparar e indicar las diferencias entre los cuentos

• Investigación o lecturas adicionales sobre los antecedentes del cuento, del autor, o de un tema en particular

¿Cuándo puedo usar un cuento o una actividad interpretativa de *Conversaciones* en vez de otras lecturas o actividades de lenguaje?

Use una actividad de *Conversaciones* cuando los objetivos que tiene para los estudiantes sean

• Leer con sentido

• Sacar conclusiones para responder a las preguntas interpretativas

• Respaldar las interpretaciones con evidencia textual

• Responder a otras interpretaciones

Por ejemplo, si regularmente hace que su clase llene una hoja de ejercicios para explorar los personajes y sus motivaciones, elabore una pregunta de enfoque para la Discusión colectiva, que cumpla la misma finalidad, como *¿Por qué trepa Jack por el tallo por tercera vez?*, y pídales que contesten en la página de Elaborar tu respuesta. Si su clase trabaja a menudo en métodos de escritura, use el método con alguna de las sugerencias de escritura de las Actividades adicionales en lugar de hacerlo con un tema seleccionado por el estudiante o asignado por el profesor. Conduzca una Discusión colectiva en vez de un círculo literario. En vez de valerse de otras actividades de aprendizaje cooperativas o de pequeños grupos, utilice alguna de las sugerencias para contestar las preguntas de pausa y reflexión durante la segunda lectura.

¿Qué tipo de actividades de artes del lenguaje no se pueden reemplazar o combinar con las actividades de *Conversaciones*?

Ciertas actividades de artes del lenguaje tratan de objetivos diferentes y se valen de métodos distintos para alcanzar estos fines. No confunda a los estudiantes al combinar actividades que recalquen la respuesta a preguntas objetivas o se concentren en experiencias personales, con cuentos y actividades interpretativas de *Conversaciones*. Con literatura menos apropiada para la interpretación, lleve a cabo estas actividades en forma separada. Otros ejemplos de actividades con objetivos diferentes son

• Lograr consenso

• Analizar la forma en que un cuento encaja con el tema de una unidad o la manera en que ilustra un concepto específico

• Reseñar a un autor, una cultura, un período, o una ambientación para explicar un texto

• Usar un texto para conocer al autor, la cultura, el período, o la ambientación

• Escribir el final de un cuento, hacer una imitación o parodia del relato que no esté respaldada por el texto

¿**Puedo utilizar lecturas que no se encuentren en** *Conversaciones* **como base de la Discusión colectiva y de las actividades interpretativas?**

Sí, ¡el método de la Indagación colectiva no debe limitarse a los cuentos de esta antología! Se puede valer de otros cuentos, poemas, capítulos de novelas y ensayos, siempre y cuando las lecturas incluyan temas interpretativos y propicien discusiones detalladas. Cuando tenga un trozo que considere adecuado para sus estudiantes en cuanto a temas e ideas, asegúrese también de que reúna estos requisitos:

- **Que la selección tenga un límite de tiempo** para que los estudiantes puedan leerla dos veces y trabajar intensamente con ella.

- **Que la selección motive preguntas provechosas para usted y los estudiantes.** Usted debe sentir por el texto la misma curiosidad que desea crear en sus estudiantes. Sólo puede ser un director eficiente si hace las preguntas adecuadas.

- **Que la selección respalde una discusión interpretativa extensa.** El trozo que considere debe promover varias interpretaciones y respaldarlas. Lo ideal sería que el autor no diera una lección o moraleja explícita ni que explicara mucho sobre lo que los personajes hacen o dicen. Usted quedará con preguntas al final de la primera lectura e incluso después de la segunda, pero estará en condiciones de hallar respuestas en el texto. Para asegurarse de que una selección sea lo suficientemente compleja y jugosa para los objetivos de la Indagación colectiva, procure tener una lluvia de ideas sobre las preguntas interpretativas. Si puede reunir siete u ocho preguntas interpretativas sin mucho esfuerzo, el trozo tiene muy buenas posibilidades. Luego, use la lista de control de las preguntas de enfoque (vea la pág. 328) para saber si hay una pregunta completa que motive muchas interpretaciones diferentes y explore varios pasajes del texto. Establezca una meta elevada: para que una selección mantenga una discusión animada y absorbente, debe sobresalir ante sus ojos como algo "valioso".

PARTICIPACIÓN DE LOS PADRES

Cuando los estudiantes y los padres colaboran en casa en los cuentos de *Conversaciones,* todos se benefician. Los estudiantes establecen una conexión entre los mundos del hogar y la escuela, lo que refuerza el mensaje de que la lectura vale la pena. Con frecuencia, crece la confianza que tienen al leer y aumenta la dedicación a hacerlo. Los padres ven el progreso de sus hijos y tienen la oportunidad de hablar con ellos acerca de los temas que los cuentos motivan.

Una forma de lograr la participación de los padres es hacer que los estudiantes hagan una de las lecturas del cuento en casa. Los estudiantes pueden leer a los padres o éstos a sus hijos. Según su programa en el salón de clase, usted puede elaborar un plan de lectura en casa que funcione como la segunda lectura del cuento o pedirles a los estudiantes y a los padres que lean el cuento juntos por tercera vez la noche anterior a la Discusión colectiva que usted va a dirigir. Si es posible, indique una noche determinada para que los estudiantes lean con sus padres. Vea la carta de muestra en la página siguiente para enviarles a los padres al iniciar *Conversaciones.*

Puede cultivar la participación de los padres al presentarles *Conversaciones* por medio de una conversación corta o de una muestra visual en una de las reuniones de padres de familia o en un encuentro informal. Esto les da a los padres la oportunidad de entender el enfoque del programa en las ideas analíticas, y los padres interesados pueden optar por servir de voluntarios en el salón de clase. Los padres que asisten al Taller de Indagación colectiva para los padres o al Taller de Indagación colectiva—Primer nivel, pueden ayudarle a dirigir la discusión, facilitando la división de la clase en grupos más pequeños. Para mayor información sobre los talleres y los horarios disponibles, visite nuestro sitio, www.greatbooks.org, o llame a nuestra oficina al teléfono 1-800-222-5870.

Estimados padres:

Nuestra clase empezará pronto *Conversaciones*, un programa de lectura y discusión publicado por la Great Books Foundation. Su niño va a leer cuentos seleccionados por la calidad literaria y el contenido estimulante que tienen. En *Conversaciones*, se anima a los niños a hacer preguntas acerca de los cuentos y a explorar, respaldar, y desarrollar sus propias ideas durante la discusión. A medida que transcurre el año, espero que los estudiantes aprendan a hacer preguntas más cuidadosas, ofrezcan motivos para sus opiniones, y escuchen las ideas de los demás.

Les incluyo un programa con el cuento que trataremos cada semana. Puesto que los cuentos de *Conversaciones* dan que pensar, los estudiantes deben escucharlos o leerlos por lo menos dos veces. Usted puede colaborar al leer el cuento con su niño la noche antes de la discusión. Quizás usted quiera leerle al niño, o él o ella disfrute leyéndole el cuento a usted. Sea cual fuera la decisión, le solicito que se tome unos momentos para hablar del cuento con su hijo. Puede empezar haciéndole una pregunta sobre algún aspecto del cuento o pidiéndole que haga alguna pregunta, si la tiene. Cuando el niño empiece a ofrecer ideas, siga los comentarios que haga con preguntas como "¿Por qué crees eso?" o "¿Quieres decirme algo más sobre eso?" Las preguntas y respuestas de este tipo le ayudarán al niño a entender mejor el cuento y a hablar con más confianza durante la discusión en clase.

Si desea venir a la clase y ayudar leyéndoles a los estudiantes o servir de voluntario en otras actividades en el salón de clase, sírvase llamarme al teléfono número _____. Si tiene alguna pregunta sobre *Conversaciones*, no vacile en comunicarse conmigo. Quedo a la espera de hablar con usted.

Atentamente,

_____

ASSESSING PROGRESS IN SHARED INQUIRY

Whether or not you assign a grade for students' participation in Great Books, assessment will help you set goals for students' individual achievements and accomplishments as a group. Sharing your goals with students gives them a clear idea of what they are working toward or what is expected of them, which will help them perform better. Evaluating students' progress and your own performance can also help you become a better leader, since there is a direct connection between what you do and the quality of discussion. Your choice of follow-up questions and willingness to listen will encourage students to develop their ideas, support them with evidence from the text, and work together to explore the selection as a group.

Shared Inquiry cultivates a wide range of reading, critical-thinking, listening, and speaking skills in which you can expect to see measurable improvements using your standard assessment tools, but it also has its own intrinsic rewards. No two discussions are alike, and regardless of the skill levels of leaders and participants, reading and discussing outstanding literature is a valuable learning experience.

How can I encourage my students to assess and improve their group's performance in discussion?

Consider using the following questions to help students informally evaluate the discussion and their performance: *Did you focus on the story, or did you sometimes get off track? How well did you listen to each other? How often did you support one another's ideas with evidence from the story? What did you like or not like about the discussion?* You might also ask them to identify one thing the group did well and a skill the group needs to improve, and to suggest examples of behavior the group would like to encourage during discussion.

How can I assess and improve my own performance as a leader?

Your students' performance in Shared Inquiry reflects strongly on your own. As you identify areas in which students need to improve, consider how you might improve your leadership strategies to bolster students' growth. Every follow-up question you ask provides an opportunity for your group to demonstrate their knowledge and work toward building a more thoughtful interpretation of the story.

It is difficult to observe and evaluate your performance while you lead discussion. You might enlist the help of a colleague who is familiar with Shared Inquiry or tape the discussion to review later. Consider the following questions: Did I begin discussion with a well-crafted focus question? (see the focus question checklist, p. 354) To what extent did I remain open-minded and avoid steering students toward answers I wanted to hear? Did I accept and explore answers I hadn't thought of? How often

did I ask students to use evidence from the text to support their answers? To what extent did I encourage students to speak directly to each other, consider each other's ideas, and offer reasons when they agreed or disagreed with their classmates? How well did I help participants develop their ideas? Did everyone get a chance to participate? How satisfied was I with the discussion? How satisfied were the students? Then, identify one thing you helped the group do well and a skill you would like to help the group improve.

What tools can I use to assess students' performance?

As students practice Shared Inquiry Discussion, they will develop their skills in three key areas:

- Idea—the ability to understand and generate an answer to an interpretive question

- Evidence—the ability to support the answer with evidence from the text

- Response—the ability to respond to and learn from others' comments and ideas

Although Shared Inquiry Discussion is where most leaders see their students' best thinking, assessing this complex group activity can present challenges for the leader who is already trying hard to listen, think, and respond to the group. Following are some practical ways to help you assess students' performance and progress in Shared Inquiry.

Seating chart. Your seating chart provides a record of students' participation and the ideas they express in discussion (see p. 355). Comparing these notes from week to week will help you assign grades or give students feedback on their progress, as a group or individually.

Observation. To gauge individual students' progress, you or another observer can focus on several students per discussion. Keeping the group small (12–15 students) will give the students you are monitoring many opportunities to participate.

Writing assignments. Writing assignments make interpretive thinking "hold still" for assessment and are therefore the easiest and most reliable way to assess each student's performance. It is most appropriate to have students compose answers to interpretive questions *after* discussion, when they have had an opportunity to consider other opinions and firm up their own ideas (see the section on the Building Your Answer page, p. 369).

Students' ability to express themselves in writing is not always the same as their ability to express themselves in discussion. Focus on the content of what a student has written, rather than the mechanics. You can always have students work on mechanics during a revision stage.

Portfolios. A portfolio of students' work collected over an extended period of time can help you and your students note their individual achievements and progress. The portfolio may include samples of many kinds of work—students' questions, activity pages, Building Your Answer pages, drawings, and creative writing assignments. You may compare work from the first and last stories students completed, or let students identify several pieces they consider their best and explain why they are proud of them.

Does the Great Books Foundation offer formal assessment tools and professional development?

Consultation days and additional professional development in Shared Inquiry strategies and assessment, available from the Great Books Foundation, are excellent ways to help you continue to progress as a leader. Call 1-800-222-5870 or visit www.greatbooks.org for more information.

INTEGRATING OTHER LANGUAGE ARTS ACTIVITIES WITH *CONVERSACIONES*

We recognize that teachers are responsible for helping students meet a wide range of reading and language arts objectives. The *Conversaciones* readings and interpretive activities address many of the same objectives as other language arts activities and also develop critical-thinking skills. Because the activities in *Conversaciones* stretch students intellectually and creatively, students often enjoy and learn more from them than from other activities. Keep in mind that when students begin Shared Inquiry Discussion, they should still be intrigued and excited by the possibilities the story holds. Too many activities or activities that conflict with the goals of Shared Inquiry can dampen students' enthusiasm and turn the joyous exploration of a rich story into a tiresome exercise.

What language arts activities work well in combination with *Conversaciones*?

Activities that do not interfere with the interpretive focus and the Shared Inquiry method are compatible with *Conversaciones* stories and activities.

Before Shared Inquiry Discussion, you may combine work on the story with

- Minilessons on writing topics, such as descriptive language, quotation marks, or sentence structure, using examples from a *Conversaciones* story

- Graphic organizers that help students record and share their thoughts about a story

After Shared Inquiry Discussion, you might ask students to extend their thinking with

- Graphic organizers that help students record and compare ideas from discussion

- Debates, dramatizations, or speeches based on issues raised by a story

- Writing assignments that explore the ideas brought forth in discussion

- Assignments that ask students to compare and contrast stories

- Research or further reading on the story background, author, or a particular theme

When can I use a *Conversaciones* story or interpretive activity instead of other reading or language arts activities?

Use a *Conversaciones* activity when you have one or more of the following goals for students:

- Read for meaning

- Draw conclusions to answer interpretive questions

- Support their interpretations with textual evidence

- Respond to other interpretations

For example, if you would typically have your class fill out a worksheet to explore characters and their motivations, craft a focus question for Shared Inquiry Discussion that will accomplish the same goal, such as *Why does Jack go up the beanstalk the third time?*, and have them develop their Building Your Answer page answers. If your class regularly engages in process writing, use the process with one of the Supplemental Activities writing suggestions in place of a self-selected or leader-assigned topic. Substitute a Shared Inquiry Discussion for a literature circle. Instead of other small group or cooperative learning activities, you can use one of the suggestions for answering the pause-and-reflect questions during the second reading.

What types of language arts activities cannot be replaced by or combined with *Conversaciones* activities?

Certain language arts activities address different goals and use different methods for arriving at those goals. Do not confuse your students by combining activities that emphasize answering factual questions or focus mainly on personal experience with *Conversaciones* stories and interpretive activities. Do these activities separately, with literature less suited for interpretation. Other examples of activities with different goals include:

- Reaching a consensus

- Analyzing how a story fits a unit theme or illustrates one specific concept

- Writing a report about an author, culture, period, or setting to explain a text

- Using a text to learn about its author, culture, period, or setting

- Writing a story completion, imitation, or parody that is not supported by the text

Can I use readings not found in *Conversaciones* as the basis for Shared Inquiry Discussion and interpretive activities?

Yes, the Shared Inquiry method need not be limited to the stories in this anthology. You may use other stories, poems, chapters of novels, and essays, as long as the readings include interpretive issues and will sustain in-depth discussion. When you have a piece that you feel is suitable for your students in terms of issues and ideas, also make sure that it meets each of these other criteria:

- **The selection is limited in length** so students can read it twice and work with it closely.

- **The selection raises genuine questions for you, as well as your students.** You must experience the same kind of curiosity about the text that you want to encourage in your students. You can only be an effective leader if you can ask genuine questions yourself.

- **The selection must support extended interpretive discussion.** The piece you consider must invite and support a number of interpretations. Ideally, the author should not state an explicit lesson or moral or explain everything characters do or say. You should be left with questions at the end of your first and even second reading yet be able to find possible answers to them in the text. To make sure that a selection is complex and rich enough for Shared Inquiry purposes, try to brainstorm interpretive questions. If you come up with seven or eight interpretive questions without much effort, the piece is a strong possibility. Then use the focus question checklist (see p. 354) to see if there is a comprehensive question that sparks many diverse interpretations and explores various passages in the text. Set your sights high—a selection that will sustain a lively and compelling discussion must stand out to you as "great."

INVOLVING PARENTS

When students and their parents work together at home on *Conversaciones* stories, everyone benefits. Students experience a link between the worlds of home and school, which reinforces the message that reading is worthwhile. Frequently, their confidence in their ability and commitment to reading grow. Parents see the progress their children are making, and have the opportunity to talk with them about issues that the stories raise.

One way to involve parents is to have students do a reading of the story at home (see the sample letter on p. 378, to send to parents when you begin *Conversaciones*). Students may read to parents, or parents to students. Depending on your classroom schedule, you may wish to plan a home reading as the second reading of the story or to ask students and parents to read the story together for a third time the night before you lead Shared Inquiry Discussion. If possible, establish a regular night for students to read with their parents.

You can also cultivate parents' participation by introducing them to *Conversaciones* with a short talk or visual display at an open house or parents' organization meeting. This gives parents a chance to understand the program's focus on critical thinking, and interested parents may wish to volunteer to help in the classroom. Parents who take a Parent Leader Training Course or Shared Inquiry Leader Workshop—Level I can help you lead Shared Inquiry Discussion, making it possible to divide your class into smaller groups. More information about workshops and schedules is available on our Web site, www.greatbooks.org, or through our office, 1-800-222-5870.

APÉNDICE B

_____

(TÍTULO DEL CUENTO)

_____   _____

_____   _____

Pregunta relacionada   Pregunta relacionada

Pregunta de enfoque*

_____

_____

* Ponga a prueba su pregunta de enfoque utilizando
la lista de control de la página 330.

_____   _____

_____   _____

Pregunta relacionada   Pregunta relacionada

Pasajes para tener en cuenta

_____ _____

_____ _____

_____ _____

_____ _____

Escriba los nombres de los estudiantes alrededor del óvalo y use este cuadro para seguir los comentarios y la participación de ellos.

Pregunta de enfoque: _____

Empiece la discusión con esta pregunta. Vuelva a la pregunta a menudo. Puede terminar la discusión utilizando la sección Después de la discusión de la página de Elaborar tu respuesta.

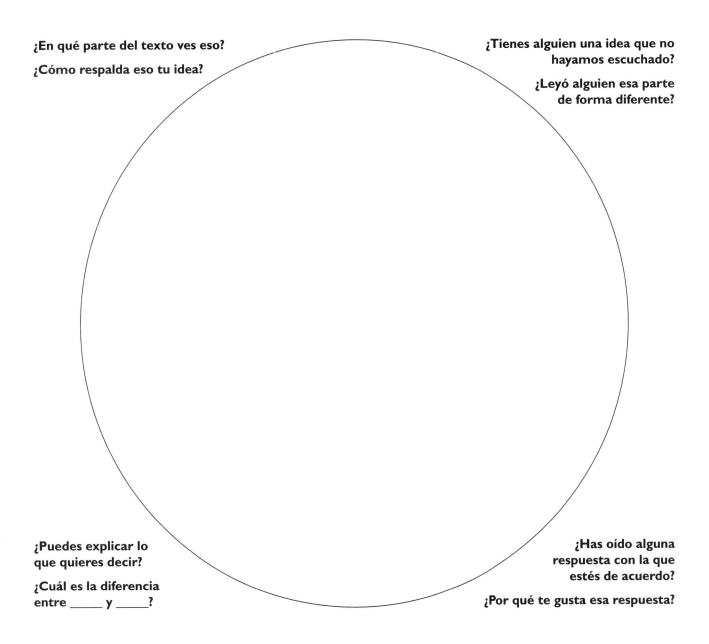

¿En qué parte del texto ves eso?

¿Cómo respalda eso tu idea?

¿Tienes alguien una idea que no hayamos escuchado?

¿Leyó alguien esa parte de forma diferente?

¿Puedes explicar lo que quieres decir?

¿Cuál es la diferencia entre _____ y _____?

¿Has oído alguna respuesta con la que estés de acuerdo?

¿Por qué te gusta esa respuesta?

Nombre: _____

Título del cuento: _____

Pregunta de enfoque: _____

_____

_____

Mi respuesta antes de la discusión: _____

_____

_____

_____

Después de la discusión . . . (traza un círculo alrededor de una o más de las siguientes)

Cambié de opinión. (¿Cómo?)	Oí una nueva idea que me gustó. (¿Qué?)	Le agregué algo a mi respuesta. (¿Qué?)

_____

_____

_____

Nombre: _____

Título del cuento: _____

Pregunta de enfoque: _____

_____

_____

Mi respuesta antes de la discusión: _____

_____

_____

Después de la discusión: _____

_____

_____

_____

_____

_____

Normas para la Discusión colectiva

1.

Todos tienen que leer el cuento o
escucharlo antes de la discusión.

2.

Habla únicamente del cuento que todos
han leído o escuchado.

3.

Explica cuál fue o cuáles fueron
las partes del cuento que te sirvieron
para dar esta respuesta.

4.

Espera que el director haga preguntas,
no que las conteste.

por

_____

_____
(TÍTULO)

Nombre: _____

Título del cuento: _____

El desafío es pensar en palabras que _____

_____

Si puedes, ¡piensa en <u>dos</u> palabras por cada letra!

A _____

B _____

C _____

D _____

E _____

F _____

G _____

H _____

I _____

J _____

K _____

L _____

M _____

N _____

Ñ _____

O _____

P _____

Q _____

R _____

S _____

T _____

U _____

V _____

W _____

X _____

Y _____

Z _____

MIS PALABRAS FAVORITAS

Diccionario personal de

_____

Mis palabras favoritas

Palabra: _____

Encontré esta palabra en _____ página _____.

Creo que la palabra significa _____

Esta es una buena suposición porque _____

El diccionario dice _____

(Escribe una frase con la palabra para un dibujo)

Mis palabras favoritas

Palabra: _____

Encontré esta palabra en _____ página _____.

Creo que la palabra significa _____

Esta es una buena suposición porque _____

El diccionario dice _____

(Escribe una frase con la palabra para un dibujo)

Nombre: _____

Título del cuento: _____

¡Sé un buscapalabras!

Mi palabra misteriosa es _____. **Está en la página** _____.

Ésta es la frase en la que aparece mi palabra misteriosa:

_____

_____

Ésta es una pista del significado que aparece ANTES de mi frase con la palabra misteriosa:

PISTA _____

_____

Ésta es una pista del significado que aparece DESPUÉS de mi frase con la palabra misteriosa:

PISTA _____

_____

Creo que mi palabra misteriosa significa _____

_____

Nombre:

Título del cuento:

Escribe tu frase aquí.

ACKNOWLEDGMENTS

All possible care has been taken to trace ownership and secure permission for each selection in this series. The Great Books Foundation wishes to thank the following authors, publishers, and representatives for permission to reprint copyrighted material:

EL SOMBRERO DEL TÍO NACHO/UNCLE NACHO'S HAT, adapted by Harriet Rohmer. Spanish translation by Rosalma Zubizarreta. Copyright 1989 by Harriet Rohmer. Reprinted by permission of Children's Book Press.

Jack y el tallo de frijol, by Joseph Jacobs. Spanish translation by Osvaldo Blanco. Translation copyright 1999 by The Great Books Foundation.

La pajarita de papel, from EL HOMBRECITO VESTIDO DE GRIS Y OTROS CUENTOS, by Fernando Alonso. Copyright 1978 by Fernando Alonso. Reprinted by permission of Grupo Santillana, S.A. English translation by Elizabeth Uhlig. Translation copyright 2002 by The Great Books Foundation.

El gorrito mágico, by Yoshiko Uchida. Spanish translation by Osvaldo Blanco with permission of Creative Arts Book Company. Translation copyright 2002 by The Great Books Foundation. *The Magic Listening Cap,* from THE MAGIC LISTENING CAP: MORE TALES FROM JAPAN, by Yoshiko Uchida. Reprinted by permission of Creative Arts Book Company.

La sapita sabia, from LA SAPITA SABIA Y OTROS CUENTOS, by Rosario Ferré. Copyright 1997 by Rosario Ferré. Published by Alfaguara, Mexico. Reprinted by permission of Susan Bergholz Literary Services. English translation by Helen Lane. Translation copyright 2002 by The Great Books Foundation.

La Cenicienta, by Charles Perrault. Spanish translation by Osvaldo Blanco. Translation copyright 2002 by The Great Books Foundation. *Cinderella,* from THE GLASS SLIPPER, by John Bierhorst. Copyright 1981 by Four Winds Press. Reprinted by permission of the author.

BAJO LA LUNA DE LIMÓN, by Edith Hope Fine. Spanish translation by Eida de la Vega. Translation copyright 1999 by Lee & Low Books, Inc. UNDER THE LEMON MOON, by Edith Hope Fine. Text copyright 1999 by Edith Hope Fine. Reprinted by permission of Lee & Low Books, Inc.

EL GLOBO ROJO, by Albert Lamorisse. Spanish translation by Osvaldo Blanco. Translation copyright 2002 by The Great Books Foundation.

EL BURRITO Y LA TUNA, as told by Ramón Paz Ipuana. Copyright 1979 by Ediciones Ekaré. Reprinted by permission of Ediciones Ekaré. English translation by Elizabeth Uhlig. Translation copyright 2002 by The Great Books Foundation.

La manzana de la satisfacción, by Howard Pyle. Spanish translation by Osvaldo Blanco. Translation copyright 2002 by The Great Books Foundation.

ILLUSTRATION CREDITS

Enrique O. Sanchez prepared the illustrations for *El sombrero del tío Nacho.*

David Johnson prepared the illustrations for *Jack y el tallo de frijol.*

Ward Schumaker prepared the illustrations for *La pajarita de papel.*

Ed Young prepared the illustrations for *El gorrito mágico.*

Mary Jones prepared the illustrations for *La sapita sabia.*

Arthur Rackham's illustrations for *La Cenicienta* are from CINDERELLA, by C. S. Evans, first published in 1919 by William Heinemann.

René King Moreno's illustrations for *Bajo la luna de limón* are from the book of the same name. Illustrations copyright 1999 by René King Moreno. Reprinted by permission of Lee & Low Books, Inc.

David Cunningham prepared the illustrations for *El globo rojo,* based on stills from the film *The Red Balloon,* released in the United States in 1957.

Leovigildo Martínez prepared the illustrations for *El burrito y la tuna.*

Howard Pyle's illustrations for *La manzana de la satisfacción* are from PEPPER & SALT, OR SEASONING FOR YOUNG FOLK, by Howard Pyle, first published in 1885 by Harper & Brothers.

Cover art by René King Moreno from BAJO LA LUNA DE LIMÓN. Copyright 1999 by René King Moreno. Reprinted by permission of Lee & Low Books, Inc.

Text and cover design by Think Design Group.